Sé más listo
que tu cerebro

Daniel T. Willingham

Sé más listo
que tu cerebro

Por qué aprender es difícil
y cómo puedes hacerlo fácil

EDICIONES OBELISCO

Si este libro le ha interesado y desea que le mantengamos informado de nuestras publicaciones,
escríbanos indicándonos qué temas son de su interés (Astrología, Autoayuda, Ciencias Ocultas,
Artes Marciales, Naturismo, Espiritualidad, Tradición…) y gustosamente le complaceremos.

Puede consultar nuestro catálogo en www.edicionesobelisco.com

Psicología
SÉ MÁS LISTO QUE TU CEREBRO
Daniel T. Willingham

Título original: *Outsmart your Brain.*
Why Learning Is Hard and How You Can Make It Easy

Traducción: *Jordi Font*
Corrección: *M.ª Jesús Rodríguez*
Diseño de cubierta: *Enrique Iborra*

© 2022, Daniel T. Willingham
(Reservados todos los derechos)
© 2023, Ediciones Obelisco, S. L.
(Reservados los derechos para la presente edición)

Edita: Ediciones Obelisco, S. L.
Collita, 23-25. Pol. Ind. Molí de la Bastida
08191 Rubí - Barcelona - España
Tel. 93 309 85 25
E-mail: info@edicionesobelisco.com

ISBN: 978-84-1172-060-1
DL B 15473-2023

Impreso en los talleres gráficos de Romanyà/Valls S. A.
Verdaguer, 1 - 08786 Capellades - Barcelona

Printed in Spain

*Este libro está dedicado a
Sherry Willingham Segundo
y Judy Willingham Shimm*

INTRODUCCIÓN

Cuando comenzaste preescolar, tus maestros y tus padres no esperaban que fueras responsable de tu propio aprendizaje. Ningún padre le ha dicho nunca a su hijo de cinco años: «Tu maestra me dice que en realidad no estás dando lo mejor de ti a la hora de aprender los colores. También dice que no pintas con los dedos como en realidad pretendes. ¡No veo por qué debo seguir pagando preescolar si no te vas a esforzar!». Era responsabilidad de tu maestro crear un entorno en el que pudieras aprender.

Pero al inicio de la adolescencia, la escuela había pasado a tener un formato en el que tú tenías una responsabilidad mucho mayor sobre tu propio aprendizaje. El profesor daba la clase mientras tomabas notas; en casa, leías libros de texto, terminabas los deberes y estudiabas para los exámenes. Este formato de clase implicaba que tus profesores esperaban que supieras: (1) establecer prioridades y planificar tu agenda; (2) leer contenido difícil por ti solo; (3) evitar la procrastinación; (4) memorizar el contenido; (5) evitar distracciones; (6) valorar cuándo habías estudiado lo suficiente; (7) mostrar lo que sabías en un examen, y (8) enfrentarte a emociones como la ansiedad, que interfieren con el aprendizaje. Y si no hacías bien todas estas cosas, era problema tuyo, no del profesor. En resumen, se esperaba que fueras un estudiante independiente.

Sin embargo, tu cerebro no va acompañado de un manual del usuario. El aprendizaje independiente requiere muchas habilidades separadas y necesitabas que alguien te las enseñara. Y lo más probable es que nadie lo hiciera. Las encuestas a estudiantes universitarios muestran que la gran mayoría de ellos elabora sus propias estrategias para estudiar, evitar la procrastinación, etc. Pero las estrategias que se les ocurren no suelen ser muy buenas. Por eso he decidido escribir este libro. Es una guía de usuario del cerebro que te permitirá explotar al máximo su potencial de aprendizaje y así convertirte en un estudiante independiente.

Cómo llegué a escribir este libro

Mi principal motivación para hacer un posgrado no fue un deseo altruista de ayudar a la gente a aprender, sino un deseo egoísta de convertirme en profesor, porque creía que los profesores no tenían jefes. (Esto resultó ser menos cierto de lo que pensaba, pero más cierto de lo que probablemente me merezco). Me inscribí en un programa de doctorado en psicología con una actitud de «vamos a ver cómo va esto», lo cual es una planificación excepcionalmente estúpida.

Pero tuve suerte. Descubrí que me fascinaba la mente humana y especialmente el aprendizaje humano. Terminé entusiasmado el posgrado y tuve la suerte de conseguir una plaza como docente en una universidad. Mi investigación concernía la memoria, pero era bastante técnica y estaba alejada de la vida cotidiana. Has oído el chiste sobre el tipo que se saca un doctorado, después de lo cual su madre les explica a sus amigos: «Es doctor, pero no del tipo que ayuda a las personas». Era un investigador del aprendizaje, pero no del tipo que te ayuda a aprender.

Fue así durante unos diez años. Entonces, un día recibí una llamada telefónica de un casi extraño, invitándome a ir a Nashville para dar una conferencia sobre el aprendizaje a quinientos profesores. Cortésmente le dije que no sabía nada acerca de la enseñanza porque yo era un tipo de investigador que no te ayuda. «Claro, lo entendemos. Simplemente pensamos que los profesores lo encontrarían interesante», me respondió. Desconcertado pero halagado, le dije: «Está bien».

Seis meses después llegó el momento de escribir la charla y entré en pánico. Obviamente, los profesores saben cómo aprenden los niños; ¿qué podría yo decir que ellos no supieran ya? Consideré abandonar, pero sabía que era demasiado tarde para que los organizadores del evento me pudieran reemplazar. Preparé una charla de cincuenta minutos, extrayendo algunas ideas del curso de introducción a la cognición que había estado impartiendo a estudiantes universitarios de segundo año. Estaba tan seguro de que la charla fracasaría que media hora antes de que comenzara le pedí a mi esposa (una profesora), a quien había arrastrado hasta Nashville para mi primera charla sobre enseñanza, que no asistiera.

Pero, para mi mayor sorpresa, fue todo un éxito. Los profesores desconocían el contenido a pesar de que cubría el material que se imparte en un primer curso sobre aprendizaje. Además, no lo vieron como algo abstracto, sino como algo útil para sus aulas.

Mi trayectoria cambió de rumbo. Pensé que los profesores podrían beneficiarse si supieran lo que los científicos han descubierto sobre cómo piensan y aprenden las personas, así que comencé a escribir artículos y libros que lo explicaban.

También comencé a pensar en cómo aplicar esta información a mis propios alumnos. Añadí una clase sobre «cómo estudiar» a mi curso de introducción a la cognición. Los estudiantes me dijeron que les resultó útil, pero sus notas no cambiaron mucho. Me había centrado en formas eficientes de memorizar información, así que supuse que debía haber otros aspectos de estudiar que resultaban problemáticos.

Cuando los estudiantes acudían a mi despacho a pedir ayuda, les comencé a hacer más preguntas sobre sus hábitos y estrategias de estudio. Les pedía que trajeran sus libros de texto y sus cuadernos a nuestras reuniones para que pudiéramos hablar sobre cómo leían y tomaban notas.

Descubrí que mis estudiantes tenían dificultades por muchas razones, no sólo por las estrategias de memorización. Algunos no entendían un capítulo de un libro complejo, otros procrastinaban, otros tenían problemas para entender las clases, otros se quedaban bloqueados cuando tenían que hacer una prueba, etc.

Después de aproximadamente un año, me di cuenta de que me había vuelto bastante bueno a la hora de diagnosticar dónde radicaba el problema de cualquier estudiante. Pero no era muy bueno a la hora de hacer que los estudiantes cambiaran su forma de estudiar, lo cual, para ser honesto, me parecía extraño. Acudían a mí porque sabían que las cosas no iban bien. ¿Por qué no probar mi consejo?

Por qué debes ser más listo que tu cerebro

Resolví el rompecabezas por accidente. Un estudiante me preguntó cómo me había interesado en la memoria y yo recordé una asignatura de posgrado. «Me llamó muchísimo la atención la singularidad de la memoria. Mucho de lo que creía que era cierto, en realidad no lo era», le dije. A medida que las palabras iban saliendo de mi boca, me fui dando cuenta de lo extraño que probablemente les sonaba a mis alumnos mi consejo sobre estudiar.

Por ejemplo, *querer* aprender no tiene un impacto directo sobre el aprendizaje. A menudo recuerdas cosas que no intentaste aprender. Espero que puedas decirme si el príncipe Harry está casado o no, qué delito cometió Harvey Weinstein y si Bradley Cooper interpretó o no el papel principal en la película *Forrest Gump*. No has estudiado ninguna de estas cosas; simplemente has estado expuesto a ellas y han quedado grabadas en tu mente. Cuando era estudiante universitario, pasé mucho tiempo tratando frenéticamente de meter nuevos conocimientos en mi cabeza; sonaba extraño que me dijeran que el deseo de aprender no importa.

Me quedé igualmente estupefacto al descubrir que la repetición, aunque a menudo ayuda al aprendizaje, no lo garantiza. Por ejemplo, ¿sabes lo que está escrito en la parte superior de un billete de un dólar? Hay un águila en el reverso del billete; ¿qué aparece sobre su cabeza? Dada la cantidad de billetes de dólar que has visto en tu vida, con toda esa repetición, pensarías que sabrías cómo son.

Así pues, comencé a preguntarles a mis alumnos: «Por favor, sed honestos: ¿habéis probado alguna de las estrategias que os he recomendado?». La mayoría respondió que sí, pero no más de una vez. El problema no era que las estrategias sonaran extrañas, sino que parecían ineficaces mientras las estaban llevando a cabo.

Eso tenía sentido para mí; el aprendizaje es como el ejercicio. Si quieres aumentar la cantidad de flexiones que puedes hacer, puedes practicar flexiones, pero sería aún mejor practicar flexiones realmente difíciles, como aquellas en las que te separas del suelo y das una palmada. No puedes hacer muchas, por lo que parece contraproducente. «Esto es una estupidez. ¡Estoy tratando de hacer muchas flexiones y sólo puedo hacer unas pocas!». Pero tienes que tener en cuenta que el mayor desafío te hará más fuerte a largo plazo. Por el contrario, si haces las flexiones de rodillas, parece que la cosa va muy bien porque puedes hacer muchas muy rápidamente, pero obviamente es un ejercicio menos efectivo.

Cuando intentas aprender, tu cerebro te dice que hagas el equivalente mental de hacer flexiones arrodillado. Tu cerebro te anima a que hagas cosas que se sienten fáciles y que se sienten como si te estuvieran conduciendo al éxito. Por eso mis alumnos, dejados a su suerte, se desviaban hacia las mismas estrategias ineficaces de estudio. Ser más listo que tu cerebro significa hacer el ejercicio mental que se siente más difícil pero que aportará el mayor beneficio a largo plazo.

Cómo utilizar este libro

La mayor parte de la educación –que se inicia aproximadamente a los doce años y continúa hasta la educación universitaria, como la Facultad de Medicina o la de Derecho– tiene el mismo formato: aprendes asistiendo a clases y leyendo por tu cuenta. Demuestras tu aprendizaje haciendo exámenes. La educación es más que eso (a veces tienes que escribir un artículo, por ejemplo), pero estas tres tareas –escuchar, leer y hacer exámenes– constituyen la mayor parte del trabajo de un estudiante. Así que ésas son las tareas que he abordado en el libro.

Naturalmente, cada una de estas tareas básicas tiene subcomponentes. Por ejemplo, estudiar para un examen requiere no sólo memorizar cosas, sino también tomar buenos apuntes para estudiar, planificar en tu agenda el tiempo de estudio, etc.

Cada capítulo de este libro te guía hacia el éxito en uno de estos procesos. Puedes elegir qué capítulos leer en función de los aspectos del aprendizaje que deseas mejorar. No tienes que leer los capítulos en orden ni leerlos todos. Y no espero que utilices todos los consejos de un capítulo. Ofrezco un montón para que puedas seleccionar uno que te llame la atención; si no funciona, prueba con otro. Pero no rechaces una estrategia simplemente porque te parezca que no funcionará. ¡Recuerda, muchos te sonarán divertidos y en ese momento pueden parecer que no funcionan! Juzga la efectividad de un método por los resultados, no por cómo te sientes al seguirlo. Los profesores encontrarán útiles los consejos para los estudiantes, pero también hay una sección al final de cada capítulo que describe cómo pueden utilizar los mismos principios en el aula.

• • •

Tu memoria es una herramienta, y este libro es un manual de instrucciones que te permitirá convertirte en un estudiante independiente. No puedo prometer que haré que el aprendizaje esté completamente libre de esfuerzo. Simplemente, el cerebro no funciona así, y si alguien te dice lo contrario…, bueno, mantén sujeta tu billetera mientras está cerca.

Lo que sí puedo prometer es una eficiencia mucho mayor. Te enseñaré cómo cambiar tu enfoque de aprendizaje para que puedas aprender por tu cuenta y para que el esfuerzo que hagas tenga un impacto mucho mayor. Aprenderás más rápido y lo que aprendas se quedará contigo más tiempo. Todo lo que necesitas hacer es comprender un poco cómo funciona el cerebro y cuáles son sus obstáculos. Entonces podrás ser más listo que él.

CAPÍTULO 1

CÓMO ENTENDER
UNA CLASE

Cuando los estudiantes llegan a la universidad, han escuchado miles de horas de clases, por lo que uno pensaría que todos serían bastante buenos aprendiendo de esta manera. Pero, por lo general, no lo son. Parte de su problema es la incapacidad de tomar buenos apuntes, y abordaré ese tema en el siguiente capítulo. En éste quiero centrarme en entender lo que dice el profesor.

Ahora, si no entiendes algo, tu próximo paso parece evidente: pide una explicación. Pero ¿qué pasa si no entiendes algo y *no te das cuenta de que no lo has entendido*? ¿Cómo se supone que debes protegerte contra eso?

Consideremos el proceso de darte cuenta de que no entiendes algo. Ese sentimiento se desencadena por una búsqueda fallida de tu memoria. Por ejemplo, en el supermercado, oyes que un parlanchín desconocido dice: «Vaya, esta pila de latas se encuentra en un estado riesgoso, ¿verdad?». O un amigo te pregunta: «¿Qué significa que un pájaro cante por la noche?». En ambos casos, buscas información en tu memoria (definición de *riesgoso*, por qué cantan los pájaros insomnes), no la encuentras y piensas: «No lo sé».

Hay un segundo tipo de búsqueda de memoria fallida que genera confusión, y se basa en cómo se comunican las personas. Cuando las personas hablan, no dicen mucho de lo que en realidad quieren decir. No es que traten de ser misteriosas, sino que asumen que el oyente tiene en su memoria la información que falta y éste utilizará esa información para llenar los vacíos en lo que han dicho. Por ejemplo, supongamos que un amigo te dice:

> «Qué diablos, hace una hora que he llamado a Domino's. ¿Has visto mi teléfono?».

La relación entre la primera y la segunda oración parece evidente –tu amigo te pregunta por su teléfono para llamar a la pizzería–, pero considera cuánta información se necesita para establecer esa relación. Tu amigo ha asumido que sabías que Domino's es un negocio que entrega pizza a domicilio, que sabías que una hora es mucho tiempo para la entrega de una pizza, que llamar a la pizzería es una acción apropiada para un servicio deficiente y que los teléfonos son para hacer llamadas.

Siempre omitimos información cuando hablamos. Si no lo hiciéramos, la comunicación sería muy larga y tediosa. («Pásame mi teléfono, ¿quieres? Porque quiero hacer una llamada telefónica, y para eso sirven los teléfonos»).

Ahora imagina que tu amigo te dice:

> «Qué diablos, hace una hora que he llamado a Domino's. Hay al menos seis pececillos en la parte poco profunda de la charca».

Está bien que las oraciones vecinas no tengan una relación evidente –a veces alguien está hablando de pizza y un instante después pregunta por su teléfono–, pero asumimos que encontraremos una relación una vez que consultemos nuestra memoria.

Así pues, reconocemos que no hemos logrado comprender cuando buscamos en nuestra memoria: (1) un dato (el significado de *riesgoso*) o (2) una relación (pizza y pececillos) y no encontramos nada. Son casos en los que sabes que no entiendes y puedes hacer algo al respecto; lo más evidente es pedirle al hablante que se explique.

Ahora, ¿cuándo dejarías de entender una cosa y ni siquiera sabrías que te estás perdiendo algo?

No pasará con una palabra de vocabulario desconocida, pero podría pasar con una relación, porque puede haber más de una relación posible. Puede pasar que relaciones dos ideas de una manera y, por lo tanto, crees que los has entendido. Pero el profesor ha pensado que *también* las relacionarías de otra manera. Te has perdido algo, pero no te das cuenta de ello.

Por ejemplo, supongamos que en una clase de historia el profesor dice:

> «Durante la década de 1930 se estrenaron muchas películas protagonizadas por Shirley Temple. Estaban destinadas a hacer que su audiencia se sintiera bien y se olvidara de sus problemas».

Un oyente podría pensar que ha entendido la relación entre ambas oraciones: cada una de ellas aporta un dato sobre las películas de Shirley Temple. Pero supongamos que unos días antes el profesor había explicado la Gran Depresión: que en la década de 1930 la economía estaba muy mal y que la mayoría de la gente atravesaba por dificultades financieras. El profesor ha dado por supuesto que los alumnos entenderían que las películas de Shirley Temple eran populares porque hacían que la gente se sintiera bien en tiempos económicamente difíciles.

Así pues, ahora vemos cómo es posible que no entiendas algo, pero no te des cuenta de que no lo entiendes: estableces una conexión entre ideas, crees que lo pillas, pero el profesor pretende que las relaciones de otra manera.

Este tipo de problema es especialmente probable que surja durante las clases por la forma en que están organizadas. Las conversaciones no están planificadas; simplemente hablamos de las cosas a medida que se nos van ocurriendo, por lo que las ideas relacionadas suelen seguir una tras otra casi de inmediato. Pero las clases suelen organizarse jerárquicamente, lo que significa que el profesor pretende que el alumno relacione algunas ideas que no están la una al lado de la otra. Veamos qué significa esto.

Imagina que estás en la asignatura de ciencias de los alimentos y asistes a una clase sobre cómo cocinar carne. Hay tres temas principales para el día: cocinar carne mata las bacterias, aporta sabor y hace que esté más tierna. La figura siguiente muestra un esquema parcial de la clase.

Ésta es la organización que el profesor podría tener en su cabeza, pero no es la organización que tú experimentarías en su clase. Nadie habla en una jerarquía. Los alumnos experimentan las clases de forma lineal. Las letras mayúsculas muestran el orden en que un profesor hablaría sobre cada punto.

Las ideas etiquetadas A, E y L («mata bacterias», «sabor» y «ternura») deben estar vinculadas. Todas ellas pertenecen a una subcategoría: los tres motivos por los cuales los humanos cocinan carne. Pero si el profesor se limita a dar la clase sin destacarlo, algunos alumnos se perderán esa importante relación. Es probable que las oraciones cercanas en la explicación se relacionen lo suficientemente bien, de modo que no haya una oración que sorprenda a los estudiantes y los haga preguntarse: «Espera, ¿con qué se supone que se relaciona esta idea?».

Veamos ahora por qué la mayoría de los estudiantes se quedan en las clases con curiosidades, como por ejemplo la definición de términos como *colágeno* y *músculo psoas*. Se dan cuenta de que no conocen esas palabras, al igual que quizá te ha pasado con *riesgoso*. Son las relaciones más profundas las que se pierden, las ideas que están relacionadas con cómo funcionan o porque son evidencias o ejemplos de una conclusión amplia. La información que se pierden es también la información que los profesores creen que es más importante.

En resumen, tu cerebro ha evolucionado para comprender la manera de hablar típica. En una conversación normal no planeas con anticipación cincuenta minutos de comentarios, sino que dices las cosas a medida que se te van ocurriendo, y como sólo piensas una frase o dos a la vez, es poco probable que digas algo que sólo pueda entenderse si tu oyente relaciona lo que estás diciendo ahora con lo que has dicho hace veinte minutos. Pero las clases se planifican y organizan jerárquicamente. Por lo tanto, no sólo es posible que una idea se relacione con algo mencionado hace veinte minutos, sino que es probable, y si un estudiante pierde esa relación, perderá una capa de significado.

¿POR QUÉ COCINAR LA CARNE?

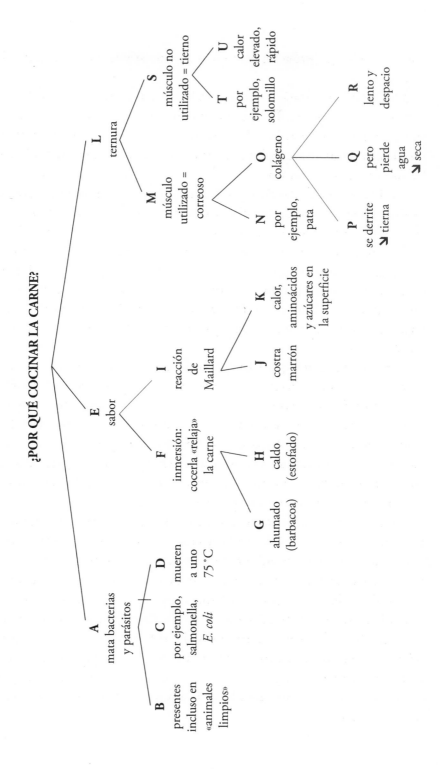

A
mata bacterias
y parásitos

B
presentes
incluso en
«animales
limpios»

C
por ejemplo,
salmonella,
E. coli

D
mueren
a uno
75 °C

E
sabor

F
inmersión:
cocerla «relaja»
la carne

G
ahumado
(barbacoa)

H
caldo
(estofado)

I
reacción
de
Maillard

J
costra
marrón

K
calor,
aminoácidos
y azúcares en
la superficie

L
ternura

M
músculo
utilizado =
correoso

S
músculo no
utilizado = tierno

T
por
ejemplo,
solomillo

U
calor
elevado,
rápido

N
por
ejemplo,
pata

O
colágeno

P
se derrite
↘ tierna

Q
pero
pierde
agua
↘ seca

R
lento y
despacio

Qué hará tu cerebro: Escuchará una clase de la misma manera que escuchas a un amigo hablando y, por lo tanto, perderá conexiones más profundas en el contenido.

Cómo ser más listo que tu cerebro: Planifica el desajuste entre la forma en que el profesor piensa que el contenido está organizado (una jerarquía) y la forma en que tú vives una clase (linealmente) para poder establecer las conexiones que el profesor quiere que establezcas.

En este capítulo aprenderás algunos trucos para asegurarte de que comprendes el mensaje más profundo de una clase y no sólo las nuevas palabras de vocabulario y las curiosidades.

CONSEJO 1

Extrae la organización de una clase

Idealmente, un profesor será explícito acerca de la organización; al comienzo de la clase te dirá: «Esto es lo que vas a aprender. La conclusión principal es X. Habrá cuatro puntos que apoyen a X». Y luego, durante la clase, volverá a referirse a esta organización y dirá: «Bien, ahora hemos terminado con el primer punto que respalda nuestra conclusión. Pasemos al segundo». Te está indicando cuál es la organización a medida que va avanzando.

Pero ¿y si no lo hace? En este caso, debes hacer todo lo posible para solucionarlo tú mismo. Por ejemplo, en la clase que hemos comentado antes sobre cocinar carne: si el profesor dice: «Cocinar también hace que la carne dura sea más tierna», se supone que debes saber que esta afirmación es una de las tres razones que explican por qué los humanos cocinan la carne.

Pero, mientras escuchas, no vas a apreciar cada una de las partes de la organización de la clase. Avanza demasiado rápido. **Márcate como objetivo obtener los dos primeros niveles de la jerarquía.** El nivel superior es la pregunta, o el tema principal del día. En nuestra clase sobre ciencias de los alimentos, la pregunta de nivel superior era: «¿Por qué cocinar la carne?». En una clase de historia, podría ser si los candidatos presidenciales de hoy en día podrían llevar a cabo campañas desde el porche de entrada,[1] candidaturas en las que el político no viaja, sino que pronuncia sus discursos cerca de su casa.

Puedes obtener ayuda para determinar la organización de la clase a partir de un documento escrito que veas antes de empezar (un plan de estudios si es una clase, un impreso si es una presentación) que te dé una idea del tema principal. Si no tienes un conocimiento previo del tema, una guía decente es lo que el profesor diga en primer lugar. Los profesores casi siempre ofrecen un resumen, incluso aunque sólo sea una o dos frases, del tema que tratarán. Esto significa que, si llegas un minuto tarde, te lo perderás. Si tardas en centrar tu atención en el profesor porque estás charlando con la persona que está a tu lado o estás hablando por teléfono, te lo perderás. **Estate presente y listo para el resumen de inicio de la presentación.**

El segundo nivel de la jerarquía serán las evidencias que respalden la conclusión del día. Como hemos visto en la clase de ciencias de los alimentos, han sido los tres motivos por los cuales la gente cocina la carne. En clase de historia, tal vez el segundo nivel de la clase pueden ser ejemplos de campañas exitosas (y no tan exitosas), la naturaleza de los medios de comunicación cuando se llevaron a cabo tales campañas, las características de los candidatos que las realizaron y luego un resumen de estos factores en relación con la política moderna.

Si el objetivo de la clase es enseñarte a hacer algo –por ejemplo, hacer una extracción de sangre–, los subpuntos pueden ser subpasos

---

1. Campaña electoral informal (en inglés «*front porch campaign*») utilizada en la política estadounidense en la que el candidato permanece en casa desde donde ofrece discursos a los simpatizantes. Relativamente frecuente a finales del siglo XIX y principios del XX, Joe Biden recuperó esta estrategia en verano de 2020 durante de las restricciones impuestas a causa de la pandemia de COVID-19. *(N. del T.)*

del procedimiento, justificaciones de por qué son efectivos o una lista de circunstancias que describen cuándo utilizar cada método.

Nuevamente, un buen profesor recurrirá a señales verbales explícitas: «Acabo de definir las características de una campaña de porche delantero, así que ahora daré algunos ejemplos históricos». Los profesores ineficaces no harán esto, pero saben que están cambiando de tema, aunque no piensen decírtelo. Por lo tanto, **escucha las señales verbales que aportan pistas sobre la organización;** por ejemplo:

- «El segundo motivo…».
- «Esto plantea una pregunta diferente».
- «Ahora que sabemos que…».
- «Mirémoslo desde una perspectiva diferente».
- «De todos modos…».
- «De acuerdo».

Busca señales no verbales. Los profesores suelen detenerse para hacer preguntas cuando han terminado de tratar un tema, para asegurarse de que sus alumnos lo han entendido antes de pasar a algo nuevo. Si el profesor se detiene para consultar sus apuntes, o incluso si se hace una pausa para pensar, es probable que indique un cambio a un nuevo tema; ha terminado con una idea y está revisando sus notas para ver qué sigue.

No debes intentar establecer toda la jerarquía cuando escuchas una clase, pero **sí interpretar los detalles teniendo en cuenta ideas más amplias.** Recuerda que el punto central de este capítulo es cómo comprender el contenido nuevo mientras escuchas. Parte de la comprensión consiste en interpretar las cosas en el contexto adecuado. Por ejemplo, consideremos el hecho de que cuando James Monroe fue reelegido presidente en 1820, recibió todos los votos electorales excepto uno.[2] Este mismo hecho podría mencionarse:

---

2. Se refiere al representante de Nuevo Hampshire, quien votó a John Quincy Adams. Fueron unas elecciones extraordinarias, ya que después de un período de

- Como prueba de que fue una «era de buenos sentimientos» y armonía en Estados Unidos
- Como prueba de la debilidad del Partido Federalista tras la Guerra de 1812
- En el contexto de la esperanza de Monroe de que el sistema de partidos acabaría desapareciendo

Para interpretar los detalles teniendo en cuenta la visión general, debes tener presente continuamente la visión general mientras escuchas. Esto es difícil de hacer porque tratas de seguir la clase a la vez que tomas apuntes. Así que, en lugar de eso, revisa mentalmente el panorama general de vez en cuando. Supón que aprendiste la noción de los vectores en una clase anterior y ahora el profesor presenta la idea de la suma de vectores. Resulta difícil entender simultáneamente esta nueva idea y pensar en cómo se relaciona con otras ideas del curso. Así pues, trata de pensar en ello cuando el profesor esté preparado para pasar a un nuevo tema. Cuando el profesor pregunte si hay alguna duda, no te limites a cuestionártelo para tus adentros: «¿He entendido lo que acaba de explicar?». Pregúntate también: «¿Entiendo cómo lo que acaba de decir se relaciona con el tema más amplio del día?». Si la respuesta no es obvia, pregunta.

En una frase: Espera que las clases se organicen jerárquicamente e intenta extraer la organización durante la misma.

---

progreso, el Partido Federalista no presentó candidato y James Monroe fue reelegido sin oposición. *(N. del T.)*

Piensa que escuchar requiere un esfuerzo

Las personas a menudo piensan erróneamente que asistir a una clase es fácil porque sólo tienen que escuchar. De hecho, las clases tienen mala reputación entre algunos educadores porque parecen pasivas: los estudiantes sólo tienen que permanecer sentados. Pero esto no es así y en el apartado anterior hemos visto un motivo importante por el que **aprender de una clase requiere un pensamiento activo**: los oyentes deben reconstruir la organización jerárquica de lo que escuchan.

Hay otros puntos importantes en los que las clases difieren de la conversación típica. Las personas recurren a un vocabulario más inusual cuando dan una clase y comunican ideas más difíciles que las que normalmente comunicarías cuando hablas con un amigo. Además, tu amigo por lo general se da cuenta de si lo entiendes o no; por ejemplo, puede hacer una pausa o preguntar: «¿Me sigues?», que es la pista para demostrar que lo estás entendiendo, asintiendo con la cabeza o exclamando: «Sí». Los profesores hacen pausas para preguntas con mucha menos frecuencia.

Plutarco, el biógrafo griego, comentó sobre la dificultad de escuchar hace casi dos mil años:

> Pues unos creen que existe un esfuerzo propio del que habla y ninguno por parte del que escucha, sino que exigen que aquél venga habiendo pensado y preparado su discurso, mientras que ellos, irreflexivos y despreocupados de sus deberes, se sientan dispuestos a pasarlo bien, como los que llegan a un banquete sin más, mientras trabajan otros. En verdad existe un deber propio del convidado agradable, pero mucho más del oyente. En efecto, él toma parte en el discurso y colabora con el que habla, y no debe examinar con dureza los errores de aquél a cada palabra y obra, sometiéndolo a juicio, mientras él obra torpemente sin tener que someterse a ningún juicio y actúa a menudo incorrectamente en la audición.

He impartido un gran número de clases durante cada uno de los últimos treinta años y he hablado a grupos de adultos en escuelas y corporaciones durante los últimos quince. Los estudiantes y los adultos no comprometidos tienen todos el mismo aspecto y son fáciles de detectar. Se quedan despatarrados en sus asientos. Sus ojos están apagados y enfocan lentamente sólo cuando empiezo a hablar. No es que estén cansados o ansiosos o distraídos por problemas personales; es que son *pasivos*. Afrontan una clase como quien va a ver una película o un concierto.

Es fácil entender por qué te sientes parte de una audiencia cuando te encuentras en un aula enorme con algunas decenas de otros estudiantes. Es natural esperar que el espectáculo venga a ti. Pero te irá mucho mejor si acudes a cada clase psicológicamente preparado para hacer un esfuerzo mental.

En una frase: Aprender escuchando requiere esfuerzo, así que acude a cada clase con esa expectativa.

Consejo 3

Si te ofrecen apuntes, utilízalos para verificar tus propios apuntes, no para sustituirlos

Supón que el profesor te proporciona copias de sus apuntes. O un esquema de la clase o copias de las figuras. ¿Cómo deberías utilizar este material? Puedes acercarte a responder esta pregunta respondiendo otra: de entrada, ¿por qué tomas apuntes?

Los investigadores han formulado esta pregunta a la gente y señalan dos funciones en las que probablemente hayas pensado: en primer lugar, simplemente porque escribir las cosas las hace más fáciles de recordar. Y en segundo lugar, leer más adelante tus apuntes refresca tu memoria. Las investigaciones llevadas a cabo demuestran que los apuntes cumplen ambas funciones.

Ahora considera cómo se ve afectada cada función al tener apuntes del profesor. Podríamos suponer que estos apuntes serán más completos y precisos que los apuntes que tomas. De hecho, probablemente tendrán todas las conexiones profundas que he explicado y que son difíciles de captar mientras escuchas. Así que parecerían ser bastante buenos para la función de estimular la memoria. Pero no conseguirás el estímulo de memoria que se consigue al escribir las cosas. Esos apuntes los escribió el profesor, no tú.

Nuestra suposición –que utilizar los apuntes del profesor es tanto una ventaja como una desventaja– coincide con lo que han encontrado los investigadores. No hay una ventaja clara para los alumnos que toman apuntes en lugar de recibir notas. Éste puede ser el motivo por el cual algunos profesores no proporcionan apuntes: no ven el sentido.

Pero supón que tu profesor te pasa apuntes, esquemas o diapositivas. ¿Qué debes hacer con ellos? Aunque no hay una respuesta clara basada en investigaciones, podemos hacer una suposición razonable, en base a los dos propósitos de las notas.

Sigues deseando los beneficios de la memoria que se consiguen al tomar tus propios apuntes. Así pues, **toma tus propios apuntes, aunque sepas que el profesor te los va a pasar más tarde.** Y si ya los tienes antes de la clase, no los lleves contigo, pensando que así los seguirás y les añadirás tus propias observaciones. No conseguirás la misma estimulación de la memoria. Tratar de seguir la clase y al mismo tiempo hacerla encajar con el esquema escrito puede resultar confuso. Lo mismo ocurre con las diapositivas de PowerPoint: no las imprimas y toma apuntes sobre ellas.

Si te pasa apuntes o un resumen antes de la clase, échales un vistazo. No hace falta que le dediques mucho tiempo. Simplemente **identifica los dos niveles superiores de la organización jerárquica de la clase:** ¿cuál es el tema general y cuáles son los subpuntos principales?

Conocer de antemano esta información proporciona una gran ventaja para la comprensión y la toma de apuntes. Escribe el tema y los subpuntos al inicio de tus apuntes de clase para una referencia fácil. Así, a medida que avanza la clase, sabrás dónde te encuentras en la organización general de la clase y podrás marcarlo a medida que progresas.

Podrás coordinar tus apuntes con los del profesor al terminar la clase. Obviamente, ésa es tu única opción si los apuntes del profesor sólo están disponibles después de la clase, pero incluso si los tienes antes, después es el momento más adecuado. El proceso de trabajar tus apuntes después de tomarlos es tan importante que le dedico todo el capítulo 4.

En una frase: Si el profesor proporciona apuntes o un esquema, utilízalos para facilitar tu compresión antes o después de la clase, pero no los consideres una sustitución de tus propios apuntes.

Consejo 4

Reflexiona sobre cuándo leer una lectura obligatoria

A menudo hay alguna lectura asignada asociada con una clase, y se supone que debes presentarte habiéndola leído. La lógica «primero lee, luego escucha» parece evidente; entenderás mejor la clase si ya sabes algo sobre el tema. Recuerda que, cuando las personas escriben o hablan, excluyen cierta información que su audiencia necesita para comprender, asumiendo que los oyentes ya tienen esa información en la memoria. Ése era el propósito del ejemplo sobre las películas de Shirley Temple; el profesor había asumido que los estudiantes sabían que la Gran Depresión había tenido lugar durante la década de 1930 y que concluirían que las circunstancias económicas preparaban a las personas para disfrutar de este tipo de películas. Entenderás más si ya sabes algo sobre el tema, por lo que leer antes te ayudará a comprender la clase.

Pero resulta que lo contrario es igualmente cierto: si acudes a clase y luego lees la lectura obligatoria, entenderás mejor la lectura.

En realidad, tomar la decisión correcta (leer antes o después de ir a clase) depende de lo que el profesor suponga que sabes cuando entras en el aula. Por un lado, si diligentemente lees el texto recomendado antes y luego el profesor explica todo el contenido que has leído, pero es más claro que el libro, obviamente no había ningún motivo para haberlo leído antes. Por otro lado, si no lo lees y el profesor asume que conoces ese contenido y explica más cosas de las que explica el libro, sin duda estarás desubicado.

La clave para responder a la pregunta: «¿Debo leer el texto antes o después de la clase?» es saber lo que el profesor supone que has aprendido de la lectura antes de ir a clase. Por supuesto, sencillamente puedes preguntarle al profesor qué espera que hagas. Es probable que diga que quiere que leas el texto antes de ir a clase, pero aun así es posible que no explique siguiendo esta suposición.

Por ejemplo, cuando estaba en la universidad, hice un curso de poesía épica: leímos *La Ilíada*, *La Odisea*, *La Canción de Rolando* y varias obras más. Encontré todas ellas bastante difíciles de entender, y no me refiero a nada muy profundo por entender; quiero decir que tenía problemas para seguir lo que pasaba en el poema. Íbamos a clase después de haber leído unas cincuenta páginas, y el profesor daba una clase centrada en la información histórica y cultural que ayudaba a poner en contexto esa parte del poema.

Hacia la tercera semana me di cuenta de que el profesor comenzaba cada clase con un resumen de la lectura; aportaba el resumen básico de los acontecimientos en tres minutos. Desde entonces comencé a leer el texto después de asistir a clase. Tener en mente su resumen me facilitaba mucho comprender el poema. Y no haberlo leído antes de clase no me afectaba mucho porque el profesor me hacía el resumen, así que podía seguir más o menos la materia histórica y cultural.

Si encuentras que las clases del profesor son bastante fáciles de seguir, pero las lecturas te resultan difíciles, intenta leer después de clase y considera si te ayuda.

En una frase: La segunda vez que te encuentras una materia es más fácil entenderla, independientemente de que la estés leyendo o escuchando. En consecuencia, planifica tu lectura y tu clase.

Olvídate de tu reticencia a preguntar

Previamente en este mismo capítulo he descrito cómo la falta de comprensión puede pasar desapercibida. Pero otras veces sabes muy bien que no entiendes algo. Si pasa esto mientras estás escuchando una clase, la solución parecería ser simple: levanta la mano y di: «¿Qué?». Para muchos, es así de simple, pero otros son reacios a hacer preguntas, por lo general porque: (1) «no quieren molestar», (2) «no quieren parecer estúpidos» o (3) «son tímidos».

Si no quieres molestar… ¡genial! Los profesores tampoco quieren que molestes. Y tu prudencia con respecto a hacer preguntas no es ridícula, porque, aunque los profesores a menudo afirman que «¡Todas las preguntas son bienvenidas!», esta afirmación es falsa. Las preguntas molestas no son bienvenidas, y algunas preguntas son molestas. Serás menos reacio a hacer preguntas si sabes cuáles son éstas.

Las preguntas que la gente hace sólo para presumir son molestas. «Sr. Willingham, ¿no cree que lo que ha estado diciendo sobre la historia de la Europa del siglo XIX se relaciona con la anatomía de las musarañas arborícolas, sobre la cual, por cierto, he leído muchas cosas?». No, lo que acabas de decir no se relaciona, y sólo has preguntado porque quieres explicar algo sobre ello, y todo el mundo lo sabe. No utilices mis explicaciones como una plataforma para mostrar lo que sabes, con una «pregunta» como tapadera.

Las preguntas que hacen que el profesor se desvíe del tema no deberían ser molestas, pero molestan a algunas personas. «Sr. Willingham, ¿no cree que lo que ha estado explicando sobre la historia de la Europa del siglo XIX podría estar relacionado con el inminente colapso de la aristocracia?». A diferencia del asunto de las musarañas, esta pregunta está relacionada con el tema tratado, por lo que es probable que el alumno no sólo esté tratando de presumir. Sin embargo, hará que algunos alumnos pongan los ojos en blanco, y entiendo el por qué. Están pensando: «Estás dedicando tiempo a un tema que el profesor no ha considerado lo suficientemente importante como para incluirlo dentro de la lección. Es genial que te interese (supongo), ¿pero por qué todos deberíamos escucharte mientras das gusto a tu entusiasmo?». La mayoría de las personas no tienen esta actitud y reconocen que la curiosidad debe tolerarse (al menos) en un entorno en el que las personas pretenden aprender. Pero si estás muy preocupado por no molestar, no formules preguntas que exploren nuevos terrenos. En vez de ello, habla con el profesor a solas.

El tipo de pregunta que nunca molesta a los demás es la que es más probable que formules: preguntas de aclaración. Te pierdes una definición, por lo que me pides que te la repita, o sabes que te he dicho que había tres razones por las cuales algo es cierto y sólo has retenido dos. Los compañeros de clase que sí han retenido la información son conscientes de que todo el mundo se pierde cosas de vez en cuando, y además sólo «entorpeces» la clase diez segundos.

Ahora bien, ¿qué pasa si el profesor se acaba de pasar los últimos quince minutos explicando algo complicado –por ejemplo, la regla del octeto en química– y te das cuenta de que no la entiendes? ¿Puedes pedirle al profesor que te lo explique todo de nuevo? Es posible que te preocupe que todos los demás lo hayan entendido, por lo que pedir una aclaración te hará parecer estúpido. Es diferente de una pregunta del tipo «Me he perdido lo que acabas de decir», porque requiere comprensión. No estás diciendo: «No lo he oído», estás diciendo: «Lo he oído, pero soy duro de mollera». Además, la explicación ha sido larga, por lo que la preocupación por perder tiempo no tiene razón de ser.

La forma en que formules tu pregunta puede aligerar algo la preocupación. Idealmente, no te limites a decir: «Eh, ¿puedes explicarlo de nuevo?», sino que empieza diciendo lo que sí entiendes. Eso ayudará al profesor a centrar la explicación (haciéndola más corta) y tiene el beneficio adicional de mostrar a todos los compañeros que no estás perdido, que has entendido algo.

Si eres una persona que se preocupa, este consejo podría ayudarte, pero probablemente no baste. Para profundizar un poco más en este tema, te pediré que por unos instantes adoptes la perspectiva del profesor.

Cuando haces una pregunta, no sólo te estás ayudando a ti mismo. **Las preguntas proporcionan retroalimentación al profesor.** Un profesor medio decente siempre está escaneando caras, tratando de evaluar si los alumnos parecen desconcertados, pero eso sólo llega hasta cierto punto. La retroalimentación directa es mejor.

Con respecto a perder el tiempo de clase para volver a explicar algo, en realidad ésa no es tu decisión. Yo soy el profesor y decidiré si es una pérdida de tiempo o no. Al tomar esa decisión, sopesaré factores como cuán rápido puedo volver a explicarlo, cuántas personas además de ti es probable que tengan dudas y qué más tengo que explicar. Si creo que no vale la pena, diré: «De verdad que necesito avanzar, así que ya volveremos a esto más adelante». No asumas la «culpa» de frenar al grupo. Es decisión del profesor.

Finalmente, permíteme tratar el motivo de «soy tímido» para no hacer preguntas. Estar preparado para hacer preguntas y admitir la ignorancia no es sólo una técnica para conseguir ganancias a corto plazo en las clases; sino que también **es una habilidad que necesitas dominar.** El trabajo de todos tiene obligaciones que van en contra de su personalidad o de sus habilidades. Por ejemplo, a un extrovertido le puede encantar que su trabajo de ventas requiera un contacto constante con gente nueva, pero también tiene trabajo de oficina en casa para hacer en el despacho un día a la semana. Si eres tímido, en ocasiones necesitarás hablar y hacer preguntas para asegurarte de que sabes qué está pasando. ¿Te imaginas a un piloto del ejército que no entiende una sesión informativa de la misión y piensa: «No quiero hacer una pregunta y parecer estúpido; estoy seguro de que lo resolveré cuando esté en el aire»?

Entonces, si no te gusta hacer preguntas, no lo veas como «parte de tu personalidad» y, por lo tanto, inmutable. Entiéndelo como una habilidad como cualquier otra y que necesitas trabajarla para mejorar. Si puedes, siéntate en primera fila para que no puedas ver a los demás; puede que te sientas menos cohibido. Intenta hacer una pregunta *corta* de aclaración sobre una definición, sólo para practicar. Si te resistes a levantar la mano y tienes relación con el profesor, podrías explicarle que estás trabajando esta habilidad; puede mostrarse más sensible en los momentos en los que intentas interrumpir. Puede que hacer preguntas nunca te resulte cómodo del todo, pero cuanto más te esfuerces, más fácil te resultará.

En una frase: Conoce qué tipo de preguntas son molestas y cuáles no, y si hacer el tipo de pregunta inofensiva sigue poniéndote nervioso, entiéndelo como una habilidad que aún debes dominar.

Para los profesores

¿Cómo puede ayudar un profesor a los alumnos a comprender las conexiones de alto nivel que a menudo pasan por alto? Obviamente, debe hacer que estas conexiones sean fáciles de apreciar haciendo explícita la organización de su clase.

Considero que el método más sencillo es una presentación preliminar de la clase: una diapositiva con una lista de los temas que trataré, correspondiente al segundo nivel de la jerarquía que he mencionado. Dedico treinta segundos a revisarlo y luego, cada vez que paso a un nuevo tema, vuelvo a la diapositiva para mostrar dónde estamos. Hay investigaciones que demuestran que las pistas verbales también ayudan, con o sin una diapositiva del esquema. Comienza mencionándoles a tus alumnos la organización que vendrá, por ejemplo, «La consolidación de las empresas de medios de comunicación ha afectado a Hollywood de cinco maneras diferentes». A continuación, comienza la explicación de cada una de ellas refiriéndote a esta organización, por ejemplo, «La tercera forma en que la consolidación de las empresas de medios de comunicación ha afectado a Hollywood...».

Ahora bien, ¿qué pasa con el asunto de que escuchar requiere trabajo? Los alumnos ponen un listón bajo para pensar que entienden, por lo que necesitan tu ayuda para saber si realmente lo han entendido. Puedes utilizar preguntas de verificación que prueben lo que acabas de enseñar, pero los estudiantes encuentran irritantes esas preguntas de comprensión y no fomentan un pensamiento más profundo. Prefiero plantear una pregunta de debate que requiera el empleo del nuevo concepto y que los estudiantes se dirijan a su compañero de al lado y hablen sobre el tema durante treinta segundos. Esto hace que sea obvio para los estudiantes comprobar si entienden un concepto lo suficientemente bien como para utilizarlo.

Pero reconocer que no entienden algo puede no bastar para que formulen una pregunta. Necesitan sentirse cómodos haciéndolo, y su lenguaje corporal y su expresión facial son pistas importantes para su apertura. Intenta grabar en vídeo una clase y obsérvate con el sonido apagado, fijándote en los momentos en los que haces preguntas. ¿Tu rostro y tu cuerpo muestran apertura, entusiasmo? Si no puedes reconocerlo, pregúntaselo a otra persona.

Tu reacción ante las preguntas es un determinante clave del ambiente de la clase, y la mejor muestra de ello es cuando un alumno que pregunta queda en evidencia de que no estaba escuchando. Si avergüenzas al que pregunta, aunque sea indirectamente, todos los demás entienden el mensaje: hay preguntas estúpidas, y quienes las hacen lo pagarán. Simplemente responde la pregunta al pie de la letra y sigue adelante rápidamente.

Lo que es aún más importante, busca oportunidades para elogiar las preguntas. De hecho, a menudo elogio la idea que se ha planteado en la pregunta, en lugar de la pregunta en sí, diciendo algo como: «Oh, ésa es una idea interesante» para reconocer que la pregunta tenía algo de reflexión detrás. Y no hay nada de malo en hacer una pausa después de una pregunta para mostrar que lo estás pensando y que te lo estás tomando en serio.

Una nota final: si tus estudiantes no hacen preguntas prácticamente nunca, debes preguntarte acerca de tu relación con ellos. ¿No preguntan porque tus explicaciones son brillantes y claras? ¿Están callados porque consideran que hacer una pregunta es correr un riesgo? Pregúntate por qué pasa esto.

Resumen para los profesores

- Empieza cada clase con una presentación visual de la organización del curso.
- Retorna a esta presentación cada vez que pases a un tema nuevo.
- Refuerza esta pista visual sobre la transición con una pista verbal.
- Para ayudar a los alumnos a evaluar si lo están entendiendo, plantea preguntas que requieran que utilicen la información que acaban de escuchar.
- Fomenta las preguntas mostrándoles, a través de tu expresión social y corporal, que de verdad son bienvenidas.
- Cuando sea apropiado, elogia las preguntas.

CAPÍTULO 2

CÓMO TOMAR APUNTES EN CLASE

E ntender una clase es difícil, y, obviamente, tomar apuntes hace que ese trabajo difícil sea aún más complicado: es una tarea adicional. No es de extrañar que la gente no lo haga muy bien. Las investigaciones han demostrado que si un profesor enumera los puntos que cree que son lo suficientemente importantes como para incluirlos en los apuntes de los alumnos y, luego, examina los apuntes que en realidad han tomado los alumnos verá que sólo han captado entre el 25 y el 50 % de la información. Esta cifra no cambia entre secundaria y la universidad.

No es que los alumnos sean tontos o perezosos. Tomar unos apuntes perfectos es literalmente imposible, porque las clases van demasiado rápido. Las personas pueden hablar unas seis veces más rápido de lo que pueden escribir (unas 120 palabras frente a 20 palabras por minuto). **Tomar buenos apuntes requiere tomar compromisos inteligentes.**

Los elementos 1 y 2 de la siguiente lista describen los procesos mentales necesarios para entender una clase. Los elementos 3 al 7 describen los procesos mentales adicionales necesarios para tomar apuntes.

Procesos mentales necesarios para seguir una clase

1. Evita distracciones y mantén tu atención puesta sobre la clase.

2. Escucha y comprende. Es probable que el contenido sea nuevo para ti y te resulte complicado.

Procesos mentales necesarios para tomar notas

3. Evalúa la importancia del contenido para poder decidir qué incluir y qué omitir en tus apuntes.
4. Decide cómo parafrasear las ideas de la clase.
5. Escribe o teclea tus apuntes.
6. Pasa tu mirada del papel (o de tu ordenador) a tu profesor.
7. Coordina todos los procesos enumerados anteriormente y decide en qué momento aplicar cada uno de estos procesos mentales y durante cuánto tiempo.

La lista deja claro que tomar apuntes mientras se escucha es como jugar al ajedrez, ver una película de misterio y cocinar, todo a la vez. No prestar suficiente atención a todo, por lo que uno o más procesos mentales se verán afectados.

¿Qué procesos no gozarán de la atención que necesitan? Por lo general, lo primero que se intenta hacer es escribir o teclear más rápido (proceso 5 de la lista). La letra se vuelve un poco más descuidada o se cometen más errores tipográficos, pero ¿a quién le importa? Es un pequeño precio a pagar si se puede seguir el ritmo.

Pero ¿y si no se puede seguir el ritmo? Entonces, ¿qué hay que hacer? Anotar sólo las ideas (proceso 4) requiere bastante atención, por lo que cuando las personas se sienten apuradas comienzan a tomar apuntes utilizando las palabras precisas que dice el profesor; de esa manera no tienen que pensar en una forma de parafrasearlas. Pero si se concentran en escribir fragmentos de lo que dice el profesor, pueden derivar fácilmente hacia una comprensión más superficial de lo que dice (proceso 2). Esa comprensión superficial significa que no pueden evaluar adecuadamente lo que deben escribir y lo que no necesitan (proceso 3).

Por lo tanto, los tres procesos mentales que probablemente cambiarás en un esfuerzo por escribir más rápido tienen que ver con la comprensión: comprender ideas, evaluar su importancia y parafrasearlas. A medida que vas sintiendo la presión de quedarte atrás en la toma de apuntes, tu cerebro pasa a escribir más y comprender menos. Incluso puedes decirte a ti mismo: «Sé que realmente no entiendo nada de esto, pero al menos lo estoy escribiendo y así podré resolverlo más tarde».

Probablemente pienses que voy a decir: «¡No hagas esto! Escribe menos y entiende más». En realidad, es un poco más complicado.

La cantidad de atención que debes dedicar a la comprensión frente a la escritura depende del contenido de la clase y de tus objetivos de aprendizaje. A veces, aprender significa aclarar muchos detalles. Por ejemplo, supón que es el comienzo de tu clase de laboratorio de física y el profesor ayudante está repasando los detalles de cómo realizar el experimento del día. Hay muchos detalles, pero ninguno es complicado. En este caso, te gustaría enfatizar la velocidad al tomar apuntes y no tendrías que preocuparte mucho por dedicar recursos mentales a la comprensión porque esa parte es sencilla.

Compáralo con un escenario de toma de apuntes totalmente diferente: eres un estudiante de secundaria y tu profesor de historia os dice que los estudiantes pueden conseguir un crédito si asisten a una clase sobre la Gran Migración, el movimiento de aproximadamente seis millones de negros americanos desde el sur rural hacia el norte urbano desde la Primera Guerra Mundial hasta alrededor de 1970. Para conseguir el crédito, los estudiantes luego deberán decirle a la clase tres cosas importantes que han aprendido. En este caso, hacer hincapié en la velocidad a la hora de tomar apuntes no tiene sentido, sino que debes dedicar la mayor parte de tus recursos mentales a escuchar, comprender y evaluar la importancia de lo que escuchas para poder seleccionar tus tres ideas importantes.

· CUANDO TOMAS APUNTES DURANTE · UNA CLASE

Qué hará tu cerebro: Dedicará cada vez más atención a escribir rápidamente en un desesperado intento por seguir el ritmo del profesor. Prestará poca atención a entender el significado de la clase.

Cómo ser más listo que tu cerebro: Sigue una estrategia para equilibrar tu atención en la escritura y tu atención en la comprensión. La estrategia correcta depende del contenido de la clase; decídela previamente, si es posible.

Este capítulo te enseñará a encontrar ese equilibrio y te ofrecerá algunos otros trucos para asegurarte de que dediques la mayor parte de tu atención a tomar apuntes.

Consejo 6

Estate preparado

El principal obstáculo para tomar buenos apuntes es el tiempo. Estás intentando hacer varias cosas a la vez. Cualquier cosa que puedas hacer antes de la clase en lugar de durante la clase, debes hacerla antes. Prepárala.

Asegúrate de ir a clase con todo el material necesario. **Lleva un bolígrafo y dos de repuesto:** uno para ti y otro para la persona sentada a tu lado que no ha cogido uno de repuesto. No utilices lápices; se puede borrar, pero manchan. Si está tomando apuntes en un ordenador portátil, asegúrate de que tiene batería.

Organiza tus materiales. Si utilizas un ordenador portátil, ten una carpeta digital separada para los apuntes. Escanea los impresos en papel a versiones electrónicas para que todo esté en el mismo lugar. Si tomas apuntes a mano, compra un cuaderno separado para cada asignatura y asegúrate de que tengan organizadores para los impresos. Si tienes clases prácticas o de laboratorio, guárdalas separadas para que tus apuntes de clase sean secuenciales. Algunas personas prefieren las carpetas de anillas porque facilitan el movimiento de las páginas, pero son un poco más pesadas. A algunos estudiantes les gusta tener una carpeta de anillas para todas sus clases, porque de esta manera nunca se equivocan de cuaderno.

Si eres el tipo de persona que parece que nunca tiene lo que necesita en una clase, confecciona una lista. Adquiere el hábito de pensar cada noche: «¿Tendré clase mañana?». Vincula esta pregunta con algo que hagas cada noche, como por ejemplo cargar tu móvil. Si la respuesta es sí, reúne lo que necesitarás para el día siguiente. Si eres el tipo de persona que reúne todas estas cosas y luego se las olvida en casa, ponlas junto a la puerta para que las veas cuando salgas de casa.

En YouTube hay muchos vídeos sobre cómo tomar notas que te incentivan a llevar subrayadores o notas adhesivas a clase. La idea es utilizar un bolígrafo rojo para las definiciones y un marcador azul para las explicaciones. Este tipo de cosas no hace que tus notas sean mucho más útiles, y **se necesita tiempo y atención para cambiar de color** o poner notas adhesivas en medio de una página. No vale la pena.

Aunque la codificación por colores es innecesaria, ciertamente los apuntes son más útiles si los **tienes ordenados.** Escribe la fecha y el tema en la parte superior de la página. Deja un margen amplio, tanto por la izquierda como por la derecha, para que más adelante puedas añadir información. Si estás tomando apuntes en un ordenador portátil, utiliza un nuevo documento para cada día. Nombra el archivo con la fecha en este orden: año-mes-día (por ejemplo, 22-03-18). De esa manera, el ordenador ordenará cronológicamente los archivos en la carpeta. (No puedes contar con organizar la carpeta por fecha de creación, porque más adelante actualizarás los archivos). Después añade información sobre el tema al nombre del archivo. Y por el amor de Dios, utiliza un programa de sincronización que haga automáticamente una copia de seguridad de esos archivos.

Si es posible, llegue a clase al menos cinco minutos antes. Eso te permitirá recuperar la respiración, sacar tus cosas y apagar tu móvil. Y lo que es mejor, puedes echar un vistazo a cualquier documento que se te haya recomendado leer antes de clase (o a tus apuntes de la última clase) para entender el tema.

Pueden parecer detalles menores, pero todos ellos van dirigidos a evitar que tengas que pensar en otras cosas aparte del profesor durante la clase. Y estos pequeños detalles pueden convertirse en distracciones significativas si no los tienes en cuenta.

En una frase: La atención es escasa durante una presentación, así que minimiza la necesidad de realizar tareas innecesarias durante una presentación.

CONSEJO 7

Determina previamente si piensas entender más o escribir más

He hecho énfasis en que, a medida que la comprensión exige más atención, la cantidad de información que puedes registrar en tus apuntes disminuirá. Por lo tanto, **piensa en lo que esperas aprender** y considera de qué otros recursos dispones.

Consideremos dos ejemplos que representan extremos opuestos del espectro. Imagina que eres un estudiante universitario que está en clase de escritura creativa. Cada semana, tres personas entregan unas diez páginas de ficción que han escrito para que las lea el resto de la clase. En clase, se dedican unos veinte minutos al comentario y la evaluación del trabajo de cada alumno.

Ahora imagina que eres un estudiante de secundaria que está en una clase sobre la forma de gobierno estadounidense. Tienes unos deberes: escribir un documento de diez páginas en el que pongas una cita de uno de los padres fundadores y contrastar la cita con los principios de la Constitución de Estados Unidos. Ninguno de los estudiantes entiende muy bien la tarea, por lo que el profesor la desarrolla en clase ofreciendo ejemplos del tipo de citas que tenía en mente, a quién incluye como «fundador» y qué quiere decir con «principios» de la Constitución.

Ambos escenarios requieren aprender escuchando y querrás tomar apuntes, pero sus demandas son bastante diferentes. En la clase de escritura, tus apuntes serían infrecuentes y muy personales; cada alumno tendrá su propio punto de vista. En cambio, en la clase sobre la forma de gobierno, en tus apuntes querrás enumerar todos los detalles y hacerlo bien; un error podría generarte a posteriori mucho trabajo adicional.

Por lo tanto, debes **considerar la importancia relativa de comprender y captar los detalles antes de sentarse a escuchar y tomar apuntes.** La mayoría de las veces, comprender será más importante que captar información, porque los detalles se registran en otro lugar; puedes conseguir los datos de un libro y el objetivo de una clase es que una persona aporte una buena explicación de su significado. Pero si te encuentras en una clase «desfile de información» que probablemente signifique que no puedes conseguir la información en otra parte, será mejor que planees escribir rápido.

Si deseas poner énfasis en la inclusión de la mayor cantidad de información posible en tus apuntes, tu estrategia es sencilla: escribe lo más rápido que puedas y no te preocupes demasiado por la comprensión profunda o por expresar las cosas con tus propias palabras. Dicho esto, **nunca escribas nada que no entiendas.** Puedes pensar: «No estoy totalmente seguro de lo que el profesor quiere decir con "Las innovaciones tecnológicas suelen ser como la base de una tarta a la que le falta la mitad del relleno", pero lo resolveré más tarde o le preguntaré a alguien». No va a tener más sentido más tarde que ahora. Y si le preguntas a alguien: «¿Qué ha querido decir con eso del pastel?», las probabilidades de que te digan: «No recuerdo eso» son muy altas. Si puedes, pídele una aclaración al profesor inmediatamente (mira el consejo 5) o toma nota para preguntarlo más tarde (mira el consejo 11).

¿Qué pasa si estás pensando que necesitas centrarte en la comprensión? Sigues queriendo escribir rápido, pero debes evitar caer en utilizar las palabras del profesor. La estrategia más fácil es **comprender lo que el profesor dice y luego escribir lo que estás pensando, no lo que ha dicho el profesor.** Eso garantizará que prestes atención al significado y también puedes ganar tiempo. Supongamos que el profesor dice: «Básicamente, en vista del hecho de que el presidente Bush estaba total y absolutamente agotado por su campaña de reelección, había una expectativa por parte de su gabinete… o, no sé, tal vez no una expectativa, quizás más bien un miedo… sea como fuera, pensaron que quizá el primer trimestre de su nuevo mandato se desperdiciaría y que el «llamado período de enamoramiento» pasaría antes de que recuperara la energía». Tú debes escribir: «Campaña Bush agotado; al gabinete le preocupaba que descansara, desperdiciar capital político».

En realidad, parafrasear tiene otro beneficio: ayuda a la memoria, por razones que explicaré en el capítulo 3. Por ahora, te pediré que confíes en mi palabra.

En una frase: Si una clase tiene muchos detalles, pero es fácil de entender, céntrate en registrar todo lo que puedas. Si el contenido importante es más abstracto, céntrate en la comprensión y escribe notas con moderación, utilizando tus propias palabras.

CONSEJO 8

Por lo general, debes tomar apuntes a mano

¿Debes tomar apuntes con papel y bolígrafo o con un ordenador portátil? Primero, ten en cuenta que esta pregunta asume que puedes escoger. Los dispositivos a veces están prohibidos mientras que otras veces son necesarios en clase, y en algunos entornos un dispositivo sencillamente no tiene sentido; por ejemplo, si la clase tiene muchas figuras que serían difíciles de captar con un dispositivo. Si puedes elegir, de nuevo **debes considerar la importancia relativa de comprender frente a registrar mucho** en tus apuntes.

Comencemos por la velocidad. Con algo de experiencia, las personas pueden escribir en el ordenador más rápido de lo que pueden escribir a mano. Esto parece una ventaja bastante importante, dado que seguimos viendo la velocidad como un problema clave. Pero escribir rápido en el ordenador puede tentarte a tratar de registrarlo todo porque parece más posible. Un experimento (ampliamente explicado en las noticias) demostraba exactamente eso: las personas que tomaban apuntes con un ordenador portátil eran más propensas que las que tomaban apuntes a mano a escribir detalles palabra por palabra de lo que el profesor decía. Pero otros estudios no han encontrado este efecto, por lo que no está claro cuán tan general es. Básicamente, los ordenadores portátiles tienen ventaja sobre el bolígrafo si estás muy preocupado por incluir gran parte de la clase en tus apuntes, en especial si eres capaz de evitar caer en el modo dictado.

Pero esta posible ventaja podría ser anulada (o algo peor) por la desventaja de la distracción. Si tienes un ordenador portátil encendido, tu correo electrónico, las redes sociales, las compras y otras distracciones están a un clic de distancia. Es muy difícil resistir el impulso de echar un vistazo a Internet y eres un tonto si te facilitas esa distracción. Alguien que asiste a una clase y trae un dispositivo con acceso a Internet, diciéndose a sí mismo: «Sólo voy a tomar apuntes», es como un alcohólico que va a un bar jurando que sólo tomará una Coca-Cola. Un principio muy general y muy sabio del comportamiento humano es *No confíes en la fuerza de voluntad si puedes cambiar el entorno.*

Como profesor, felizmente cambiaría el entorno para mis alumnos, si pudiera, apagando el acceso wifi en mi aula. Le pregunté al grupo de informáticos de la Universidad de Virginia sobre la posibilidad, pero señalaron que, aunque apagara el rúter en mi aula, todo el campus está saturado de wifi; los estudiantes simplemente buscarían una señal de otro rúter.

Una alternativa consiste en **poner tu ordenador portátil en modo avión.** De esa manera, es un poco más difícil acceder a la diversión online y es más probable que te quedes con la explicación.

Otro problema es que la utilización de un ordenador portátil puede distraer a los demás. Ciertamente, algunos de mis alumnos se quejan de eso. La biología humana trabaja en nuestra contra; cuando percibe algo que se mueve en su visión periférica, tu cerebro está conectado para dirigir la atención al movimiento. Podemos ver fácilmente el significado evolutivo. Para nuestros antepasados lejanos, algo en movimiento podría ser una amenaza, y es mejor que comprobarlo de inmediato. Ahora, eones después, una compañera de clase mira fotos de zapatos en Zappos.com y la parte de lagarto de tu cerebro grita: «¡¿QUÉ ES ESO?!».

Ésa es la preocupación, y mis alumnos consideran que es un problema, pero demostrar que es un problema en experimentos formales ha sido más difícil. De nuevo, hay un estudio que demuestra que los estudiantes que miraban una clase registrada en vídeo (en la que debían tomar apuntes) se distraían con alguien sentado delante de ellos que navegaba por la web. Este estudio fue muy comentado, pero otros investigadores no lograron encontrar el mismo efecto, por lo que no está claro cuán grave es el problema.

Lo que he descrito hasta ahora es una especie de microanálisis de lo que podría pasar o no si utilizas un ordenador portátil para tomar apuntes. ¿No sería más sencillo para los investigadores comparar cuánto aprenden las personas si toman apuntes en un ordenador portátil o a mano? Un experimento basado en la vida real compararía las notas finales de los estudiantes universitarios que utilizan ordenadores portátiles con las de las personas que toman apuntes con papel y bolígrafo. Pero *éste* también es un método imperfecto. Tal vez las personas que eligen utilizar ordenadores portátiles suelen estar menos motivadas para sacar buenas notas. O tal vez las personas que se distraen fácilmente disfrutan más utilizando ordenadores portátiles. ¿Quién sabe?

En general, la investigación no proporciona una respuesta clara al debate sobre ordenador portátil o apuntes a mano. Mi experiencia como profesor universitario me dice que sentirse atraído por otras actividades online supone un problema grave. En encuestas anónimas, mis alumnos afirman que mis clases son interesantes, pero cuando un colega observó mi clase hace unos años, me dijo que muchos de mis alumnos que utilizaban ordenadores portátiles estaban distraídos. Eso me impulsó a dejarme caer por otras clases de mi universidad y me di cuenta de que el problema era extremadamente frecuente.

Así pues, ¿cuál es la conclusión? **Si la clase no es una clase con muchos datos en la que la velocidad es esencial, es mejor tomar apuntes a mano. Si la velocidad es esencial, utiliza un ordenador portátil, pero desactiva tu wifi antes de que comience la clase.** Y, si de todos modos te distraes, toma apuntes a mano.

En una frase: Aunque las investigaciones sobre el uso de ordenadores portátiles durante las clases no son concluyentes, creo que la presencia de Internet distrae tanto que sería prudente tomar apuntes a mano en la mayoría de las circunstancias.

CONSEJO 9

Evalúa tus apuntes de inmediato

Escribo muchas notas para mí mismo, y no sólo en el aula. Tengo ideas en momentos extraños, y aprendí en la universidad que las olvido rápidamente, aunque en ese momento parezcan revelaciones brillantes. Eso era mucho antes de los teléfonos inteligentes, así que me acostumbré a llevar un pequeño bloc de papel y un bolígrafo, y, sí, la gente pensaba que era un poco rarillo, pero la gente ya pensaba que yo era exactamente el tipo de persona que llevaría encima un bloc de notas y un bolígrafo, por lo que no cambió gran cosa.

Pero resultó que el bloc de notas no resolvió el problema, porque seguía confiando en que recordaría mis grandes ideas y las notas que tomaba eran demasiado cortas. Recuerdo que tuve una inspiración para la introducción de mi trabajo de final de carrera cuando estaba de excursión con unos amigos. Escribí una nota y luego vi que había escrito: «No te olvides de la marioneta de dedo». Los siguientes días pasé mucho tiempo tratando de ver alguna relación entre mi tesis y una marioneta de dedo. Nunca la encontré.

He dicho que muchas veces tiene sentido «escribir lo que estás pensando» (mira el consejo 7), pero debes tener en cuenta que leerás los apuntes en el futuro. **Escribe tus apuntes para tu futuro.** Tu futuro necesita contexto y explicación, que no son fáciles de proporcionar cuando estás apurado durante una conferencia. Además, no pretendes ir demasiado lejos en la otra dirección, proporcionando detalles cuando no son necesarios. Recuerdo que para una de mis clases en la universidad compré un ejemplar de segunda mano de un libro de poesía de John Keats y estaba lleno de notas del anterior propietario. En una línea de «Oda a un ruiseñor» ponía: «¡No conoces la muerte, pájaro inmortal!». Las dos últimas palabras estaban rodeadas por un círculo y junto a ellas estaba escrita esta observación: «Pájaro, eres inmortal». Este tipo de notas puede no ser la mejor utilización de tu tiempo.

Así pues, ¿cómo sabes si tus apuntes logran el equilibrio adecuado entre brevedad y claridad? Cuando el profesor pregunte si alguien tiene alguna duda, valora si más adelante tus apuntes tendrán sentido para ti. Como he dicho en el capítulo 1, es un buen momento para comprobar tu comprensión: ¿ves cómo los muchos datos de la clase se relacionan entre sí y construyen un propósito más amplio? También debes revisar tus apuntes: ¿plasman tu comprensión? Como mínimo, busca pensamientos incompletos, abreviaturas que no tengan sentido y gráficos con un eje sin etiquetar. Pero busca también notas tipo marioneta de dedo, referencias que pueden parecer claras ahora, pero que no lo serán en unos días.

He puesto énfasis en que tienes dos trabajos cuando estás aprendiendo mientras escuchas: comprender en el momento y tomar apuntes para que luego tengas pistas que estimulen tu memoria. Cuando los profesores hacen una pausa, suelen referirse sólo a la primera tarea. Preguntan: «¿Alguna duda?», lo que para ellos quiere decir: «¿Lo has entendido?». No preguntan: «¿Cómo están tus apuntes?». Sea como sea, compruébalos.

También puedes dedicar unos instantes a **evaluar tus apuntes al terminar la clase** si no tienes prisa para ir a otra cita. Éste es un buen momento para buscar lagunas en tus apuntes, porque la clase aún está fresca en tu mente y, si surge una pregunta, es posible que el profesor aún esté allí, disponible para responderla.

En una frase: Evalúa tus apuntes a medida que los tomas, para ver si tendrán sentido más adelante.

Consejo 10

No utilices un sistema para tomar apuntes

A menudo se conocen como sistemas de toma de apuntes, pero probablemente un término mejor sea «formatos de toma de apuntes»: describen cómo ordenar ideas. Por ejemplo, la técnica de mapas mentales te hace escribir apuntes como una especie de red. En lugar de escribir oraciones o frases en papel rayado (como en las notas tradicionales), cada entrada consiste en únicamente una palabra o dos. Escribes el tema principal en el centro de una página en blanco y, a continuación, las ideas se disponen radialmente hacia el exterior.

Hay algunas evidencias experimentales de que los sistemas para tomar apuntes ayudan. Los estudiantes de secundaria y de universidad toman mejores apuntes y sacan mejores notas cuando utilizan un sistema, ya sea un mapa mental, Cornell, el método de gráficos o cualquier otro. A pesar de ello, no hay evidencia alguna de que un sistema en concreto sea más efectivo que otro, porque los experimentos casi nunca comparan un sistema de toma de apuntes con otro. Se limitan a valorar si es mejor enseñar un sistema de toma de apuntes que no enseñar ninguno. Una probable explicación para este patrón de resultados es que la mayoría de las personas toman bastante mal los apuntes y será útil cualquier cosa que hagas para pensar más profundamente en el proceso.

No recomiendo que utilices un sistema de toma de apuntes, porque no creo que valga la pena el coste de la atención. Utilizar un formato especial para los apuntes no deja de ser una cosa más en la que debes pensar cuando tu estado mental está prácticamente saturado la mayor parte del tiempo.

En lugar de adoptar un sistema formal, te recomiendo encarecidamente tomar apuntes más o menos de la forma en que estás acostumbrado a hacerlo. De esta manera, no tienes que pensar en ello y puedes dedicar más atención a entender la clase. **Utiliza frases y oraciones cortas que puedas entender.** Si te ayuda, imagina que le estás enviando un mensaje de texto a alguien. Para la organización, utiliza un formato de esquema minimalista con el que te sientas cómodo. Cuando era estudiante, utilizaba tres niveles de encabezados: letras mayúsculas, números y, finalmente, guiones.

En el capítulo 4 te enseñaré cómo reorganizar tus apuntes en una mejor forma escrita. Para facilitar este proceso, te recomiendo que **tomes apuntes en páginas alternas;** en otras palabras, deja entre página y página una en blanco. Utilizarás la página en blanco para ampliar tus apuntes y reorganizarlos (si es necesario). También te recomiendo que escribas tu primer conjunto de apuntes en la página de la izquierda de un pliego, porque en la cultura occidental escribimos de izquierda a derecha; va a parecer más natural que los apuntes (los que tomaste primero) estén a la izquierda y tus apuntes sobre los apuntes aparezcan a la derecha. Es un pequeño detalle, pero vale la pena. (Naturalmente, si estás tomando apuntes con un ordenador portátil, la edición será fácil, por lo que esto no supone ningún problema).

El único truco de formato de toma de apuntes que recomiendo es aprender algunas abreviaturas. Éste es el tema del consejo 11.

En una frase: No utilices un sistema especial para tomar apuntes, pero deja mucho espacio para añadir correcciones y anotaciones escribiendo en una página sí y otra no.

CONSEJO 11

Utiliza abreviaturas

Como hemos visto, la velocidad importa cuando tomas apuntes, y por ello te será útil utilizar algunas abreviaturas fáciles de aprender. A continuación, te ofrezco una lista con algunas sugerencias, pero no hay nada mágico ni investigaciones basadas en ellas. Si encuentras o te inventas otras que te gustan más, utilízalas. Si tienes abreviaturas con las que estás familiarizado al enviar mensajes de texto, utilízalas. Además, no recomiendo tratar de memorizar un gran conjunto de abreviaturas y luego angustiarse por su uso mientras tomas apuntes. Eso echa por tierra su utilidad. Añade una o dos cada semana o en cualquier intervalo de tiempo que te resulte cómodo.

De: d
Que: q
Por: p, x
Porque: pq, xq
Pero: xo
Para: xa
Aproximadamente: aprox
Donde: dnd
También: tb
Años: a
Importante: imp
Mínimo: min
Máximo: max
Ejemplo: p. e., p. ej.
Principio: ppio
Igual, equivalente, lo mismo: =
Aproximadamente igual: ≈
No igual, diferente: ≠
Más: +
Menos: −
Más o menos: ±
Más grande que: >
Más pequeño que: <
Crece: ↗
Disminuye: ↘
Conduce a: →
Equivale: ⇄
Change: Δ

De nuevo, repite: ↻
Nada: ø

Busca palabras que se utilicen muy a menudo y abrévialas con una sola letra. En una clase de física, *e* significa «espacio», en una clase de psicología significa «estudiantes» y en una clase de química significa «electrón». En una clase sobre civilizaciones antiguas, quizá dediques un único día a las culturas de la Mesopotamia del siglo III a. C.; ese día *M* debe tener un significado especial.

De vez en cuando es crucial anotar las palabras exactas de algo que dice el profesor o se te ocurre una buena paráfrasis que quieres escribir. En ambos casos, tu mente tiene que escribir una cadena de texto bastante larga y es fácil que te olvides del final de esa cadena mientras escribes la primera parte. Eso es especialmente cierto porque el profesor sigue hablando. Un truco que te puede ayudar: escribe las primeras letras de cada palabra de lo que quieras escribir, dejando espacio para rellenar el resto más adelante. Así que si oyes:

«Hace ochenta y siete años, nuestros padres hicieron nacer en este continente una nueva nación concebida en libertad y consagrada al principio de que todas las personas son creadas iguales»,

puedes escribir

H 87 a, nues p hic nac en este cont 1 nue nac conc en Lib y consag al ppio d q todas las pers son cr =.

Más adelante, puedes revisar los apuntes y completar las palabras gracias a las pistas que has escrito.

Las figuras y los gráficos pueden darte problemas: son complejos y se necesita cierto tiempo para dibujarlos. Puedes considerar hacer una foto con tu teléfono móvil, pero a menudo está mal visto en las clases. Si necesitas copiar una figura en tus apuntes, **asegúrate de saber cuál es el *motivo* de la figura y escribe esa conclusión en palabras.** Echa un vistazo a esta figura:

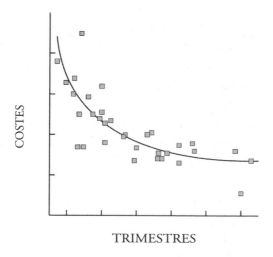

COSTES

TRIMESTRES

Un profesor podría mostrar esta gráfica por uno (o más) de los siguientes motivos:

1. Esta empresa está haciendo un gran trabajo para reducir costes.
2. Inicialmente, esta empresa hizo un excelente trabajo para reducir costes, pero las reducciones se han ralentizado.
3. Es probable que esta empresa no pueda esperar futuras reducciones en los costes y, por lo tanto, debe encontrar otras formas de aumentar los beneficios.

Si tienes clara la conclusión, puedes dibujar la gráfica de una manera que quede clara y marca los ejes o parte de un eje. Por ejemplo, si el profesor quiere resaltar que los costes se han reducido en 6 millones de dólares, pon entre corchetes la caída y etiquétala como «6 millones de dólares». Si destaca que los ahorros en costes disminuyeron durante la recesión de 2008, marca ese punto en el eje horizontal. Y así.

Aunque no recomiendo utilizar un sistema formal de toma de apuntes, puede resultar muy útil añadir comentarios a tus apuntes que te ayuden a organizarlos más adelante. Utiliza el margen de la página para anotaciones personales sobre tus apuntes. A continuación, te muestro algunas ideas de los tipos de anotaciones que podrías querer añadir, con símbolos abreviados que podrías utilizar.

Me he perdido algo aquí: ?
Tengo dudas / no he entendido este punto: ??
Esto lo he entendido, pero no sé con qué se relaciona: →?
Lo he escrito, pero no estoy seguro de que esté bien: OK?
Conclusión clave/importante: *
Ésta es mi idea, no la del profesor: Ⓜ
Ahora mis apuntes se vuelven a referir al profesor: Ⓟ
Creo que esto es una divagación: Ⓓ
La ventaja de las abreviaturas radica en que te ayudará a anotar más cosas en una clase en la que todo va muy rápido. Pero ¿y si grabas la clase? Es el tema del siguiente consejo.

En una frase: Reduce la carga mental de tomar apuntes utilizando tus propias abreviaturas.

CONSEJO 12

Utiliza las clases grabadas con cabeza

Algunos profesores ofrecen a sus alumnos un resumen de su clase o de las diapositivas que han mostrado. Estos recursos suponen tanto una oportunidad como un peligro. Ya he indicado el peligro en el capítulo 1 (mira el consejo 3): es probable que prestes menos atención durante la clase si piensas que siempre podrás revisar el material escrito que te ha proporcionado el profesor.

¿Qué pasa si después tienes a tu disposición una grabación de vídeo? O supongamos que tienes permiso para grabar el audio. Dado que puedes revisar más tarde la clase, ¿eso no elimina la mayor parte de la presión de tener que escribir rápidamente?

Es posible que tengas la intención de revisar más adelante una clase para poder complementar tus apuntes, pero es muy probable que no lo hagas. **Ver un vídeo o escuchar un audio es como volver a asistir a la misma clase, y eso es una gran inversión de tiempo.**

Suena como si estuviera diciendo que tengo bastante claro que eres un perezoso. ¡La mayoría de nosotros lo somos! Bueno, tal vez no perezoso, pero ciertamente una persona ocupada. Me he acostumbrado a preguntar a mis alumnos si escuchan las clases que graban. En su mayoría no lo hacen, y la razón que esgrimen tiene mucho sentido: imaginan que al menos utilizarán la grabación como respaldo (revisarán las partes de la clase que no han acabado de entender), pero luego se dan cuenta de que es mucho más fácil pedirle una explicación a un compañero de clase (o a mí). Es difícil encontrar la parte relevante de la clase en la grabación y, cuando lo consiguen, a menudo no la entienden mejor después de escucharla por segunda vez. Necesitan un ejemplo, una analogía o una explicación diferente.

La disponibilidad de una grabación puede tentarte a saltarte una clase si estás ocupado con otras cosas. Se han llevado a cabo muchas investigaciones en los últimos diez años que comparan la efectividad de aprender de manera presencial con un profesor y de aprender a través de un vídeo. Muchas de las investigaciones son deficientes, pero aquellas de las que disponemos indican que **una clase presencial tiene más ventajas.** Podemos imaginar algunas razones por las que esto podría ser así. Aunque la idea de ver una clase en pijama suena atractiva, es probable que tu atención se desvíe si estás viendo un vídeo en casa. El vídeo avanza mientras te escapas a la cocina para picotear algo o piensas que puedes seguir escuchando el audio mientras exploras Reddit en otra pestaña. Además, tampoco puedes formular preguntas a un vídeo, ni puedes beneficiarte de las preguntas que hacen los demás. Sí, lo sé, en algunas plataformas puedes formular preguntas y puedes ver las preguntas y las respuestas de otras personas. Pero a veces resulta complicado acceder a ellas o bien alguien plantea una pregunta y el profesor no la responde de inmediato, por lo que debes acordarte de volver a entrar para consultarla.

Como he indicado antes, todos estamos un poco más ocupados de lo que pensamos.

Así pues, la conclusión a la que debes llegar es que **debes pensar en la grabación de una clase como una copia de seguridad de emergencia** o como una póliza de seguro. Deberías esperar no tener que utilizarla, porque es un sustituto inoportuno y de peor calidad.

En una frase: Las grabaciones de vídeo o de audio te hacen pensar que no necesitas preocuparte por plasmar una clase en tus apuntes, pero no te dejes engañar por esta sensación: es menos probable que utilices la grabación de lo que crees.

Para los profesores

He puesto énfasis en que la desconexión entre escuchar y escribir es de velocidad. El consejo más evidente para los profesores es hablar más despacio. Vale la pena que le preguntas a alguien sobre la velocidad de tus clases; es difícil juzgarte a ti mismo y por partida doble si tratas de evaluar tu velocidad al mismo tiempo que tu mente está ocupada dando una clase.

También puedes ayudar a los estudiantes diciéndoles qué pueden evitar en sus apuntes y qué es básico. Para esto último, *deja de hablar* y dales tiempo para que apunten lo que has dicho. Del mismo modo, si quieres que revisen sus apuntes para ver si están completos y son comprensibles, de vez en cuando déjales tiempo para que lo hagan.

Incluso aunque no proporciones copias de tus diapositivas a los estudiantes, considera proporcionar copias de las figuras más complejas para que no pierdan el tiempo copiándolas como locos. Pon una marca distintiva (pongamos, por ejemplo, un topo rojo) en cada una de aquellas figuras que vas a entregarles para que sepan que no hace falta copiarla.

En cuanto al tema de las diapositivas, recuerda que es probable que los alumnos escriban todo lo que aparezca en una diapositiva, posiblemente palabra por palabra. Utilizan «aparición en una diapositiva» como una medida aproximada de importancia. En general, eso debería significar que pones menos texto en las diapositivas en un esfuerzo por hacer que tus alumnos piensen más y copien menos. Pero si quieres que escriban algo palabra por palabra–una definición, por ejemplo–, ponlo en una diapositiva.

He sugerido que los alumnos tomen apuntes a mano basándome en mi propia experiencia de que la disponibilidad de diversión en Internet al alcance de la mano es una tentación demasiado grande para la mayoría de las personas. ¿Deberías hacerles las cosas más fáciles prohibiendo los dispositivos con acceso a Internet? A continuación, te ofrezco unas reflexiones que pueden ayudarte en esta difícil decisión.

En primer lugar, creo que es útil que establezcas tú las normas. Algunos profesores permiten el uso de ordenadores portátiles, estipulando que sólo se pueden utilizar para tareas relevantes para el aprendizaje. Pero eso obliga a que el profesor se encargue de controlar que se siga la norma, lo que distrae a todo el mundo.

En segundo lugar, considera si tus clases tienden a ser densas y de ritmo rápido, en cuyo caso los alumnos pueden beneficiarse de la velocidad que ofrece la escritura, o si tus clases tienden a tener un ritmo más lento y contemplativo.

En tercer lugar, pregunta a tus alumnos qué opinan sobre el tema. Considero que recibo respuestas más reflexivas cuando planteo esta pregunta al final del semestre, es decir, les pregunto cuál debería ser mi política en el futuro; es más fácil elegir una política sensata para otra persona que para uno mismo.

En cuarto lugar, si prohíbes los ordenadores portátiles, recuerda que algunos estudiantes los utilizan para abordar un problema de control motor u otra discapacidad. Evita la posible contrariedad anunciando que cualquier estudiante que prefiera utilizarlo puede tener una conversación contigo para tratar el tema.

Finalmente, y en quinto lugar, ¿qué pasa con los apuntes de clase? Nuevamente te animo a que consideres el término medio entre las dos funciones de tomar apuntes. Proporcionar un esquema asegura que los estudiantes tendrán un recordatorio completo de las ideas que has presentado, pero es probable que algunos se desconecten y piensen: «Eh, tengo un esquema». Proporcionar un resumen esquemático ofrece un compromiso. Eso muestra a los alumnos la estructura más general de la clase, que debería ser de gran ayuda para comprender los puntos principales y su organización, pero no es lo suficientemente completa como para que los alumnos se sientan tentados a soñar despiertos.

Resumen para los profesores

- Habla más lentamente.
- Indica cuándo los alumnos deben anotar algo en los apuntes y luego haz una pausa más o menos breve para darles tiempo a escribirlo.
- Reparte copias de las figuras y de los esquemas visuales, y diles a los alumnos cuáles no necesitan copiar.
- Ten en cuenta que los alumnos copian lo que hay en las diapositivas, tenga o no sentido hacerlo.
- Prohibir el uso de ordenadores portátiles por parte de los alumnos puede tener sentido en algunas circunstancias, pero hay muchos factores a tener en cuenta, incluidas las normas de la institución, las actitudes de los alumnos, la información proporcionada en la clase y lo que se espera que hagan los alumnos con esa información.

CÓMO APRENDER EN LAS CLASES DE LABORATORIO, LAS ACTIVIDADES Y LAS DEMOSTRACIONES

Los profesores tienden a hablar mucho porque es una forma eficiente de comunicar nueva información. Pero los buenos presentadores saben que los alumnos sólo son capaces de escuchar durante cierto tiempo. No importa cuán buena sea la clase, después de un tiempo los alumnos sienten la necesidad de moverse un poco o de hablar entre ellos. Así pues, un buen profesor intercala otras actividades durante una clase: una demostración, tal vez, o debates en grupos pequeños. En otras situaciones, el profesor habla muy poco y la mayor parte de la clase consiste en aprender haciendo, como en el laboratorio de biología de un instituto de secundaria.

Cuando un profesor da una clase, es bastante obvio lo que se supone que debes aprender. Los profesores dan clases para transmitir información: datos y cómo hacer las cosas. Pero las actividades pueden tener diferentes propósitos de aprendizaje. Eso es importante, porque debes adoptar diferentes estrategias de aprendizaje según lo que se supone que debes aprender. En este capítulo, te enseñaré cómo aprender de diferentes tipos de actividades.

Comencemos considerando los tres propósitos principales de las actividades de aprendizaje.

Los propósitos de las actividades de aprendizaje

En primer lugar, algunas actividades están pensadas para enseñarte un **proceso**, es decir, cómo hacer algo mejor. Aristóteles tenía este propósito en mente cuando dijo: «Los hombres se vuelven constructores construyendo y los que tocan la lira tocando la lira». El proceso es lo que debes aprender durante una clase de guitarra o cuando te enseñan cómo fijar y cortar un cerebro en un laboratorio de biología.

En segundo lugar, puedes hacer una actividad para la **experiencia,** porque hacer unas cosas determinadas es la mejor o la única forma de aprenderlas. Puedo decirte que la enorme altura de las catedrales hace que los fieles se sientan sobrecogidos, pero mi descripción no puede evocar el mismo sentimiento que estar parado en ese enorme y silencioso espacio. Algunas cosas –por ejemplo, qué se siente al trabajar en cuidados paliativos– no se pueden aprender a través de una clase o de un libro; debes experimentarlas.

Finalmente, y en tercer lugar, a veces el hacer está destinado a ayudarte a **entender** algo, sobre todo cuando lo que debes aprender es difícil de expresar con palabras. Por ejemplo, al explicar los círculos, un profesor de primaria puede hacer que los alumnos formen una línea en el patio, escoger a un niño en un extremo para que sea el «origen» y hacer que la fila de alumnos camine alrededor del origen en anillos concéntricos. Los niños pueden memorizar la fórmula de la circunferencia de un círculo ($2\pi r$), pero entenderán mejor por qué funciona la fórmula si ven a los niños cerca del origen dando pequeños pasos, mientras que los que están lejos del origen deben correr: cuando r aumenta, la circunferencia del círculo aumenta.

Ahora puedes ver el problema de aprender de las actividades: a menudo, el propósito no es evidente para los alumnos. Cuando los alumnos forman la circunferencia de un círculo en el patio, pueden comprender que esta actividad está destinada a ayudarlos a entender $2\pi r$, pero también pueden pensar que el objetivo es el proceso, un ejercicio de trabajo en equipo y cooperación, o incluso que el propósito es la experiencia misma: salir del aula y hacer algo de ejercicio.

Además de entender lo que se debe aprender, saber hacia dónde dirigir tu atención también supone un problema cuando participas en actividades. Naturalmente, si no prestas atención, no puedes aprender; si un niño que hace la actividad del círculo en el patio está pensando en si la hierba le está ensuciando los zapatos, no entenderá el objetivo. Pero la relación entre la atención y el aprendizaje es aún más sutil que eso, y debemos aclararla para asegurarnos de que sabes cómo aprender de las actividades.

Cómo el aprendizaje sigue a la atención

Naturalmente, si no prestas atención cuando tienes que aprender algo, no lo aprenderás. Incluso, aunque estés prestando atención, por lo general no puedes prestar atención a todos los aspectos de la cosa, por lo que más adelante sólo recordarás la parte a la que has prestado atención.

A continuación, te ofrezco un ejemplo. Supongamos que una familia se ha mudado a la casa de al lado y pienso: «Les llevaré una cesta de cosas para darles la bienvenida al barrio». Quiero poner un kilogramo de buen café en la cesta, por lo que planeo comprarlo camino a casa al salir del trabajo. Esa tarde, cuando paso por el supermercado, pienso: «¿Necesito algo del mercado?». Concluyo que no y sigo conduciendo. Cuando llego a mi calle, veo a mi nueva vecina recogiendo la correspondencia e inmediatamente pienso: «¡Maldita sea! ¡Se me ha olvidado el café!».

¿Cómo es que la visión de mi vecina hizo que me acordara, pero la visión del supermercado no, a pesar de que es donde suelo comprar café? Este tipo de cosas pueden pasar cuando hay una discrepancia entre la forma en que busco un recuerdo y la forma en que el recuerdo entró en la cabeza.

Cuando me quedo sin algo como el café, lo considero un déficit; hay una lista de alimentos básicos que siempre debo tener en la casa, y cuando falta uno, hago una nota mental para compensar el déficit. Eso es diferente de pensar en el café como parte de un regalo de bienvenida para los nuevos vecinos. Probé mi memoria preguntando: «¿Tengo algún déficit de comestibles?». Pero esa mañana no había pensado en el café en el sentido de déficit de comestibles; lo había pensado en el sentido de un regalo para los vecinos.

La forma particular en que pensamos en las cosas contribuyente diariamente a lo que recordamos. Si piensas en una silla, más tarde recordarás haber pensado en una silla. Esto parece muy obvio, pero acabas de ver que no lo es. Puedes pensar en una silla como algo para sentarte, como un mueble de madera, como un signo de estatus si está en la cabecera de una mesa o como un arma en una pelea de bar. *Cómo* piensas en algo determina lo que recordarás más tarde. En otro lugar he descrito la idea de esta manera: **«La memoria es el residuo del pensamiento».**

Este principio es especialmente importante cuando consideramos el aprendizaje durante las actividades. Algo tan simple como un café o una silla tiene muchas características diferentes, y has visto que recordarás las características a las que prestas atención y no las otras. Por lo tanto, es esencial seleccionar las características correctas de una actividad a las que prestar atención porque determina lo que aprenderás de ella.

Atención, memoria y aprender haciendo

Cuando aprendes escuchando es bastante claro hacia dónde debes dirigir tu atención. Debes centrarte en el profesor y él te dirá si quiere que pienses en una silla como una pieza de museo, algo que puede sustituir un taburete o lo que sea.

Cuando aprendes haciendo, sería ideal que el profesor te ofreciera el mismo tipo de guía: «Quiero que hagas *esto*, y mientras lo haces, quiero que te dés cuenta de *esto otro*». Pero muchas veces los profesores no aportan ningún tipo de orientación porque no entienden que ayudaría. Si tú ya sabes algo, resulta difícil concebir que otros no puedan verlo o entenderlo fácilmente. Este problema se conoce comúnmente como «la maldición del conocimiento». Si alguna vez has jugado a adivinar con mímica, seguro que lo has experimentado. Para ti, tus mímicas de alguien que se está preparando el desayuno son *tan evidentes* que no se te pasa por la cabeza que en realidad son compatibles con otra interpretación, como un cirujano en plena intervención.

Cuando un profesor les pide a los alumnos de tercer curso que hagan música golpeando suavemente unos vasos que contienen diferentes cantidades de agua, parece evidente que el tono producido se relaciona con el nivel de agua que hay en cada vaso. Por lo tanto, el profesor piensa que la actividad no necesita comentarios previos ni una introducción; de hecho, explicar a los estudiantes qué pasará, disminuirá su fuerza, como explicar un chiste.

· CUANDO APRENDES ESCUCHANDO ·

Qué hará tu cerebro: Almacenará en la memoria cualquier cosa a la que dirijas tu atención y no podrá almacenar nada a lo que no le prestes atención; cuando aprendes haciendo, hay más de un posible objetivo de atención.

Cómo ser más listo que tu cerebro: Decide, de la manera más estratégica posible, hacia dónde dirigirás tu atención antes de comenzar la actividad.

¿A dónde te lleva esto? Si te dicen dónde dirigir tu atención durante una actividad, genial. Si no, debes intentar adivinarlo. En este capítulo te explicaré cómo hacer conjeturas de manera sensata.

CONSEJO 13

Estate presente y participa

Si vas a aprender de una actividad, **necesitas participar realmente.** Si estás en una clase particular de guitarra, no puedes salirte con la tuya sin hacer nada. Pero si el «hacer» es una discusión en grupo o una excursión, es bastante fácil esquivarlo. Si el profesor creyera que podrías aprender lo mismo observando a otras personas hacer la actividad o leyendo alguna cosa, es muy probable que te pidiera que hicieras eso, porque es más fácil para todos. Te pide que hagas la actividad porque no hay otra manera de aprender. Así pues, haz la actividad.

En el mismo sentido, haz el **trabajo preparatorio** que se espera de ti. Si se te pide que leas algo antes que aporte algo a la actividad, que traigas algo o que practiques algo que ya has hecho, hazlo. Aparte del hecho de que ignorar las instrucciones implica que no estarás completamente preparado, también existe la posibilidad de que te sientas incómodo durante la actividad y te retraigas mentalmente.

Éstas son recomendaciones bastante evidentes. Menos evidente pero igualmente importante es una implicación de la investigación sobre la memoria que he explicado: si no estás presente, no sólo pierdes la oportunidad de comprender, sino que también pierdes la oportunidad de tomar tus propios apuntes. **Los apuntes que consigues de otra persona no serán los mismos que los que tomas tú.** Los apuntes son pistas que harán retroceder tu memoria a la comprensión que tenías durante la clase y has visto lo particulares que pueden llegar a ser estas pistas; el café de déficit del supermercado es diferente del café de regalo para el vecino. Si no puedes asistir a una actividad, pero das por hecho que le preguntarás a alguien sobre ella o que consultarás los apuntes que ha tomado, tendrás *sus* pistas para *sus* recuerdos.

«Estar presente» también significa «asegurarte de que no te distraigas o de que no te tengas que ir a mitad de la actividad». Si utilizas gafas, póntelas. Ten un bolígrafo de recambio. Asegúrate de que tu ordenador portátil tiene batería. No acudas con hambre. Si coges frío con facilidad, coge un jersey. Ve al lavabo antes de entrar. Si eres fumador y necesitas fumar, hazlo justo antes de empezar. No salgas para contestar una llamada o responder un mensaje de texto.

Una actividad puede percibirse como un *break*, como un día de descanso de esos días más difíciles en los que se espera que aprendas. No caigas en ese sentimiento. Estate presente y participa.

En una frase: Las actividades suponen un importante cambio de ritmo, pero recuerda que estás allí para aprender, así que acude preparado y mantente centrado.

Si la actividad es breve y supone una experiencia sorprendente e interesante, probablemente se trate de una analogía

A veces, un profesor te pedirá que hagas algo para que te ayude a comprender una idea, especialmente una que es difícil de explicar sólo con palabras e imágenes. Tal vez la idea tenga más sentido cuando la veas en la práctica o tengas la oportunidad de explorarla y manipularla tú mismo en lugar de escuchar una explicación sobre ella. Por ejemplo, no es fácil describir el abanico completo de significados del signo igual en matemáticas. Entonces, un profesor podría hacer que los niños utilizaran una balanza de platillos con números, cada uno ponderado proporcionalmente a su valor. Los alumnos pueden ver qué valores equilibran la balanza, qué cambios mantienen el equilibrio y cuáles no, etc. En una clase de física, los estudiantes pueden experimentar con una rueda de bicicleta montada con empuñaduras en el eje para ayudarlos a comprender el momento angular: ¿Qué cambia a medida que aumenta la velocidad de la rueda?

O considera este ejemplo. Un profesor de historia de secundaria les pide a sus alumnos que escriban su propia versión de la Declaración de Independencia de Estados Unidos, una carta de las trece colonias al rey Jorge III. Debe ser históricamente precisa, pero redactada con el estilo de una carta de separación. ¿Cuál es el objetivo de esta actividad? La carta de separación es una analogía. Una analogía empareja *algo que ya entiendes* con *algo que estás tratando de entender*. Los estudiantes de secundaria ya entienden que una carta de separación tiene tres elementos: una pareja, un miembro de la pareja que quiere terminar la relación y una explicación de esa persona al otro miembro. Los estudiantes saben que las colonias y Gran Bretaña tenían una relación y que las colonias la terminaron. Pero lo más probable es pensar en la Declaración como un documento histórico sagrado o tal vez como «lo que inició la Revolución». No piensan en su función. Así como una carta de separación comunica: «Quiero que se acabe, y a continuación te explico el porqué» de un miembro de una pareja al otro, la Declaración comunicaba: «No estamos contentos y se acabó, Gran Bretaña, y a continuación te explico el porqué».

La clave para aprender de una analogía es prestar atención a las características correctas, porque cada analogía tiene características que importan y otras que no. Cuando alguien dice: «Los abogados son tiburones», quiere decir que ambos son fuertes, despiadados y aterradores. No quiere decir que los abogados tengan branquias. Del mismo modo, en una carta de separación, el autor a menudo acepta algo de culpa por la separación como una forma de suavizar el golpe. Esa parte de la analogía de la carta de separación no tiene cabida; los colonos pensaban que todo era culpa de Jorge III.

Cuando la actividad es una analogía, **céntrate en el mapeo.** El mapeo es el emparejamiento de las características de *algo que ya entiendes* con las características de *algo que estás tratando de entender*. En este caso, es pensar: «La persona que se separa son las trece colonias. La persona con la que está rompiendo es Gran Bretaña. La carta de separación es la Declaración de Independencia».

Obviamente, **si no estás seguro acerca del mapeo, pregunta.** Como he dicho, los profesores a menudo quieren que experimentes una actividad antes de explicarla. Suponen que parte del proceso de aprendizaje consiste en explorar un poco, pensar las cosas. Eso está bien, pero no querrás que el episodio de aprendizaje termine antes de que hayas entendido el objetivo. Si había una lectura o algún otro trabajo que se suponía que debías hacer para prepararte para la actividad, es probable que hacer memoria de ello te ayudará a descubrir el mapeo.

Otra cosa que hay que tener en cuenta durante este tipo de actividad de aprendizaje es probablemente más importante: **no te distraigas.** Las actividades de aprendizaje están destinadas a ser atractivas, pero a veces es divertido pensar en partes irrelevantes de la analogía. Por ejemplo, imagina que los estudiantes que escriben la carta de separación de las trece colonias podrían quedar realmente atrapados en el formato y pasar mucho tiempo pensando en chistes de comedias románticas que han visto. Una vez me explicaron una actividad de matemáticas de secundaria en la que el profesor retira los pupitres al fondo del aula y dibuja una cuadrícula gráfica en el suelo del aula con cinta americana. A continuación, el profesor escribe una ecuación lineal en la pizarra y los estudiantes crean una línea en la cuadrícula; cada estudiante representa un punto de la línea y se sitúa en la cuadrícula con la mano en el hombro del siguiente «punto» para crear la línea. Puedo entender que el profesor quiere que visualicen mejor la línea (en comparación con dibujarla en papel o en un ordenador), pero existe la posibilidad de que algunos chicos de secundaria dediquen mucha atención a la parte de la mano en el hombro.

Las actividades están destinadas a aportar un poco de entusiasmo a tu experiencia de aprendizaje. Adelante, sé decidido. Pero averigua qué se supone que debes aprender de la actividad antes de que termine.

En una frase: Es probable que una actividad breve que te haga exclamar: «¡Guay!», tenga la intención de ilustrar alguna idea abstracta que hayas estudiado; así pues, asegúrate de entender cómo la actividad explica la idea.

Consejo 15

Si la actividad viene con un guion, se supone que debes aprender habilidades o conceptos

Algunas actividades vienen con un guion, un conjunto de pasos que se supone que debes seguir. Por ejemplo, hace varios años, la Universidad de Virginia desarrolló una nueva plataforma basada en la web en la que el profesorado podía ver las solicitudes para su programa de posgrado. Asistí a una sesión de capacitación de medio día para aprender el nuevo sistema y, aunque había algunas clases, me pasé la mayor parte del tiempo delante de mi ordenador portátil utilizando el sistema. Pero no me dejaron fisgonear y probarlo, sino que tenía una secuencia de tareas. Me dieron un guion. La mayoría de los cursos de laboratorio siguen la misma estrategia: los alumnos llevan a cabo un experimento y reciben instrucciones paso a paso sobre cómo realizarlo.

¿Cuál es el propósito? **Uno de los propósitos es hacer que el aprendizaje sea más fácil de recordar.** En teoría, podría haber aprendido el nuevo sistema de aplicación memorizando un manual. Pero representar los pasos es otro ejemplo de que «la memoria es el residuo del pensamiento»: es mejor poner la información en la memoria de la misma manera que planeas sacarla. Creo que lo mismo se aplica a los laboratorios de ciencias. Parte del propósito es aprender técnicas y métodos, tales como cómo utilizar un potenciómetro o cómo cultivar bacterias. Puedes leer mucha información sobre ello, pero aprendes más rápido si lo pones en práctica.

Otras veces, una actividad con guion tiene un propósito diferente, concretamente **enseñarte técnicas de pensamiento de más alto nivel.** Se espera que aprendas algo más allá de los detalles de la actividad en sí. Por ejemplo, el profesor de un laboratorio de ciencias puede querer que los estudiantes aprendan algo sobre el método científico. Pero el pensamiento científico experto es complicado. Por eso hay un guion. Si se limitara a proporcionar a los alumnos productos químicos y equipos y les dijera: «Averiguad qué pasa si intentáis recristalizar el ácido benzoico en ácido acético», no aprenderían mucho. Tienes que explicarles la idea de elaborar una hipótesis, crear un experimento para probar la hipótesis e interpretar los resultados a la luz de la hipótesis.

Entonces, ¿cómo puedes maximizar tu experiencia si estás aprendiendo con este tipo de actividad?

En primer lugar, evita las típicas trampas del pensamiento. La más común es centrarse en el resultado de la actividad en lugar de en el proceso. Es comprensible: te han dado un guion, por lo que piensas que hacer un buen trabajo significa ceñirse al guion. Si sigo correctamente el guion, obtendré el resultado esperado. Entonces, ¿está recristalizando mi ácido benzoico? Ésa es la prioridad correcta si estás intentando arreglar tu lavavajillas siguiendo los pasos de un tutorial de YouTube. Pero el verdadero objetivo de diseccionar una rana en el laboratorio de biología no es obtener una rana bien diseccionada; es aprender, así que ¡céntrate en el proceso de lo que estás haciendo.

Otro obstáculo es pensar muy poco. La actividad te ofrece un guion a seguir, por lo que lo sigues sin pensar, ejecutando órdenes sin pensar en por qué las estás ejecutando.

¿En qué *deberías* centrarte? El objetivo principal de una actividad es **aprender una técnica que requiere práctica física o aplicar estrategias de pensamiento de alto nivel** como el método científico. Obviamente, estos dos propósitos son bastante diferentes —uno se ocupa de los detalles y el otro del panorama general—, por lo que es esencial saber qué se supone que debes aprender. De nuevo, lo más evidente es preguntarle al profesor. (Si el instructor dice: «Ambas cosas», estás en manos de un aficionado: no puedes pensar en dos cosas complicadas al mismo tiempo). Si el profesor se niega a responderte, es probable que puedas hacerte una buena idea a partir del guion: si las instrucciones incluyen muchos detalles sobre cómo llevar a cabo los pasos, es una actividad técnica; si en cambio incluye preguntas y/o instrucciones que podrían aplicarse a muchas tareas diferentes, es una actividad global. Sea como sea, deja que ése sea tu enfoque mientras llevas a cabo la actividad.

En una frase: Si el profesor te da unas instrucciones paso a paso, probablemente se supone que debes aprender la ejecución fluida de los pasos o bien algo abstracto y de muy alto nivel que los pasos ilustran: descubre de cuál de las dos opciones se trata.

Para proyectos, elige cuidadosamente el problema, busca *feedback* durante el proceso y reflexiona al final

Cuando eres estudiante, aprender haciendo a veces significa resolver un problema abierto, es decir, uno que no tiene una sola respuesta correcta. No me refiero a un problema de papel y lápiz que requiere media hora, sino a un proyecto en el que trabajas durante semanas y que por lo general da lugar a un producto tangible. Por ejemplo, un profesor le puede decir a un estudiante que está a punto de terminar un curso de contabilidad: «Busca una pequeña empresa en la ciudad y ayúdale a establecer un sistema para su inventario, sus obligaciones fiscales o su departamento de nóminas». Tengo tres sugerencias sobre cómo maximizar tu aprendizaje al emprender este tipo de proyecto.

En primer lugar, **selecciona tu proyecto en función de lo que deseas aprender, no de lo que deseas conseguir.** Es difícil no ser realmente concreto cuando estás teniendo un *brainstorming* de proyectos, porque tu propuesta debe ser concreta. Entonces piensas: «Me pregunto si puedo hacer un gusano robótico» o «He visto un vídeo de Jimmy Kimmel fabricando un cohete con una lata de Pringles» o «Me encantaría utilizar la impresora 3D». Puedes comprometerte con un proyecto que dé lugar a un producto genial pero que sea aburrido trabajar en él. ¿Qué pasa si el problema de la robótica termina siendo piezas que encajan entre sí? O estás interesado en el bienestar animal y decides hacer un vídeo para aumentar la conciencia sobre las pruebas con animales en la industria cosmética, por lo que terminas teniendo que pasar la mayor parte de tu tiempo aprendiendo a editar vídeos. Por lo tanto, **quieres pensar en el proceso mientras eliges tu proyecto: ¿el proceso destacará los elementos sobre los que esperas aprender?**

Cuando pienses en tus objetivos de aprendizaje, recuerda que es posible que no necesites ceñirte a los datos y las habilidades académicas tradicionales. (Naturalmente, querrás consultar esto con el profesor). Tal vez quieras aprender a administrar mejor tu tiempo, por lo que eliges un proyecto que exige demandas frecuentes e inflexibles en tu agenda, como crear y cuidar un ambiente acuático complejo. O tal vez en el pasado hayas tenido problemas para trabajar con otras personas y pretendes desarrollar tus habilidades como miembro del equipo. Integra este objetivo en tu proyecto, tal vez como voluntario en una organización benéfica local.

En segundo lugar, **cuando ya te encuentres en pleno proyecto, asegúrate de recibir** *feedback.* Es difícil crear tu propio *feedback*; es posible que te des cuenta de que algo anda mal pero no sabes por qué. Con demasiada frecuencia, mis alumnos piensan que espero de ellos que entreguen el proyecto completo al final, sin ninguna guía durante el proceso. Debes buscar la opinión del profesor y de otras personas que puedan ayudarte. La utilidad del *feedback* es otro motivo (si necesitas uno) para seguir la agenda; no puedes esperar recibir *feedback* en el último momento, y mucho menos actuar en consecuencia. (Comentaré más a fondo la planificación en el capítulo 10).

En tercer lugar, cuando hayas terminado el proyecto, **reúne tus pensamientos y reflexiona.** Hazlo en función del objetivo de aprendizaje que te marcaste. ¿Has aprendido lo que esperabas? ¿Has aprendido algo que no esperabas? Te insto a que tomes alguna nota mientras reflexionas. Ahora parece que no olvidarás las lecciones aprendidas, pero no cuentes con ello. El mejor de los casos es utilizar la experiencia para hacer de tu próximo proyecto una mejor experiencia de aprendizaje; reflexionar sobre ello inmediatamente después y anotar tus reflexiones puede marcar la diferencia.

En una frase: Elige tu proyecto en función de lo que pretendes aprender, no del producto que deseas producir, busca el *feedback* durante su desarrollo y, una vez terminado, tómate el tiempo necesario para reflexionar sobre el proceso.

Consejo 17

Cuando el propósito es la actividad en sí misma, conoce la diferencia entre experiencia y práctica

A veces *tienes* que hacer para aprender porque el hacer es lo que hay que aprender; aprender escuchando o leyendo no funcionará. El deporte y tocar un instrumento musical son ejemplos evidentes, pero esta categoría también incluye:

- Escribir de manera clara
- Interactuar socialmente
- Ser un buen miembro de equipo
- Dar un discurso
- Liderar un grupo

Entre estas habilidades se incluyen muchas cosas y, por este motivo, se necesitan años para dominarlas. Contrastan con las habilidades simples a las que se hace referencia en el consejo 15, que se pueden aprender en horas, como utilizar un microtomo o tomar la tensión arterial.

Aristóteles tenía razón cuando afirmaba que el *hacer* es vital –el que toca la lira debe tocar la lira–, pero no es tan sencillo como esto. *He hecho* muchas cosas durante décadas sin mejorar: por ejemplo, conducir un automóvil, hornear pasteles o escribir a máquina. ¿Cómo es posible que siga haciendo estas cosas y no mejore? Sencillo: **experiencia no es lo mismo que práctica.**

Por lo general, el motivo por el cual haces una actividad determinará en qué estás pensando mientras la haces, y eso determina si aprendes o no mientras la haces. Conduzco mi automóvil para llegar a los lugares y mi amigo Adam toca la guitarra para dar placer a sus amigos. Pero estos propósitos –lograr un resultado práctico o dar placer– no conducen a la mejora de habilidades complejas. Cuando hago un pastel, no estoy tratando de mejorar, porque estoy lo suficientemente feliz con los resultados, así que no pienso en tratar de mejorar. Y como ahora ya sabes, lo que piensas es muy importante para lo que aprendes.

Los psicólogos que estudian habilidades complejas han desarrollado principios más específicos que «Piénsalo» para maximizar tu mejora:

1. Debes **centrarte en un único aspecto de la habilidad a la vez.** Las habilidades complejas tienen muchos componentes y no puedes pensar en todos ellos a la vez. No puedes practicar «escribir bien», pero puedes practicar «elegir palabras adecuadas» o «variar la estructura de las oraciones».

2. ¿Cómo debes seleccionar el aspecto de la habilidad a trabajar? Para algunas habilidades, hay un orden aceptado: al aprender a tocar el piano, comienzas con escalas y compases simples. Para las habilidades en las que no hay una secuencia aceptada, **comienza con lo que te parece elemental, pero en lo que eres inepto.** Trabájalo hasta que seas bueno en eso y, entonces, trabaja en el siguiente componente de tu incompetencia.

3. ¿Cómo sabes en qué eres inepto? Puede ser obvio –cuando juego al golf, mis golpes de salida a menudo se me desvían hacia la izquierda–, pero puede que no sea obvio el porqué. **El *feedback* es vital,** no sólo sobre el resultado, sino también sobre lo que estás haciendo que hace que el resultado sea insatisfactorio. Puedes obtener un *feedback* lo suficientemente bueno observándote a ti mismo, pero es muy probable que necesites a alguien que sea mejor en esa habilidad concreta que te observe y te diga qué estás haciendo mal.

4. No basta con confirmar a través de comentarios del tipo: «Sí, soy muy malo en eso», sino que necesitas **generar y probar nuevas formas de hacerlo.** Hasta ahora, cuando te has dado cuenta de que repites con mucha frecuencia la misma palabra en un ensayo, sacas el diccionario de sinónimos y eliges otra palabra. Pero la gente te ha comentado que esas palabras sustitutas suenan un poco forzadas. Tu estrategia para mejorar tu elección de palabras no está funcionando, así que ahora, ¿qué intentarás?

5. Tienes que **concentrarte en lo que estás haciendo.** Eso suena como un consejo de pasada, pero probablemente sea la diferencia más importante entre practicar algo de manera intencionada y limitarte a hacerlo. La experiencia te permite hacer las cosas sin mucho esfuerzo; las has hecho tan a menudo que parece que lleves el piloto automático y que apenas piensas en el proceso. Pero, cuando practicas, te enfocas en un aspecto de la habilidad, pruebas nuevos métodos para hacerlo y haces un seguimiento de los resultados. Supone un trabajo mental duro. De hecho, si no encuentras que la práctica es agotadora, es muy probable que no lo estés haciendo bien.

6. Es necesario **planificar a largo plazo.** Las habilidades complejas requieren mucho tiempo para dominarlas. La cantidad de práctica que necesitarás depende de la habilidad en la que estés trabajando y de la eficiencia de tus sesiones de práctica, pero debes pensar en términos de años, no de semanas o de meses.

Puede que encuentres esta lista un poco deprimente, ya que acabo de decir que ser bueno en algo es un trabajo muy duro y lleva mucho tiempo. Te ofrezco algunas ideas sobre la motivación en el capítulo 10, pero también debes tener en cuenta que hay un premio increíble al final de ese largo y difícil camino. Y, por supuesto, encontrarás placer en lograr objetivos más pequeños a lo largo del camino.

En una frase: Si el propósito de la actividad es mejorar tu desempeño en la actividad, no basta con hacerla repetidamente; la mejora requiere una práctica deliberada.

Si el objetivo principal de la actividad es la experiencia, planifica qué observar

Algunas actividades son insustituibles para el aprendizaje. Acompañar a la policía en un turno de noche, visitar una sala psiquiátrica para pacientes hospitalizados, observar una compañía militar bajo el fuego enemigo... son todos ejemplos de actividades sobre las que podrías leer muchísimo, pero eso es algo que no tendría mucho sentido hasta que no formaras parte de ellas. Tales experiencias pueden cambiar la vida.

La profundidad de la experiencia le da a este tipo de aprendizaje su atractivo, pero también puede ser un inconveniente. El entorno puede llegar a ser tan absorbente que lo mires como si estuvieras en una película. Con posterioridad resulta difícil decir mucho sobre lo que has visto o escuchado, aparte de que ha sido convincente.

Puedes minimizar la posibilidad de que pase esto **desarrollando un plan por adelantado de lo que esperas aprender.** Si acompañas a un abogado mientras se entrevista con clientes que esperan juicio en la cárcel, puedes centrarte en cómo les habla sobre el futuro. Si estás acompañando a un médico, tal vez quieras centrarte en la forma en que explica ideas médicas complicadas a pacientes sin conocimientos.

Si una experiencia de aprendizaje forma parte de tu educación, es probable que tengas que hacer alguna tarea relacionada con ella. Te pedirán que escribas tus pensamientos o respondas preguntas específicas sobre tus experiencias. Si es así, **la tarea debe influir en lo que observas.** Piensa en la tarea antes de empezar para estar seguro de que podrás completarla, basándote en tu experiencia.

A menudo, la tarea es vaga, algo así como: «Escribe un ensayo de dos páginas que describa tu experiencia». En ese caso, prueba esto: escribe tus pensamientos antes de ir. ¿Qué esperas ver? ¿Qué esperas sentir? ¿Con qué compararías el lugar que vas a visitar? ¿Crees que querrás volver? ¿Cómo crees que será la gente? ¿Qué estarán haciendo? Sigo recomendando seleccionar algo en lo que centrar tus observaciones (las personas, el lugar…), pero estas predicciones harán que sea más fácil dar forma a un ensayo. Puedes escribir sobre el contraste entre lo que esperabas y lo que has experimentado.

En una frase: Si el propósito de la actividad es experimentar algo porque no puedes aprenderlo de otra manera, planifica lo que vas a observar, porque la experiencia puede ser tan absorbente que, de lo contrario, aprenderás poco de ella.

Consejo 19

No olvides tomar apuntes mientras vives la experiencia

Por desgracia, la ventaja de las actividades de aprendizaje –¡casi siempre son interesantes!– también hace que sea menos probable que tomes apuntes. Puedes estar tan concentrado en lo que estás haciendo que te olvides de anotar tus pensamientos al respecto. Incluso aunque recuerdes que se supone que debes tomar apuntes, hacerlo puede parecer innecesario porque la actividad parece inolvidable.

Lo más probable es que recuerdes algo de lo ocurrido y tu reacción emocional. Lo que posiblemente olvidarás son las percepciones que has tenido. Si has estado observando un aula de preescolar, por ejemplo, recordarás que una niña pequeña ha pegado a un niño que acababa de tirar accidentalmente la torre de bloques que estaba construyendo y el doble berrinche que se ha derivado de ello. Quizás recuerdes que esa niña es la misma niña que no había podido esperar a que todos los demás recibieran sus *cookies* (como se suponía que debía hacer) antes de comerse las suyas. Lo que muy probablemente olvidarás es tu pensamiento de que ambos problemas podrían estar relacionados y tu intención de preguntarle a tu profesor al respecto. (Ambos son ejemplos de dificultad para controlar los impulsos).

Toma apuntes, si es posible durante la actividad, o justo después si no lo es. Recuerda la función memorística de tomar apuntes: agudizará tu enfoque y te obligará a verbalizar lo que estás aprendiendo. Es probable que se te evalúe el contenido que has aprendido durante la actividad o que se te pida que escribas algo sobre ello, por lo que deberás tomar apuntes como recordatorio de lo que has aprendido.

Los consejos 14 al 18 ponen énfasis en que los profesores seleccionan actividades de aprendizaje para diferentes propósitos y que el propósito de cada uno debe guiar a lo que diriges tu atención durante la actividad. Es muy probable que los apuntes que tomes durante una actividad sean muy apresurados, por lo que es aconsejable **escribir el propósito de la actividad en la parte superior de la página.** Eso te ayudará a recordar prestar atención y a tomar apuntes sobre ese aspecto particular de la experiencia. Y si te preocupa olvidarte de tomar apuntes, considera programar tu teléfono móvil para que vibre cada diez o quince minutos a modo de recordatorio.

En una frase: Tomar apuntes durante una actividad de aprendizaje puede parecer incómodo e innecesario, pero debes hacerlo de todos modos, si no durante, sí inmediatamente después. Las leyes del olvido no quedan suspendidas cuando aprendes de esta manera.

Consejo 20

Considera las cosas desde la perspectiva del profesor

Asignar actividades de aprendizaje para realizarlas en clase pone nerviosos a muchos profesores, por varias razones. En primer lugar, sentimos que perdemos el control. Cuando un profesor está dando una clase, sabe que está *enseñando*. Está allá arriba impartiendo información. Pero, cuando un profesor les da a los estudiantes algo que hacer, se siente más como si estuviera esperando que aprendan algo, pero no puede estar seguro de que lo harán. Más que eso, un profesor a menudo ni siquiera sabe si los estudiantes están haciendo la tarea que les ha encomendado.

En segundo lugar, es difícil encontrar buenas actividades. Los estudiantes deben encontrar la actividad interesante y desafiante, pero no demasiado difícil, y tienen que aprender algo de ella. Incluso las actividades que han tenido cierto éxito en una clase pueden no funcionar en otra; los estudiantes pueden diferir en sus conocimientos o intereses. En verdad, la mayoría de las veces los profesores no tienen idea de lo que ha pasado. Sólo sabemos que en la clase de las 9:30 lo petó y que en la de las 2:30 fue un estrepitoso fracaso.

En tercer lugar, los profesores se sienten inquietos durante las actividades porque deben hacer malabarismos con muchas demandas de su atención. El profesor trata de seguir el progreso de todos, ayudar a los individuos (o grupos), controlar la hora y juzgar si las cosas van según lo planeado o si necesita complementar la actividad con una explicación.

Como alumno, sacarás más provecho de la actividad si la clase transcurre sin problemas, y hay formas en que puedes ayudar a garantizar que eso pase más allá de los pasos obvios de prestar atención y hacer un intento honesto de llevar a cabo la actividad.

En primer lugar, **sé comprensivo si el profesor parece preocupado por si estás haciendo o no lo que se supone que debes hacer.** Puede parecer que no confiamos en ti, pero en realidad estamos nerviosos. Queremos que las cosas salgan bien, y en el caso de muchas actividades resulta realmente difícil saber si estás concentrado o no.

En segundo lugar, **si el profesor se olvida de decirte cuál es el propósito de la actividad, pídeselo cortésmente.** Evidentemente, las palabras importan. «Oye, ¿cuál es el objetivo de esto?», suena hostil, así que es mejor que le digas: «¿A qué debemos prestar especial atención?».

En tercer lugar, **comunícale al profesor si sientes que estás aprendiendo o no.** Si te preocupa que parezca que estás evaluando al profesor, a continuación te muestro una forma sencilla de proporcionar este *feedback*. Dile al profesor: (1) lo que has hecho (para que sepamos que lo estás intentando) y (2) lo que crees que significa (para que sepamos que estás pensando). Algo así como «He hecho *esto*, y luego he hecho *aquello*, y luego ha pasado *esto aquí*. Entonces, basándome en todo eso, parece que debería concluir *así*. ¿Tiene sentido?». En otras palabras, no te limites a decir: «No lo entiendo». Deja que el profesor decida si lo estás entendiendo o no. Este *feedback* nos resulta muy útil, porque si un grupo de personas no entiende algo, podemos proporcionar una guía más explícita o abandonar la actividad y probar con otra cosa.

En una frase: La realización de actividades de aprendizaje pone nerviosos a los profesores; puedes hacer que una actividad se desarrolle sin problemas si aportas comentarios sobre cómo va y cómo podría ayudarte el profesor.

Para los profesores

Hay un tema constante en este capítulo: comunicar a los alumnos lo que se supone que deben aprender de las actividades que les has propuesto y decirles cómo conseguirlo.

Es la forma mejor y más sencilla de que tus alumnos saquen el máximo provecho de una actividad.

Veamos qué podría incluir este consejo. Antes he aconsejado a los estudiantes que «estuvieran allí», y parte de eso incluye preparar la clase o cualquier otra actividad preparatoria que tú como profesor hayas establecido, pero, naturalmente, los estudiantes no siempre realizan estas tareas. Podrías considerar un cuestionario (u otro tipo de evaluación) que fomente la preparación. Lo hago fácil –sólo muéstrame que has entendido el objetivo principal– y sin mucha trascendencia para la nota para que no resulte estresante, pero si un estudiante nunca prepara las lecturas que pido, los pocos puntos al final acaban sumando.

Cuando se trata de una actividad con un guion, como en un laboratorio de ciencias, es especialmente importante hablar con los estudiantes sobre el objetivo de aprendizaje. Si no tienen que preocuparse de que la actividad «salga bien», ¿en qué *deberían* concentrarse? Sabrán que están aprendiendo lo adecuado sólo si conocen el objetivo *y* si les dices cómo pueden saber que lo están «consiguiendo».

Además, asegúrate de que tus materiales respalden el objetivo de aprendizaje que describes. Si las indicaciones del laboratorio no son claras o están incompletas, es natural que los estudiantes dediquen mucha atención al método; están tratando de averiguar qué hacer. Si tu objetivo es que piensen en cosas generales, debes asegurarte de que ya conozcan los detalles pequeños o que las indicaciones del laboratorio brinden una buena orientación.

Para los proyectos, ten en cuenta que el estudiante promedio estadounidense tiene poca o ninguna experiencia con ellos. Será un principiante en cosas como seleccionar un objetivo, planificar y programar, responder con flexibilidad a problemas inesperados, etc. Probablemente deberías ver la planificación y la ejecución de proyectos como una gran parte de lo que estás enseñando. Se debe mostrar a los estudiantes cómo dividir un proyecto en pasos gestionables, y necesitarán *feedback* en cada paso.

Lo mismo ocurre con los proyectos de grupo; la mayoría de los estudiantes tienen poca experiencia trabajando en grupo y por lo tanto no saben qué se necesita para ser un buen miembro del grupo. Así pues, como era de esperar, los estudiantes suelen preocuparse de que otros estudiantes sean parcialmente responsables de sus notas y temen que terminarán haciendo el trabajo de otros estudiantes. Un meme que hace unos años se hizo popular en las redes sociales mostraba un gráfico circular titulado «Qué me enseñan los proyectos de grupo», con una pequeña porción del círculo etiquetada como «La materia», otra porción etiquetada como «Habilidades grupales» y la mayor parte del círculo ocupado por «Cuánto odio a otras personas».

Para apaciguar sus temores sobre las notas, recomiendo algún mecanismo formal de responsabilidad. Éste es mi planteamiento. Al final del proyecto, los estudiantes se ponen notas los unos a los otros (y a ellos mismos) según: (1) la dificultad de la tarea realizada, (2) cuánto se ha esforzado la persona y (3) la calidad del trabajo con el que ha contribuido. Les digo esto que estas evaluaciones pueden cambiar las notas individuales y parece que hace que los estudiantes se tomen sus responsabilidades más en serio.

Las actividades son geniales: los estudiantes las encuentran atractivas y hay cosas que se aprenden mejor a través de una actividad. Pero no te dejes llevar por la idea de que, como los estudiantes harán algo (y tú no tendrás que dar una clase), este tipo de enseñanza implica menos trabajo para ti. Según mi experiencia, preparar una actividad, guiarla y evaluar su eficacia exige mucho más trabajo que dar una clase.

Resumen para los profesores

- Dile a los estudiantes qué deben aprender de la actividad. Diles a qué deben prestar atención.
- Si la actividad requiere preparación, considera realizar un cuestionario previo u otra evaluación de la preparación de los estudiantes.
- Si los estudiantes se preocupan por hacer la actividad «de la manera correcta» y no es en eso en lo que quieres que se concentren, dales instrucciones explícitas para la actividad *y* ofréceles una forma concreta de saber si la actividad está yendo por el buen camino. O convéncelos de que el resultado no importa.
- Si les encargas un proyecto, asume que necesitas enseñarles a gestionar un proyecto.
- Si asignas un proyecto de grupo, asume que debes enseñar a los estudiantes cómo ser buenos miembros del grupo. Supón también que debes disipar los temores de que algunos de ellos se escaquearán.

CAPÍTULO 4

CÓMO REORGANIZAR
TUS APUNTES

U na encuesta de 2007 entre estudiantes universitarios mostró que aproximadamente la mitad estaba de acuerdo con esta afirmación: «Mis apuntes están desorganizados y son difíciles de entender». A partir de mi experiencia, esto probablemente significa que aproximadamente la mitad de los estudiantes no se dan cuenta de que sus apuntes están desorganizados.

Sólo estoy bromeando. Aunque sigas cuidadosamente los consejos que te he ofrecido en los últimos dos capítulos, es muy probable que tus apuntes estén simplemente bien, porque, como he recalcado, tomar apuntes es una tarea mental difícil. Necesitas revisarlos para que sean mucho más útiles.

Recuerda que en el capítulo 1 he explicado que es probable que los oyentes perciban nuevos datos y definiciones como cosas que deben anotar en sus apuntes. También registran temas amplios porque se repiten, pero a menudo pasan por alto las conexiones entre datos e ideas.

En el capítulo 1 también he explicado por qué una buena organización es tan importante para la comprensión, por lo que es evidente que una de las razones para revisar tus apuntes es asegurarte de que lo entiendes todo. Pero hay otra consecuencia importante de una buena organización: hace que el contenido sea mucho más fácil de recordar.

Una buena organización ayuda a la memoria

Un experimento clásico ilustra la importancia de una buena organización para la memoria. A un grupo de sujetos se les dijo que se les mostrarían veintiséis palabras y que deberían tratar de recordarlas. La mitad de los participantes vieron las palabras organizadas lógicamente dispuestas en un diagrama de árbol, similar a la figura de abajo.

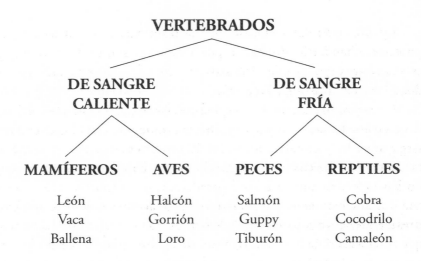

La otra mitad de sujetos vio el mismo conjunto de palabras, también dispuestas en un diagrama de árbol, pero sus posiciones en el diagrama estaban al azar, de modo que la organización no tenía sentido.

A todos se les había pedido que recordaran las palabras y que no se preocuparan por su organización. Sin embargo, las personas que vieron la versión organizada recordaron el 65 % de las palabras, mientras que las que vieron la versión no organizada recordaron únicamente el 18 %. **La organización crea vínculos entre los fragmentos y las piezas de lo que estás tratando de recordar.**

He aquí otro ejemplo. Supongamos que te pido que recuerdes esta lista de palabras:

Manzana Osos Perros Primero Hojas Macho Después Teléfono Pilotos Fumar

La tarea sería mucho más sencilla si las ordenaras en una frase, aunque no tenga mucho sentido.

Primero, los perros han de fumar hojas de manzana; después, los pilotos llaman por teléfono a los osos macho.

Si puedo recordar «pilotos», es una pista para recordar lo que los pilotos estaban haciendo: llamar por teléfono. Y si puedo recordar que estaban llamando, es una pista para recordar a quién estaban llamando: a los osos. Y así sucesivamente.

Si reorganizar tus apuntes después de clase es tan buena idea, ¿cómo es que nadie lo hace? En parte porque la evolución te ha dejado con un sesgo sobre lo que merece atención. El cerebro piensa que debes prestar atención a las cosas novedosas. Las cosas familiares son seguras: si no han sido una amenaza en el pasado, es poco probable que supongan una amenaza en el futuro. Por lo tanto, **no vemos la necesidad de prestar atención a lo familiar.** Sabemos qué es lo familiar, sabemos que no nos hará nada y, por lo tanto, tu cerebro quiere avanzar. Es por eso por lo que te impacientas rápidamente si revisas los apuntes que has tomado en una clase ese mismo día. «Sí, sí, y me sé todo esto», piensas. Tu cerebro te dice que busques nueva información. Sin embargo, éste es un caso en el que los alumnos se beneficiarían si ignorasen el impulso del cerebro de buscar lo que es novedoso.

· CUANDO REORGANIZAS TUS APUNTES ·

Qué hará tu cerebro: Concluirá que no tiene sentido revisar y reorganizar tus apuntes porque el contenido parece familiar.
Cómo ser más listo que tu cerebro: Ignora tu cerebro; sabes que tanto la información como la organización están incompletas.

Los estudiantes a menudo consideran la reorganización de sus apuntes como una pérdida de tiempo; parece un preludio al verdadero trabajo de estudiar. **Pero reorganizar tus apuntes no sólo facilita el estudio, sino que el proceso de reorganización de apuntes es en sí mismo estudio.** La reorganización te obliga a manipular la información y a pensar en el significado y, como ya has visto en el capítulo 3, recuerdas lo que piensas.

Pero ¿cómo se supone que debes reorganizar tus apuntes exactamente? Veamos.

CONSEJO 21

Encuentra relaciones entre los elementos de tus apuntes

En el capítulo 1 he hecho hincapié en la probabilidad de que te pierdas la estructura profunda de una clase cuando la escuchas; las ideas que tienen alguna relación (B fue provocado por A o B es un ejemplo de A) pueden estar separadas en el tiempo y es posible que te pierdas su relación, aunque estés tratando de escuchar tales relaciones. En este capítulo he señalado que apreciar la organización del material no sólo es esencial para comprenderlo perfectamente, sino que también ayuda a la memoria. Quieres estar seguro de haber comprendido todos los aspectos de la organización del material. **Volver a crear explícitamente la estructura lógica completa de la clase es la mejor manera de hacerlo.**

Por lo general, esta estructura forma una jerarquía: un punto principal de la lección con tres a siete subpuntos, cada uno con evidencias que lo apoyan. Por ejemplo, puedes asistir a una clase con el tema «El mito del oeste americano surgió a finales del siglo XIX» con tres subpuntos principales, cada uno de los cuales corresponde a una creencia falsa de los americanos del este: (1) el oeste era visto como un país extranjero, a pesar de que tenía extensas comunicaciones y lazos comerciales con el este; (2) se creía que la población del oeste era principalmente blanca, a pesar de que la inmigración era muy diversa, y (3) los americanos del este pensaban que el oeste había sido levantado por individuos robustos sin el apoyo de las ciudades, la electricidad o la industria, cuando los tres en realidad jugaron un papel importante en cambiar el oeste. Cada subpunto tiene ejemplos, referencias a conclusiones extraídas de otras clases, explicaciones, etc.

Es una buena idea **dibujar un diagrama de árbol** en lugar de sólo pensar en la organización. Tratar de verlo en la imaginación resultará agobiante: hay demasiada información, por lo que olvidarás los datos y te confundirás. Escribe la idea en un papel o dibújala en la pantalla de un ordenador utilizando recuadros para representar afirmaciones como «El mito del oeste americano surgió a finales del siglo xix». Utiliza líneas para conectar afirmaciones relacionadas. Por ejemplo, la afirmación: «Se pensaba que la población del oeste era principalmente blanca» está relacionada con la afirmación: «El mito del oeste americano surgió a finales del siglo xix» porque es un ejemplo de ese tema más amplio.

Te animo a pensar en dos cosas mientras intentas descifrar los recuadros y las líneas que deberían constituir este tipo de jerarquía. En primer lugar, **las afirmaciones de los recuadros deben ser específicas.** Por ejemplo, el tema del día no es «el oeste americano», sino que es mucho más específico. Las personas tienden a recurrir a las generalidades cuando aprenden algo nuevo, en parte porque, al ser generales, están más seguras. Por ejemplo, si les pido a mis alumnos que escriban un esquema para un trabajo, a menudo la primera entrada del esquema es «Introducción». Según mi experiencia, los estudiantes piensan que las generalidades suenan más académicas, más eruditas. En realidad, ocurre todo lo contrario. Tu profesor va a presentar el contenido con un punto de vista particular. No obtendrás una secuencia de hechos inconexos, sino un argumento que lleva a una conclusión.

En segundo lugar, cuando construyas la jerarquía, **sé específico acerca de por qué estás relacionando afirmaciones.** Te sugiero que etiquetes las líneas que unen los recuadros; los enlaces típicos serían:

- Evidencias
- Ejemplo
- Elaboración
- Causa
- Implicación lógica

La reorganización de tus apuntes aún proporciona otra ventaja. Puede ser difícil ver las relaciones entre las clases de un profesor y las lecturas recomendadas. Como he mencionado en el capítulo 1, por lo general el profesor trata de situarse entre ofrecer contenido completamente nuevo en una clase (lo que puede confundir a los estudiantes) y reafirmar lo que se dice en las lecturas (lo que les parece a los estudiantes inútil y aburrido). Por lo tanto, a menudo hay algunas repeticiones, pero sólo algunas. Con la reorganización de tus apuntes completada, tendrás una visión **general de la clase; es el momento de considerar cómo se relaciona la clase con las lecturas.** (Comentaré cómo aprovechar al máximo las lecturas, incluido cómo tomar apuntes de las lecturas, en el capítulo 5).

En una frase: Has tratado de entender cómo se organizaban las ideas de una clase mientras tomabas apuntes, pero probablemente ese esfuerzo ha sido incompleto; al terminar la clase, dibuja un diagrama que ilustre cómo se relacionan entre sí las ideas principales de la clase.

Consejo 22

Encuentra lagunas en tus apuntes

Una vez que hayas creado un diagrama de árbol que represente la lógica de la lección, te encontrarás más capacitado para **identificar lo que falta en tus apuntes.** Obviamente, es mejor que intentes recordar esa información cuanto antes. Así pues, idealmente harás esta reorganización de tus apuntes el mismo día en que los hayas tomado.

La información faltante que debes señalar pertenece a una de estas dos categorías: **datos** y **relaciones.** Habrás estado tomando apuntes durante la clase cuando te has perdido algo que ha dicho el profesor o no has entendido el sentido de una explicación larga. No te habrás dado cuenta de todo lo que te has perdido, pero es un comienzo.

La construcción de tu diagrama de árbol de la clase debería hacer evidente otra información faltante. Por ejemplo, tal vez tengas anotado un dato en tus apuntes y no tengas ni idea de por qué se lo ha mencionado el profesor: está aislado y desconectado de todo lo demás. En una clase sobre el profeta Elías en la Biblia, aparece la definición de un *wadi*, junto con una explicación de cómo se forman los *wadis*. Lo has anotado obedientemente, pero no sabes por qué el profesor lo ha mencionado.

Aparte de las relaciones que faltan, busca el contenido que falta. Si tus apuntes dicen «5 tipos de mapas usados para topografía», será mejor que tengas cinco en la lista, no cuatro. Revisa también el número de puntos de apoyo para las generalizaciones que ha hecho el profesor. Supón que en tus apuntes pone «La caída del Imperio Romano a menudo fechada en 476 porque el emperador cayó: FALSO. Vida cult y econ cont». De acuerdo, así pues, la vida cultural y económica continuó después de que el emperador fuera derrocado. Pero eso es sólo una pequeña evidencia de que decir que 476 fue el año de la caída es inexacto. Debes tener la sospecha de que tus apuntes mencionan sólo una fuente de apoyo para una afirmación tan general; es probable que el profesor haya ofrecido más.

Escribe dudas sobre tus apuntes en notas adhesivas y pégalas de tal manera que sobresalgan de las páginas. Recordarás que te he sugerido que escribieras en una página sí y en otra no de tu cuaderno (*véase* el consejo 10). El propósito es que tuvieras suficiente espacio en blanco para añadir la información faltante cerca de donde toca en la explicación, información que quizá tengas una vez que hayas respondido a las dudas de tus notas adhesivas.

Si has tomado los apuntes con el ordenador, puedes escribir tus preguntas directamente en tus apuntes, justo donde has notado la información que falta. Para que las dudas sean fáciles de encontrar más tarde, puedes añadir alguna marca al final de la duda, como «xxxx» o «¿?», y luego sólo tienes que hacer la búsqueda en el documento. (Puedes utilizar cualquier marca que a ti se te ocurra).

¿Cómo consigues las respuestas a estas preguntas? Las lecturas recomendadas pueden ser una fuente, pero el profesor puede mencionar detalles que no aparecen en las lecturas. **Ten cuidado con las fuentes no recomendadas por el profesor,** porque es posible que no haya un acuerdo universal sobre los «datos» que estás buscando: la definición del músculo psoas será la misma en la mayoría de las fuentes, pero las respuestas a «¿Por qué 476 no es una fecha correcta para la caída del Imperio Romano?», no.

Tu siguiente paso debe ser consultar con otras personas que han tomado apuntes sobre la misma clase. Si te preocupa cómo comunicarte con otros estudiantes, sigue leyendo.

En una frase: Utiliza la organización de la clase que has deducido para identificar qué falta en tus apuntes, tanto datos como relaciones.

CONSEJO 23

Considera que tomar apuntes sea un deporte de equipo

Espero que sea obvio cómo un grupo de estudio puede ayudarte a mejorar tus apuntes: puedes **comparar la organización que has deducido** (*véase* el consejo 21) con las que han deducido los demás y decidir si la tuya se puede mejorar. También puede **llenar los vacíos fácticos en tus apuntes** que hayas identificado (*véase* el consejo 22). Cada oyente de la clase puede perderse hasta el 50 % del contenido, pero cada uno de los oyentes se perderá cosas diferentes. He aquí algunos consejos sobre cómo organizar un grupo de estudio.

Por lo general, tiene sentido reunirse una vez a la semana, ya que una semana de clases suele representar un buen volumen de apuntes para abordar en una sola sesión. Además, si tratáis de reuniros cuando lo consideréis necesario, es muy probable que tengáis dificultades para encontrar un horario.

Un buen tamaño de grupo es **de tres a seis personas.** Quieres cierta variedad de puntos de vista, pero si hay demasiados participantes puedes observar lo que los psicólogos llaman «difusión de responsabilidad». Se da cuando la gente no hace lo que se supone que debe hacer porque, al ser el grupo grande, todo el mundo piensa que ya habrá otro que asumirá la responsabilidad.

Identificar a los miembros potenciales del grupo es fácil si conoces a algunas personas de clase. Si no es el caso, tienes algunas opciones. Por supuesto, sencillamente puedes acercarte a las personas que ya conoces o puede ser que haya un tablón de anuncios electrónico para la clase en el que puedes publicar mensajes pidiendo interesados en un grupo de estudio. También puedes pedirle al profesor que diga que las personas interesadas en formar un grupo se queden unos minutos al acabar la clase para organizar uno.

Identificar a las personas con las que estarás *contento* de trabajar es otro asunto y, por supuesto, algunas personas son mejores miembros de grupo que otras. Cuando se trata de miembros de grupo que no cumplen (no se presentan, no preparan lo que hay que hacer o hacen caso omiso de las comunicaciones del grupo), la haraganería es mucho peor que la incompetencia. Los miembros del grupo perdonarán a uno que no contribuya mucho si parece que se esfuerza mucho. Pero si sencillamente parece que pasa de todo, hay animadversión.

La mejor manera de gestionar este problema es **abordar las responsabilidades de los miembros desde el principio.** Establece algunas reglas básicas sobre las expectativas: con qué frecuencia os reuniréis, qué tipo de preparación se supone que todos debéis hacer, si está bien utilizar el teléfono móvil durante las sesiones, quién dirigirá las sesiones, etc. Si tenéis esta conversación la primera vez que el grupo se reúna, una o dos personas pueden poner los ojos en blanco y pensar: «Esto parece un poco fuerte». Tal vez lo sea, pero las personas pueden tener unas expectativas muy diferentes sobre cómo funciona un grupo de este tipo, y dejar claras las expectativas desde el principio hará que el trabajo del grupo sea mucho más fluido.

Ya he dicho que faltar a una clase, pero «pedir los apuntes» no sustituye a estar allí. Los apuntes que lees son pistas memorísticas que otra persona redactó para su propio uso. Pero tu instinto de que los apuntes de otra persona son mejores que nada es absolutamente cierto. Y tener los apuntes de tres personas es mejor que tener los de una única persona.

Dicho esto, no hagáis de esto un acuerdo fijo. En otras palabras, **no os repartáis un trabajo asignado entre los miembros del grupo, quienes luego compartís vuestros esfuerzos.** Piensa en los esfuerzos de tu equipo como un beneficio adicional que mejorará tu forma de pensar, no como una forma de reducir tu carga de trabajo. Crear esquemas no es un trabajo pesado que permite el verdadero trabajo de estudiar; es una tarea cognitiva que te ayudará a comprender y recordar el contenido del curso. Conseguir un esquema de otra persona no requiere esfuerzo mental de tu parte y no producirá el mismo beneficio mental.

En una frase: Organiza un grupo de estudio o únete a uno ya existente para ayudar a llenar los vacíos en tus apuntes y afinar tu organización.

CONSEJO **24**

Cuando pidas que el profesor te ayude con tus apuntes, haz preguntas enfocadas

Te he sugerido que no sólo asistas a las clases, escuches con atención y te esfuerces para tomar buenos apuntes, sino que también los reorganices (a ser posible el mismo día) *y* los revises y perfecciones aún más con otros estudiantes. Sin embargo, a pesar de todo este esfuerzo, es posible que sigas teniendo dudas en algunos puntos. Ha llegado el momento de hablar con el profesor. Esta perspectiva pone nerviosos a algunos estudiantes, y es cierto que no todos los profesores son igual de cordiales. Todos nos vemos obligados a decir algo como: «¡Ven a mi despacho si en algún momento tienes preguntas!», pero también puede parecer que algunos profesores lleven un letrero colgando del cuello que diga: «Déjame en paz». A continuación, te enseñaré cómo apaciguar a un profesor gruñón si necesitas formular preguntas.

La clave es la preparación. Supongamos que acabo de pasar cuarenta y cinco minutos dando una clase sobre la retina, y acudes a mi despacho y me dices: «Entonces... la retina. En realidad, no lo he entendido». Eso resulta un poco deprimente para mí, porque no tengo la impresión de que hayas hecho algo para intentar entenderlo. **Las preguntas enfocadas** demuestran que estás poniendo de tu parte para aprender. Prepárate para (brevemente) **explicarle al profesor lo que has entendido** y qué detalles se te han escapado. ¿Recuerdas que he dicho que, si alguien de tu grupo de estudio tiene dificultades, no te preocupes si crees que lo está intentando? Con los profesores pasa lo mismo.

Los estudiantes a veces hacen preguntas a los profesores no porque realmente necesiten ayuda, sino porque creen que causa una buena impresión: ¡están mostrando interés! Otros con el mismo motivo se presentan sólo para conversar sobre temas no relacionados con el curso o para ofrecer algún halago sobre lo fascinante que resulta el contenido.

Los estudiantes no están del todo equivocados; sirve si le caes bien al profesor. Pero **si vas a hacerle la pelota, hazlo siendo un estudiante modelo.** Sé el estudiante que lleva un cuaderno hiperorganizado con una docena de notas adhesivas, cada una con una pregunta sobre el contenido del curso. O acude con una serie de preguntas a una reunión sobre oportunidades profesionales en nuestro campo. Aunque sospechemos que estás representando un papel, al menos estás representando el papel correcto. No vamos a subir tu nota sólo porque nos agradas, pero si algo sale mal y necesitas prolongar una fecha límite o si más adelante quieres una carta de referencia, ayuda si lo que más recordamos de ti es que fuiste serio acerca de las cosas que tocaban.

En una frase: Si tienes reparos para pedir ayuda al profesor para llenar las posibles lagunas de tus apuntes, antes de ir a hablar con él prepárate para explicarle lo que has entendido; una buena preparación es la forma más segura de ganarse la buena voluntad de un profesor.

CONSEJO 25

OPCIONAL: Haz que tus apuntes tengan buena pinta

Según las publicaciones en las redes sociales, la forma más común en que los estudiantes revisan sus apuntes es reescribiéndolos o embelleciéndolos para hacerlos más atractivos. Busca en YouTube, Tumblr o Pinterest y encontrarás miles de recursos (algunos de ellos con millones de visitas) dedicados a técnicas para hacer que los apuntes de clase sean bonitos. Fuentes originales, bordes de página, elegantes separadores de secciones, recuadros que puedes dibujar alrededor de los encabezados…, la energía y la creatividad que la gente pone en la tarea es impresionante. Pero ¿te ayuda a aprender?

Desde un punto de vista cognitivo, podríamos pronosticar que **el acto de copiar en sí no hace nada para mejorar la comprensión o la memoria.** En el capítulo 2 he mencionado que tratar de escribir apuntes que capten una clase palabra por palabra puede conducir a una comprensión superficial; las palabras van directamente del oído a la pluma, por así decirlo. Lo mismo puede pasar cuando copias tus apuntes; reescribes las palabras sin pensar en lo que significan; en cambio, pensar en el significado ayuda a memorizar. Aquellos de mis alumnos a quienes les gusta copiar sus apuntes me dicen que creen que ayuda a su memoria, y eso probablemente se deba a que *están* pensando en el significado mientras copian. Pero copiar es menos eficiente que los métodos de aprendizaje que examinaremos en el capítulo 6.

Puedes combinar la copia y el embellecimiento de tus apuntes con la reorganización que he propuesto en el consejo 21. Creo que las personas que disfrutan haciendo este proceso argumentarían que tener apuntes atractivos las hace propensas (o al menos más dispuestas) a estudiar después. Una vez más, no conozco ninguna investigación al respecto.

Así que, si consideras que dibujar bordes y recuadros y utilizar encabezados multicolores te está ayudando, no te lo voy a prohibir. Sólo ten en cuenta que limitarte a reescribir los apuntes no ayudará a tu memoria o tu comprensión, puesto que son otros procesos cognitivos en los que te involucras cuando copias los que aportan el beneficio cognitivo, y existen formas más sencillas y fiables de involucrar esos procesos cognitivos.

En una frase: Embellecer tus apuntes no te ayudará a que los entiendas o los memorices mejor, pero si disfrutas del proceso o del resultado, ¡ no hay nada malo en hacerlo.

Para los profesores

Sabes que los apuntes de tus alumnos no son perfectos, pero también sabes que serán reticentes a revisarlos como sugiero. ¿Como puedes ayudarlos?

Una medida evidente consiste en alertar a los estudiantes sobre el problema. La mayoría no se da cuenta de lo irregulares que son sus apuntes, así que dedica quince minutos de una reunión de clase a describir el problema. Puedes comenzar con un examen sorpresa que tenga poca influencia sobre la nota durante el cual los estudiantes pueden consultar sus apuntes (examen de libro abierto) y en el cual todas las preguntas provienen de una única clase. Una vez que los estudiantes vean que sus apuntes son incompletos, explícales los métodos descritos en este capítulo que les permitirán abordar el problema. También podrías considerar hacer a menudo pruebas en las que puedan consultar los apuntes para motivar a los estudiantes a que los tengan al día y completos.

Puedes facilitar la creación de grupos de estudio anunciando durante la clase que los estudiantes interesados pueden quedarse unos minutos al terminar la clase con esta finalidad. Eso es fácil para ti, pero deja fuera a los estudiantes que no pueden quedarse o que han faltado a clase ese día. Enviar correos electrónicos a todos es un método más fiable; puedes recopilar los nombres de los interesados y luego enviarles la lista por correo electrónico o utilizar un sitio web o una aplicación (por ejemplo, GroupMe) que sirva para este propósito.

Pero si eres consciente de que los apuntes de tus alumnos están incompletos, ¿no deberías hacer algo para asegurarte de que puedan aprender todo el contenido? No creo que haya una sola respuesta correcta a esta pregunta; cada opción tiene sus ventajas y sus desventajas, como se indica en la tabla siguiente.

Posible solución	Ventaja	Desventaja
No hacer nada.	Es fácil para ti. En verdad, la mayoría de los institutos no esperan que ayudes en la toma de apuntes, porque la mayoría de las personas no se dan cuenta de que es un problema.	Algunos estudiantes no aprenden tanto como podrían. Supone una ventaja para los estudiantes que escriben rápido y para aquellos que comienzan la clase ya familiarizados con parte del contenido.
Si hay clases con grupos reducidos o de repaso, utilízalas para aclarar y responder preguntas.	Es fácil para ti. Obtendrás *feedback* sobre todas las dudas de los estudiantes.	Las clases con grupos reducidos podrían destinarse a otras finalidades como, por ejemplo, discusión o aplicación de ideas.
Confía en un libro de texto o en otras lecturas para solventar las dudas.	Los estudiantes se sienten confiados si tienen un respaldo en los materiales escritos.	Como las clases se basan en los textos, los estudiantes motivados pueden aburrirse en clase y los estudiantes desmotivados pueden ausentarse.

Responde las preguntas sobre el contenido a través de un foro online.	Te aporta *feedback* sobre la comprensión de los estudiantes. Asegura que tengan acceso al contenido correcto.	Tienes que invertir mucho tiempo.

Si los apuntes de los estudiantes están muy incompletos, tal vez no deberíamos planificar que aprendan en situaciones de clase en las que sólo tienen una oportunidad de comprensión. Quizás la mayor parte del aprendizaje debería tener lugar a través de la lectura o el vídeo, que los estudiantes pueden revisar tan a menudo como quieran. ¿Eso no reduciría en gran medida o eliminaría los vacíos en los apuntes de los estudiantes (y su comprensión)?

Muchos profesores universitarios tuvieron una introducción rápida a ese método durante la pandemia de COVID-19. Tuvimos que grabar clases porque muchos de nuestros estudiantes se encontraban en diferentes zonas horarias, por lo que dar clases en vivo no era práctico. Algunos estudiantes prosperaron con esta organización, pero la mayoría tuvo muchos problemas para motivarse a sí mismos para ver los vídeos.

Naturalmente, ésta no fue una prueba válida del método, porque los estudiantes se encontraban bajo un estrés enorme durante la pandemia. Pero no era la primera vez que se probaban clases grabadas. A principios de la década de 2010 este método ya se aplicó en algunos lugares. En ese momento, el argumento era que, si los estudiantes aprendían el contenido básico en casa a través de vídeos, podían resolver problemas o tratar el tema en clase cuando el profesor estaba presente para ayudarlos. Sin embargo, como sucedió durante la pandemia de 2020-2021, muchos estudiantes no veían los vídeos.

Parece que los estudiantes prefieren que un profesor les explique en persona el contenido a pesar del desafío que supone tomar apuntes durante una clase. Debemos abordar la deficiencia de los apuntes que toman los estudiantes lo mejor que podamos.

Resumen para los profesores

- Utiliza los consejos de los capítulos 1 y 2 para asegurarte de que los estudiantes anoten la mayor cantidad de datos y lo hagan de la manera más organizada posible.
- Hazles saber a los estudiantes que probablemente sus apuntes estén incompletos y desorganizados; no estarán motivados para mejorarlos si no perciben el problema. Con esta finalidad, considera hacer cuestionarios que influyan poco en la nota final en los que puedan consultar sus apuntes.
- Facilita la formación de grupos de estudio.
- Considera cuidadosamente cómo, si es el caso, complementarás sus apuntes después de las clases; cada opción tiene sus ventajas y sus desventajas.

CAPÍTULO 5

CÓMO LEER LOS LIBROS DIFÍCILES

P arece obvio por qué los libros de texto son difíciles de leer. El material es denso; hay mucha información acumulada en relativamente pocas palabras. Los autores a menudo se sienten obligados a aportar una comprensión amplia y completa de un tema en lugar de tejer una historia interesante a partir de detalles seleccionados. Los profesores están preparados para recomendar un libro de texto, aunque sea aburrido; se ve como un problema desagradable, pero inevitable.

Pero hay una razón más sutil por la que es difícil mantener el interés cuando lees un libro de texto. Para descubrir por qué, lee el siguiente párrafo, un párrafo que podrías encontrar en un libro de texto típico de secundaria.

> *El Proyecto Manhattan fue el intento de Estados Unidos para producir un arma nuclear, y fue la iniciativa de construcción más grande en la historia de la ciencia. Debido a su naturaleza sensible, se hizo un enorme esfuerzo para mantener el proyecto en secreto. Científicos famosos viajaron bajo alias: Enrico Fermi era conocido como Henry Farmer, por ejemplo. Y todas las conversaciones telefónicas en los lugares de prueba eran controladas. A pesar de esos esfuerzos, los historiadores están de acuerdo en que probablemente hubiera sido imposible mantener el secreto si no fuera por el hecho de que el proyecto era de un tamaño relativamente pequeño.*

¿Te das cuenta de que la última oración contradice la primera? Meter un error o una contradicción en un texto y ver si los lectores lo detectan es una técnica de investigación común para medir la comprensión. Se les pide a los lectores que juzguen cada texto según lo bien que está escrito y que expliquen su valoración.

Es muy probable que los lectores se encuentren con una palabra que no conocen. También es muy probable que detecten que la gramática de una oración es incorrecta. Pero es **mucho menos probable que se den cuenta de que dos oraciones se contradicen entre sí.** El 40 % de los estudiantes de secundaria no detectaron la contradicción del párrafo anterior. Para decirlo de otra manera, si los lectores se limitan a entender las frases por separado, consideran que están haciendo lo que se supone que deben hacer.

Coordinar el significado de las oraciones es crucial para la comprensión lectora, porque las oraciones pueden tener significados bastante diferentes según el contexto que las rodea. Por ejemplo, considera una oración sencilla, como «Maxim agitó la mano», en estos dos contextos:

Ann entró en la pizzería buscando a sus amigos. Maxim agitó la mano.
El barco rodeó lentamente los restos del naufragio en busca de supervivientes. Maxim agitó la mano.

En ambos casos, la oración significa lo mismo –el acto físico de Maxim de saludar con la mano–, pero el significado más importante –por qué Maxim agita la mano y las posibles consecuencias de su acción– es muy diferente. Sólo se puede apreciar si interpretas la oración a la luz de lo que ya has leído.

En el capítulo 1 he explicado que las clases son difíciles de entender porque tienden a estar organizadas jerárquicamente, por lo que las ideas relacionadas pueden estar separadas en el tiempo. También he explicado que no puedes beneficiarte de una clase si te limitas a permanecer sentado como si fueras un espectador a punto de ver una película, esperando una historia entretenida. El problema es que estamos predispuestos a escuchar exactamente así.

El mismo problema se aplica a la lectura de libros de texto. Los escritores organizan el material jerárquicamente, por lo que **los lectores a menudo necesitan relacionar lo que están leyendo ahora con algo que han leído hace unas páginas.** Pero los lectores, como los oyentes, esperan un formato sencillo. Primero aprendemos a leer libros de cuentos. Las historias son fáciles de entender porque la estructura es simple y lineal: A provoca B, que provoca C, y así sucesivamente. Los libros de texto son más como clases en su formato jerárquico y contenido desafiante. Sin embargo, así como tendemos a sentarnos en un aula y esperamos que nos entretengan, también nos sentamos a leer un libro de texto y esperamos que el autor nos facilite el trabajo. Necesitas un enfoque diferente para leer dicho contenido.

· CUANDO APRENDES LEYENDO ·

Qué hará tu cerebro: Leerá de la manera que tú lees por placer, porque te resulta familiar y no es evidente que no funcionará. Leerás haciendo un esfuerzo mínimo para coordinar las ideas, confiando en que el escritor habrá escrito las relaciones explícitas y fáciles de seguir.

Cómo ser más listo que tu cerebro: Utiliza estrategias especializadas para la comprensión que se ajusten tanto al tipo de material que estás leyendo como a los objetivos que te has marcado para leerlo.

Aprender leyendo supone un desafío sustancial, pero con algunas estrategias en tu haber, puedes tener mucho más éxito a la hora de relacionar las ideas como el autor esperaba que hicieras.

Consejo 26

No hagas lo que hace la mayoría de la gente: leer y subrayar

Comencemos con la táctica más común que utiliza la gente cuando lee con la intención de aprender. Abren el libro y empiezan a leer.

Cuando algo les parece importante, lo subrayan con un marcador fluorescente. Creen que el acto de resaltar ayudará a fijar la información en su memoria y que subrayar crea una guía de estudio lista para utilizar. Más tarde, creen, pueden refrescar su memoria releyendo lo que han subrayado.

Si embargo, se trata de un plan terrible. No aborda el hábito de las personas de no coordinar el significado entre oraciones y párrafos. ¿Cómo puedes estar seguro de que estás destacando la información más importante si para empezar tu comprensión es impredecible? Además, aunque lo entiendas todo bastante bien, ¿cómo puedes estar seguro de que tienes un buen criterio para decidir lo que es lo suficientemente importante como para subrayarlo al leer *por primera vez* el contenido de un tema del que sabes poco?

Ambos problemas —que es posible que no lo entiendas tan bien como crees y que juzgues mal la importancia— sugieren que **las personas no subrayan la información más importante.** Los investigadores probaron esta predicción con un método simple e inteligente. Acudieron a una librería universitaria y compraron diez copias usadas del libro de texto. Si marcar el contenido más importante fuera fácil, todos los estudiantes deberían haber resaltado el mismo material. Pero los investigadores encontraron poca coincidencia en lo que habían destacado. Por eso he utilizado negritas para los puntos importantes de este libro; he hecho el subrayado por ti.

Por favor, ten en cuenta que este consejo no significa «nunca subrayes». Subrayar puede estar bien si estás leyendo sobre un tema del que ya sabes mucho. Si has sido consultor político durante veinte años y estás leyendo un informe sobre una campaña estatal recientemente finalizada, tu profundo conocimiento del tema significa que leerás el documento con buena comprensión y tu conocimiento también te convertirá en un buen juez para decidir qué información del documento es importante.

En cambio, un estudiante universitario que lea el mismo documento como parte de un curso de ciencias políticas carece de los conocimientos previos necesarios, pero hay otra razón por la cual el consultor político lee el documento con una mejor comprensión: sabe qué esperar. Conoce el tipo de información que normalmente contiene un documento de este tipo y conoce la función que debe cumplir. El novato no.

Si tienes una vaga idea de qué esperas de lo que lees, hará que leas de manera diferente. Por ejemplo, notarás y recordarás diferentes detalles. Un capítulo sobre el Proyecto Genoma Humano, el esfuerzo por mapear todos los genes del ADN humano, podría enfocarse en varios aspectos de un tema tan complejo. Podría describir los beneficios económicos esperados para la industria farmacéutica o el impacto del proyecto sobre la terapia génica. Podría describir la política de financiación del gobierno de un proyecto tan grande. Conocer el objetivo del autor antes de comenzar a leer te permite comenzar a evaluar qué ideas del capítulo son las más importantes.

Así pues, subrayar no es el único defecto en el enfoque de «limítate a leer y subrayar», sino que «limítate a leer» también es una mala estrategia, porque **no debes sumergirte en un texto sin algo de preparación.**
Consideremos ahora lo que *debes* hacer.

En una frase: Leer y subrayar es una mala estrategia porque no proporciona un marco para comprender antes de leer y te lleva a decidir que determinada materia es más importante que otra materia, aunque tengas poca base para hacer ese juicio.

CONSEJO 27

Utiliza una estrategia de lectura que se ajuste a tu objetivo

El consejo 26 ha puesto énfasis en que no puedes simplemente comenzar a leer; eso es como asistir a una clase como si se tratara de una película. Necesitas aportar algo al proceso en lugar de limitarte a esperar a que el autor te intrigue. Al mismo tiempo, el consejo «Lee activamente» es prácticamente inútil. Puedes marcarte seriamente el objetivo «De verdad voy a pensar mientras leo y voy a relacionar ideas», pero es demasiado fácil que tu atención se distraiga.

La solución es **establecer una tarea concreta para que la completes mientras lees.** El sistema más conocido se llama EPL2R o EPLRR (SQRRR en inglés), del cual existen varias versiones desde su descripción en la década de 1940.[1] EPL2R es un acrónimo de estos pasos:

Explora: Hojea la lectura, observando los títulos, los subtítulos y las figuras. Hazte una idea aproximada de lo que se trata. Así es como determinarás, por ejemplo, que un artículo sobre el Proyecto Genoma Humano trata sobre sus consecuencias económicas, no sobre las implicaciones éticas de la secuenciación del ADN humano.

Pregunta: Antes de empezar a leer, plantea preguntas que esperas que la lectura responda. Los encabezados pueden ser especialmente útiles para esta tarea; por ejemplo, si ves el encabezado «La contribución de Marr a la filosofía de la ciencia», la pregunta obvia que debe hacerse es «¿Cuál fue la contribución de Marr a la filosofía de la ciencia?».

Lee: Teniendo en cuenta la idea aproximada del contenido del artículo que has desarrollado cuando has analizado la lectura, es hora de ponerte a leer. Y ahora tienes una tarea concreta que completar mientras lees: buscar información que responda a las preguntas que has planteado.

Recita: Cuando hayas terminado cada capítulo, recita lo que has aprendido como si se lo estuvieras describiendo a otra persona. Resúmelo y decide si responde a alguna de tus preguntas.

Revisa: La revisión está destinada a ser un proceso continuo en el que revisas el contenido, centrándote especialmente en las preguntas planteadas y las respuestas que has obtenido.

La investigación confirma que el uso del método EPL2R mejora la comprensión y es fácil ver por qué. He explicado por qué no deberías simplemente sumergirte en una lectura; si primero consideras qué

---

1. El método SQRRR fue presentado en 1946 por el filósofo de la educación estadounidense Francis P. Robinson en su libro *Effective Study*. *(N. del T.)*

tema trata y por qué estás leyendo este texto, en realidad lo leerás de otra manera. Las partes de «Explora» y «Pregunta» del método EPL2R te permiten hacer exactamente eso. También he enfatizado en que es esencial generar significado en las oraciones, y leer con las preguntas en mente también ayuda a conseguirlo.

El paso «Recita» del método EPL2R debería ayudarte a ordenar tus pensamientos y retener el contenido, pero lo que es también aún más importante, es una comprobación de tu comprensión. Recuerda que las personas pueden engañarse fácilmente pensando que entienden algo cuando no es así. Recitar te ayudará a evaluar mejor tu comprensión.

El único inconveniente del método EPL2R es que puede terminar en «sólo leer» sin pensar mucho. Aquí hay un truco que podría ayudar: después de haber planteado tus preguntas (y antes de comenzar a leer), **pega algunas notas adhesivas en blanco en el texto,** tal vez una al final de cada capítulo. Servirán como recordatorios visuales de que debes detenerte, intenta resumir el capítulo que acabas de leer y piensa si ha respondido a alguna de las preguntas que habías planteado.

El método EPL2R funciona y es el más conocido de este tipo de estrategia, pero hay otras, como KWL (del inglés *think about what you Know; what you Want to know; what you've Learned,* «piensa en lo que sabes, lo que quieres saber, lo que has aprendido») o SOAR (*Set goals, Organize, Ask questions, Record your progress,* «establece objetivos, organiza, haz preguntas, registra tu progreso»), entre otros. No es casualidad que la mayoría de las estrategias de lectura tengan dos propiedades importantes en común: te hacen **pensar en tu objetivo de lectura antes de comenzar** y **relacionan partes de la lectura** haciendo preguntas generales.

Si estas estrategias parecen exageradas, permíteme ofrecerte una alternativa con un único paso que puede ser un comienzo sencillo para este tipo de trabajo. En lugar de plantear preguntas por adelantado, **plantéate preguntas y trata de responderlas mientras lees,** especialmente preguntas «¿Por qué?» como respuesta a hechos expresados. Por ejemplo, cuando leas: «El presidente puede proponer legislación, pero un miembro del Congreso debe presentarla si se va a convertir en un proyecto de ley», podrías preguntarte: «¿Por qué un miembro del Congreso debe presentarla?». Las preguntas «¿por qué?» tienden a conducirte a relaciones y principios más profundos, en este caso quizás a la idea del equilibrio de poderes entre las tres ramas del gobierno de Estados Unidos.

La ventaja de este método es su flexibilidad: no te comprometes con un conjunto de preguntas antes de comenzar a leer. Además, es fácil adaptar esta estrategia a lecturas que te dicen cómo hacer algo en lugar de darte un montón de datos. La información práctica tiende a ocurrir en etapas, por lo que puedes preguntarte: «¿Por qué sigue este paso?». La desventaja de este método es que no puedes hacerte una pregunta a ti mismo cada vez que el autor establece un hecho, lo que te haría ir demasiado lento, por lo que la formulación efectiva de preguntas requiere algo de práctica.

Una vez más, no hay evidencia definitiva de que una estrategia sea superior a otra. Lo que la evidencia muestra es que **utilizar una estrategia es mejor que no utilizarla.**

En una frase: Las buenas estrategias de lectura te impulsan a pensar en el contenido y a establecer objetivos concretos para lo que debes aprender antes de leer y a relacionar ideas a medida que vas leyendo.

Consejo 28

Toma apuntes a medida que vas leyendo

Cada vez que me encuentro con un estudiante que tiene dificultades en una de mis clases, siempre le pido que traiga sus apuntes. Todos tienen apuntes que han tomado en clases, pero la mayoría no toman apuntes de las lecturas. Las encuestas confirman mi experiencia. Las personas no toman apuntes sobre las lecturas porque creen que subrayar tiene la misma finalidad. Pero hemos analizado por qué no es así.

Tomar apuntes de las lecturas cumple las mismas funciones que tomar apuntes durante una clase: **te ayuda a mantenerte mentalmente centrado en la tarea, y los apuntes ayudarán a refrescar tu memoria más adelante.**

Pero hay diferencias en el proceso de tomar apuntes cuando estás leyendo. La más importante es que tú controlas el ritmo, no el profesor. Puede leer con la rapidez o la lentitud que quieras, y puedes revisar el contenido ya leído o echar un vistazo a lo que vendrá más adelante. Esto elimina una de las principales preocupaciones sobre el uso de un ordenador portátil para tomar apuntes mientras se lee. Durante una clase, existe el riesgo de que la necesidad de seguir el ritmo del profesor te empuje a pasar al modo de dictado. Dado que ese problema es irrelevante al leer, es más probable que **tomes apuntes en un ordenador portátil** porque son mucho más fáciles de editar que los apuntes escritos a mano y luego buscar información. Naturalmente, es posible que tengas otros motivos para preferir el papel: te resulta difícil resistirte a las redes sociales, por ejemplo, o necesitas dibujar muchas figuras en tus apuntes. O simplemente te gusta más el papel. Tú decides.

¿Cómo deberías empezar? Más concretamente, ¿cómo debes prepararte para tomar apuntes? De la misma manera que te preparas para la lectura, planteando preguntas al principio. Pero ¿cómo puedes elaborar buenas preguntas sobre un texto que no has leído? El autor puede aportarte una buena descripción general en los primeros párrafos o tal vez haya preguntas al final de la lectura que proporcionen alguna orientación. O tal vez el profesor, que Dios lo bendiga, te ha dicho lo que espera que obtengas de la lectura. Escríbelo en la parte superior de tus apuntes para tenerlo en cuenta mientras lees.

Si la lectura incluye **títulos y subtítulos**, puedes escribirlos en tus apuntes; pueden servir como un esquema que puedes completar a medida que vas leyendo. **Para cada subtítulo, escribe un resumen y otras tres sentencias.** Estas sentencias pueden incluir, por ejemplo:

- Algo importante para el resumen.
- Un comentario sobre cómo se relaciona esta sección con la sección principal.

- Cómo responde la sección a una de las preguntas que has planteado.
- Una conclusión para el resumen de otra cosa que concluyó el autor.

También debes incluir cualquier término de vocabulario nuevo y sus definiciones. En la medida de lo posible, utiliza tus propias palabras, no las del autor; al igual que ocurre con las clases, no tiene sentido hacer una transcripción literal. Necesitas manipular mentalmente el material.

Mientras consideras exactamente qué anotar en tus apuntes, puedes **pensar en cómo los utilizarás.** Si más adelante vas a tener que hacer un examen, considera que hay diferentes tipos de preguntas de examen. Lo trataré más profundamente en el capítulo 6, pero por ahora considera la diferencia entre las preguntas de respuesta corta y las de desarrollo. Cada una enfatiza diferentes tipos de contenido. Las respuestas a las primeras son necesariamente breves y, a menudo, requieren definiciones, fechas o ejemplos. Los exámenes de desarrollo, en cambio, plantean preguntas amplias, por lo que es mejor que comprendas los temas y cómo se relacionan las cosas. Si sabes cómo será el examen, presta especial atención al contenido que es vital para ese tipo de evaluación.

Cuando hayas terminado de leer y de tomar apuntes, quizá estés contento por haber terminado el trabajo. Pero, en realidad, no has terminado aún. **Cuando hayas completado la lectura, debes revisar tus apuntes para asegurarte de que estás satisfecho.** ¿Has respondido a las preguntas que te habías planteado? ¿Sigues convencido de que eran las preguntas correctas? ¿Crees que tus apuntes son lo suficientemente buenos como para que, aunque los tengas guardados en un cajón unas semanas, al volver a leerlos podrás recuperar todos tus conocimientos sobre el contenido?

Finalmente –y no es necesario que lo hagas de inmediato–, si la lectura está asociada con una clase, debes considerar cómo se relacionan ambas. Si eres una persona rigurosa y has terminado la lectura asignada antes de la clase, puedes intentar anticipar. Si la clase ya ha pasado, no te olvides de esta tarea.

En una frase: Toma apuntes sobre los pensamientos que te genera tu estrategia de lectura; te ayudará a garantizar que no te desvíes mentalmente hacia una lectura informal y relajada, y, por supuesto, los apuntes te serán útiles para revisarlos más adelante.

CONSEJO 29

Dedica un tiempo significativo a la lectura

Es difícil leer textos sobre temas complejos escritos por autores que no tienen miedo de aburrir a sus lectores. Además, estás estudiando varias asignaturas y aparte tienes trabajo en casa (y posiblemente un trabajo remunerado) que hacer. Así pues, si leer te hace sentir agobiado, debes saber que no estás solo.

La mayoría de las tareas relacionadas con la universidad o el instituto (por ejemplo, presentar algún trabajo o hacer un examen) acarrean consecuencias evidentes e inmediatas si no te las preparas. Pero por lo general el precio de no leer algo que deberías leer se retrasa, por lo que ésta suele ser la tarea que se pospone o incluso que se acaba abandonando.

Algunas guías de estudio sugieren que ésa es una buena idea y ofrecen métodos para averiguar qué lecturas ignorar, así como tácticas para leer por encima las que sí asumirás. Comencemos desacreditando un par de trucos comunes destinados a permitirte omitir lecturas.

En primer lugar, **la lectura rápida no existe.** Puedes mover la mano de arriba abajo de la página, pero literalmente no puedes leer tan rápido. Se han llevado a cabo montones y montones de estudios a lo largo de las décadas que demuestran que las personas que afirman leer rápidamente están leyendo por encima y, como era de esperar, si lees por encima material difícil y desconocido, no lo entenderás muy bien.

En segundo lugar, si las lecturas incluyen ayudas para el aprendizaje, como esquemas de capítulos, vistas previas y resúmenes de capítulos, términos en negrita o en cursiva, o preguntas tipo test de práctica, **no intentes utilizar estas ayudas para el aprendizaje como reemplazo de la lectura del texto.** Lo divertido de estas características es que hay muy buenas evidencias de investigación de que funcionan. Empresas editoriales pagaron para realizar investigaciones de calidad; los investigadores hicieron que las personas leyeran capítulos de libros de texto (con o sin las ayudas para el aprendizaje) y descubrieron que las personas que recurrían a las ayudas para el aprendizaje entendían mejor y recordaban más cosas que las que hacían caso omiso.

Pero los psicólogos Regan Gurung y David Daniel señalaron que los estudiantes «en la naturaleza» no necesariamente utilizarán dichos materiales de la misma manera que los estudiantes los utilizaron en el laboratorio. Gurung y Daniel sugirieron que algunos estudiantes utilizan ayudas de aprendizaje no para complementar la lectura, sino para evitarla. Leen el resumen, miran los términos en negrita y luego intentan responder las preguntas tipo test de práctica para ver si han comprendido lo suficiente como para saltarse la lectura.

Ahora, todo el mundo tiene momentos en los que su agenda se retrasa o sucede algo inesperado. Puedo entender hacer una lectura por encima de un texto cuando tu planificación te falla. Pero como he indicado al comienzo de este capítulo, *planear* leer por encima siempre me parece una tontería. He visto libros de habilidades de estudio en los que el autor anima al lector a adoptar esta estrategia para lecturas «secundarias». Adivinar qué lecturas serán las importantes es como tratar de adivinar el mercado de valores; no es muy probable que valga la pena.

Te sugiero que dediques un tiempo «significativo» a la lectura. ¿Qué significa esto en términos prácticos? En la universidad, a menudo oirás «tres horas de preparación por cada hora de clase». Una carga típica de cursos universitarios requiere 12,5 horas de clase por semana, por lo que la regla general significa alrededor de otras 37 horas de preparación fuera de clase (lo que da unas 5,5 horas por día), lo que suma un total de aproximadamente 50 horas de trabajo por semana. Mucho, pero nada escandaloso. Dicho esto, las personas varían en la rapidez con la que leen y, obviamente, algunas lecturas tardan más en completarse que otras.

Aunque es difícil precisar una cifra aproximada de cuánto tiempo necesitarás, debes reconocer que la lectura es la forma principal con la que aprenderás en la universidad y después de ella. Vale la pena leer con atención, tanto para aprender ahora como para desarrollar el conocimiento, las habilidades y los hábitos que te convertirán en un lector exitoso en el futuro.

En una frase: Del mismo modo que te he dicho que escuchar una clase supone un trabajo duro, te digo lo mismo de leer; asegúrate de reservar suficiente tiempo para darle la atención y el esfuerzo mental que requiere.

Para los profesores

Los profesores pueden ayudar a los estudiantes a aprender a absorber más de su lectura. Las técnicas que utilices pueden seguir las que he esbozado para los estudiantes.

En primer lugar, incluso los lectores medios no ven la necesidad de mejorar. Así que podrías considerar una demostración como la del comienzo del capítulo que utilizaba el pasaje del Proyecto Manhattan. Recorta seis párrafos de materiales que no hayas asignado pero que coincidan con el tema de la clase. En dos de los seis párrafos, reescribe una oración para que contradiga una afirmación anterior. Para cada párrafo, los estudiantes deben proporcionar calificaciones separadas sobre cuán bien escrito y cuán fácil de comprender lo han encontrado. Recopila sus respuestas y observa si han detectado las contradicciones.

En segundo lugar, los estudiantes se beneficiarán de tu ejemplaridad en la estrategia de lectura. Dedica algo de tiempo de clase a demostrar cómo lo implementarías con una de las lecturas asignadas. Aún mejor, extiende este ejercicio a varias lecturas en las que inicialmente ofrezcas instrucciones muy explícitas sobre la implementación de la estrategia y luego vas retirando este apoyo a la vez que proporcionas *feedback* sobre los intentos de tus alumnos.

Incluso en el caso de que tus alumnos sean lectores expertos, debes decirles el objetivo de cada lectura que asignes. ¿Qué esperas que aprendan de ella? ¿Cómo se relaciona con otras lecturas o con otros temas de clase?

Una vez que tus estudiantes comprendan lo que se necesita para leer un texto profundamente, asegúrate de que las demás normas en tu clase se alineen con la expectativa de que harán ese trabajo. Si exiges una lectura en profundidad, debes respetar el hecho de que implica mucho tiempo. Es justo intercambiar amplitud por profundidad, así que asigna menos páginas.

El mensaje de que esperas una lectura en profundidad también debe ser reforzado por tus expectativas en clase y en las evaluaciones. Si dices que quieres que tus estudiantes lean en profundidad, pero los debates en el aula rozan la superficialidad, los estudiantes percibirán rápidamente lo que esperas *en realidad*. Según mi experiencia, a los estudiantes les encantan los debates en clase que profundizan: están tan acostumbrados a las clases que sólo requieren que absorban información que les emociona sentir que entienden algo con mayor profundidad. Es cierto que están un poco menos entusiasmados con las evaluaciones que prueban una comprensión profunda, pero ésa es otra forma en que los profesores comunican la importancia de ir más allá de recopilar datos en la memoria: ponen exámenes que requieren análisis.

Resumen para los profesores

- Independientemente de cuánta experiencia tengan tus estudiantes, no asumas que saben cómo comprender textos difíciles; es posible que necesites enseñarles estrategias de lectura.
- Si tus alumnos confían demasiado en su capacidad, plantéate llevar a cabo una demostración en el aula para mostrarles que entienden menos de lo que creen.

- Enseña a los estudiantes las estrategias descritas en este capítulo, pero supón que te necesitarán como modelo para el proceso.
- Sé explícito acerca de por qué asignas cada lectura y qué deben conseguir de ella.
- Si quieres que lean profundamente, asegúrate de que el resto del curso siga con esta expectativa. Por ejemplo, la cantidad de páginas asignadas debe ser razonable y las evaluaciones deben buscar una lectura profunda, no trivialidades.

CAPÍTULO 6

CÓMO ESTUDIAR PARA LOS EXÁMENES

E ste capítulo parece ser el primero del libro que trata realmente sobre el *aprendizaje*, es decir, sobre memorizar cosas. Pero, aunque te haya parecido que hasta ahora hemos hablado de *preparación* para el aprendizaje más que del aprendizaje en sí, ya te has encontrado con dos poderosos principios de la memoria: **la memoria es el residuo del pensamiento** y **la organización ayuda a la memoria.**

Estas ideas vuelven a aparecer en este capítulo, pero haremos un uso intensivo de un tercer principio: **probar la memoria mejora la memoria.** Si pretendes consolidar algo en tu memoria a largo plazo, en realidad es mejor ponerte a prueba que estudiar. Consideremos un experimento típico que ilustra el fenómeno.

Los experimentadores dan a un grupo de estudiantes un capítulo de un libro de texto para que lo lean y lo estudien durante una hora. Los sujetos regresan dos días después, les vuelven a dar el mismo capítulo, y otra vez lo tienen que leer y estudiar. Dos días después, regresan al laboratorio y hacen un examen sobre el contenido.

Para un segundo grupo de estudiantes, la primera y la tercera sesión son idénticas, pero durante la segunda sesión hacen una prueba sobre el contenido en lugar de estudiar. La prueba utiliza preguntas diferentes a las del examen final, pero cubre los mismos conceptos.

A los estudiantes que hacen el examen durante la segunda sesión les va mejor el examen final que a los que estudian durante la segunda sesión, y sacan entre un 10 y un 15 % mejor nota.

Esto se conoce como **práctica de la evocación** *(retrieval practice).* «Evocación» es un término que utilizan los investigadores para referirse al proceso de extraer algo de la memoria, y el beneficio del aprendizaje proviene, obviamente, de la práctica en evocar algo. La práctica de la evocación funciona para todas las edades y todos los sujetos, pero hay dos limitaciones que debes conocer.

En primer lugar, **el *feeback* importa.** Si haces una prueba con el fin de aprender, debes comprobar de inmediato si has respondido correctamente o no cada sección. Si no recuerdas la respuesta o respondes de manera incorrecta, debes conseguir grabar de inmediato la respuesta correcta en tu memoria. En segundo lugar, **la práctica de la evocación funciona sólo para lo que se prueba.** En otras palabras, si lees un artículo sobre Pedro el Grande que contiene, pongamos, treinta datos sobre él y luego haces una prueba sobre diez de esos datos, tu memoria ha mejorado para esos diez datos, pero no para los otros veinte.

La práctica de la evocación también es un buen ejemplo de un método de estudio efectivo que se percibe como si no estuviera funcionando. En la introducción, he ofrecido una analogía con el ejercicio: si quieres poder hacer muchas flexiones, obviamente hacerlo ayuda, pero es mejor hacer flexiones realmente difíciles, como aquellas en las que te impulsas lejos del suelo y das una palmada mientras estás en el aire. Naturalmente, no podrás hacer tantas de estas flexiones; sin embargo, debes tener en cuenta que es la mejor práctica a largo plazo aunque resulten difíciles y veas que no estás teniendo mucho éxito. Tu cerebro te dirá que elijas ejercicios que te parezcan más fáciles y que puedas hacer más fácilmente. Éste es el reto de recurrir a la práctica de la evocación para memorizar cosas: es difícil y fallas mucho, pero es el ejercicio adecuado para que realmente retengas las cosas.

• CUANDO MEMORIZAS COSAS •

Qué hará tu cerebro: Buscará técnicas de memorización que se perciban fáciles y que parezcan conducir al éxito.

Cómo ser más listo que tu cerebro: Utiliza técnicas que permitan una memorización a largo plazo –organización, pensamiento sobre el significado y práctica de la evocación–, aunque se perciban como difíciles y parezcan menos productivas a corto plazo.

En este capítulo veremos tareas específicas que puedes prepararte para ti mismo que rebasen en los tres principios de aprendizaje que he descrito. Comenzaremos analizando las estrategias de estudio frecuentemente utilizadas que resultan ineficaces.

Consejo 30

Evita estas estrategias frecuentemente utilizadas

Echa un vistazo a esta lista de estrategias de memorización. ¿Cuántas de ellas utilizas?

- Repetir la información para ti mismo.
- Leer tus apuntes.
- Releer el libro de texto.
- Copiar tus apuntes.
- Subrayar tus apuntes.
- Crear ejemplos de conceptos.
- Resumir.
- Utilizar tarjetas de aprendizaje o *flash cards.*
- Hacer esquemas.
- Hacer un examen de práctica.

Las encuestas a estudiantes universitarios muestran que éstas son las estrategias de estudio más utilizadas. Podemos evaluarlas a la luz de los tres poderosos principios de la memoria que hemos analizado:

1. La memoria es el residuo del pensamiento, así que pensar en el significado ayudará.
2. La organización ayuda a la memoria.
3. La práctica de la evocación consolida la información en la memoria.

Algunas de las estrategias de la lista (resumir, hacer esquemas, crear ejemplos de conceptos) se ven bastante bien en términos de hacer que pienses en el significado. Otras (por ejemplo, leer tus apuntes, releer el libro de texto y subrayar tus apuntes) no garantizan que pensarás en el significado. Cuando se trata de organización, resumir y hacer esquemas parecen prometedores, pero la mayoría de las demás, no. ¿Qué hay de la práctica de la evocación? Utilizar *flash cards* claramente le saca jugo a este principio. Hacer un examen de práctica está en la lista, pero resulta que las personas no utilizan los exámenes de práctica como una forma de estudiar, sino como una forma de descubrir si pueden dejar de estudiar. (Y no usan los exámenes de práctica de la manera correcta para este propósito, como veremos en el capítulo 7).

Entonces, algunas de estas estrategias son buenas, pero por desgracia **las estrategias menos útiles –repasar tus apuntes y releer el libro de texto– son las más utilizadas.**

Ahora, no hay nada que decir sobre que no *puedas* leer tus apuntes con profunda concentración, pensando en el contenido y estableciendo relaciones a medida que avanzas. Pero es difícil hacerlo. De hecho, los experimentos muestran que la relectura tiende a no ayudar mucho a la memoria. Los psicólogos Aimee Callender y Mark McDaniel pidieron a estudiantes universitarios que leyeran secciones de dos mil palabras de capítulos de libros de texto o artículos de la revista *Scientific American*. Les dijeron a los estudiantes que después evaluarían su comprensión y su memoria con un cuestionario o escribiendo un resumen. Algunos estudiantes leyeron el texto una vez y otras lo leyeron dos veces. En su mayor parte, la relectura no ayudó. Pero releer es –lo has adivinado– fácil. Así pues, puedes entender por qué los estudiantes se inclinan por esta estrategia.

En una frase: Las estrategias más frecuentemente utilizadas son ineficaces para la memorización.

Ten en cuenta que prepararte para estudiar *es* estudiar

Te he instado a que no utilices algunas estrategias de estudio porque no son una buena utilización de tu tiempo, porque no se alinean con los principios de la memoria que hemos comentado. La mejor manera de memorizar información es pensar en lo que significa y establecer relaciones basadas en el significado entre todos los fragmentos de lo que debes aprender. Por lo tanto, podrías suponer que al enumerar las estrategias de estudio que *debes* utilizar, voy a decir que debes marcarte tareas como hacer esquemas y resumir. Pero no voy a decirlo, porque **cuando intentes memorizar las cosas, *ya* deberías haber pensado en el significado y organizado el material.**

Éste es el tipo de pensamiento que te he sugerido que hicieras en los capítulos 1 al 5. He presentado los consejos en estos capítulos para ayudarte a comprender el contenido nuevo, y seguramente te ayudarán. Para entender las ideas, tienes que entender cómo están organizadas. Y para entender cómo se organiza el contenido, tienes que pensar en qué significa.

Pero déjame recordarte otro principio de la memoria, éste de la introducción: **si *quieres* aprender o no, es irrelevante.** Todo lo que le importa a la memoria es el trabajo mental que haces, no si esperas aprender de ese trabajo mental. Si sigues los consejos de los capítulos 1 al 5, no importa si lo haces con la intención de aprender; seguirán dando pie al tipo de actividad mental que es excelente para aprender, así que aprenderás.

Por lo general, los estudiantes de mis clases que tienen dificultades no hacen las cosas descritas en los capítulos 1 al 5. Tampoco le ven sentido a hacer todas estas cosas. No entienden que estas actividades no son simplemente *preliminares* al verdadero trabajo de memorizar, sino que son parte de este trabajo.

Mis alumnos a los que no les va muy bien piensan que «seguir el ritmo» de un curso significa asistir a clase y completar las lecturas a tiempo. No es hasta que se preparan para un examen que realmente reflexionan sobre todo lo que significa todo el contenido, intentan organizarlo y tratan de llenar los vacíos en su comprensión. Eso es peligrosamente tarde para emprender ese trabajo. Peor aún, a esas alturas algunos de mis alumnos con dificultades ni siquiera se esfuerzan por comprender y se limitan a comenzar a tratar de memorizar.

Las actividades mentales que te ayudan a comprender también son actividades de estudio, por lo que, cuando llegue el momento de un examen, es probable que la información que necesitas aprender ya la tengas memorizada. Seguirás necesitando estudiar, pero ya tendrás una ventaja de partida. Y el hecho de que tengas *algo* memorizado significa que puedes sacarle jugo a uno de los métodos de estudio más poderosos: la práctica de la evocación.

En una frase: Los consejos de los capítulos 1 al 5 están pensados para ayudarte a comprender concienzudamente lo que esperas aprender, pero, al hacerlo, también te brindan un excelente comienzo para memorizar y no deben considerarse opcionales.

Consejo 32

Prepara una guía de estudio

Te recomiendo que escribas una guía de estudio en formato de preguntas y respuestas para que puedas sacar provecho de la práctica de la evocación. Dicho en términos más familiares, será una enorme baraja de *flash cards*. Enorme, porque el propósito no es sólo brindarte una forma efectiva de estudiar, sino también garantizar que todo lo que necesitas saber esté recopilado en un único lugar. Si eres sistemático en la elaboración de la guía de estudio, no te sorprenderá ninguna pregunta del examen. Hay tres pasos para crear y utilizar este tipo de guía de estudio.

Paso 1: Prepárate. Asegúrate de tener clara la naturaleza del examen. Pregúntate:

- ¿Qué temas cubrirá? ¿Qué lecturas?
- ¿El profesor te ha proporcionado alguna información sobre el porcentaje de preguntas provenientes de la clase y de la lectura?
- ¿Qué formato de preguntas tendrá? (Por ejemplo, preguntas cortas, de tipo test, de desarrollo).
- ¿Cuántas preguntas habrá? ¿Te parece que el tiempo te supondrá un problema?
- ¿Tendrás acceso a alguna información durante el examen? (Por ejemplo, fórmulas o constantes durante los exámenes de ciencias).
- ¿Se permiten ayudas? ¿Una calculadora? ¿Una hoja de papel en blanco para escribir? ¿Podrás pedirle a alguien que te aclare dudas durante el examen?

Si hay exámenes anteriores disponibles, revisa las preguntas. A menos de que estés seguro de que el examen es el mismo todos los años, no te preocupes demasiado por el contenido. Presta atención a los **tipos de preguntas** planteadas. ¿Son preguntas directas de definiciones o exigen que apliques lo que has aprendido en nuevos contextos? ¿Ponen a prueba tu comprensión de temas amplios o tu capacidad para memorizar hasta el último detalle aparentemente insignificante? ¿Están redactadas de manera sencilla o parecen innecesariamente complicadas? Cada examen tiene un abanico de diferentes tipos de preguntas, pero un análisis de exámenes anteriores puede darte una idea de lo que es típico y lo que se considera justo.

Toda esta preparación debe hacerse **con tu grupo de estudio.** De esta manera, estarás seguro de que no estás confundido con respecto a la información que proporcionó el profesor (como por ejemplo qué cubrirá el examen) y tendrás diversas opiniones sobre las cosas subjetivas (como por ejemplo cómo son los exámenes de otros años).

Paso 2: Escribe la guía de estudio. Si lo deseas, puedes utilizar fichas (el medio tradicional de las *flash cards*) o un bloc de papel, con las preguntas en el lado izquierdo de la página y las respuestas en el lado derecho. O bien utiliza una plataforma digital diseñada específicamente para escribir *flash cards*. Los estudios han comparado *flash cards* digitales y de papel, y no una hay evidencia definitiva que favorezca a las unas o a las otras.

Repasa la versión revisada de tus apuntes de clase y tus apuntes sobre la lectura, y escribe preguntas sobre todo el contenido. **Planea aprenderlo todo gracias a la baraja de *flash cards*, pero nada más.** Así de completo es como quieres que sea este recurso.

Tu enfoque sobre los *niveles de organización* en clases y lecturas volverá a dar sus frutos a medida que vayas escribiendo tus preguntas. **Plantea preguntas en múltiples niveles de organización** y entre niveles: el nivel más bajo de la jerarquía («¿Cuándo se libró la Batalla de Saratoga?»), el nivel medio («¿Cuál fue el papel de la Batalla de Saratoga en el apoyo de Francia a las colonias en la Guerra de la Independencia?»), y el nivel más alto («¿Por qué Francia apoyó la independencia de las colonias?»). La proporción de preguntas en cada nivel debe variar en función del tipo de examen: nivel más bajo para preguntas con varias opciones de respuesta y nivel más alto para preguntas de desarrollo.

¿Puedes escribir una idea de nivel alto en una *flash card*? Claro que sí. Aunque la pregunta exacta no aparezca en el examen, al menos estás reflexionando sobre un tema general del contenido. Obviamente, no vas a escribir un ensayo en el reverso de tu *flash card*, sólo hace falta que escribas un resumen esquemático de cuál sería tu respuesta. Por otro lado, aunque estés preparando un examen de preguntas de desarrollo, debes tener algunas preguntas de nivel bajo sobre definiciones, fechas y cosas similares; querrás incluirlas en tus ensayos y resulta más fácil memorizar tales datos anecdóticos si dedicas una pregunta por separado a cada uno de ellos.

Es una buena idea **plantear preguntas en ambas direcciones,** es decir, tener una pregunta que pida la definición de un término (por ejemplo, «¿Qué es el coste de oportunidad?») y otra que pida el término dada la definición («¿Cómo se llama cuando elegir algo significa que pierdes una ganancia potencial de las otras alternativas a las que has renunciado porque no las has elegido?»). Uno pensaría que memorizar una pregunta en una dirección significaría que automáticamente sabe la respuesta cuando la pregunta se plantea en el otro sentido, pero la memoria no siempre funciona de esa manera. Si te pregunto: «¿Qué palabra te viene primero a la mente si digo *pimienta*?», es posible que respondas: «sal», pero también son comunes otras respuestas como «picante» o «chile». Pero si te pregunto: «¿Qué te viene a la mente si digo *sal*?», es muy probable que respondas: «pimienta». Si estudias sólo en una dirección y la pregunta se hace en la otra dirección, *es cuando* fallas la pregunta y piensas: «¿Cómo es eso posible? ¡Si lo *sabía*!».

En las asignaturas técnicas, genera ejemplos de los tipos de problemas que se espera que sepas resolver. También debes tener algunas preguntas de explicación, como, por ejemplo, «¿Por qué es importante la energía potencial y no la energía cinética en este problema?». Tal vez quieras añadir algunas preguntas que amplíen lo que has aprendido, como por ejemplo aplicar conceptos a condiciones nuevas o del mundo real. (Tu revisión de exámenes anteriores puede ayudarte a descubrir la utilidad de incluir tales preguntas en tu guía de estudio).

Si el examen incluirá sólo preguntas de respuesta corta o de opción múltiple, debes concentrarte bastante en memorizar datos. Aun así, tu guía de estudio también debe incluir preguntas que te ayuden a **conectar con sentido de los datos** entre sí, no sólo porque es posible que se te evalúe sobre ello, sino también porque pensar en las relaciones hará que todo tenga más sentido, y el contenido con más sentido es más fácil de recordar.

Paso 3: Encomienda las respuestas a la memoria. ¿Cuánto tiempo llevará memorizar todo lo que hay en tu guía de estudio? Evidentemente, dependerá de la cantidad de información que contenga, y para cada persona memorizar tiene un grado de dificultad diferente. Escribir una guía de estudio es mucho mejor que no escribirla, y terminarla dos días antes del examen es mejor que terminarla el día anterior. Una vez hecha, puedes continuar a partir de aquí y todos los días antes del examen, dedicar un rato a repasar. Entonces, el principal problema es el de la *planificación*, un tema tan importante que le dedico todo el capítulo 10.

Pronto hablaremos sobre los aspectos prácticos de llenar el cerebro con datos, pero primero quiero advertirte contra un atajo tentador.

En una frase: Haz tu guía de estudio lo más completa posible para que no te encuentres con sorpresas en el examen.

CONSEJO 33

Evita el material encontrado

Revisar todos tus apuntes de las clases y lecturas y preparar preguntas para todo ese contenido parece mucho trabajo. Y lo es. Los vendedores en línea venden resúmenes y mazos de *flash cards* para capítulos de libros de texto y asignaturas universitarias específicas, y simplemente también puede conseguir todas estas cosas de un amigo que ya ha pasado el curso. Puedes comprar exámenes de práctica y otros materiales preparatorios para exámenes estandarizados, como los exámenes de selectividad. En conjunto, yo los llamo «materiales encontrados»: contenido que se te ofrece como relevante, pero que no ha sido confeccionado por ti ni por quien ha escrito el examen. Te recomiendo encarecidamente que te mantengas alejado de todos estos materiales encontrados.

Por un lado, **los materiales encontrados a menudo no son muy buenos;** contienen errores y omisiones. Incluso los materiales que provienen de las editoriales de libros de texto deben considerarse con cautela. Rara vez están escritos por el autor del libro de texto y es posible que el profesor no haya pensado mucho en los materiales complementarios cuando eligió el libro de texto; si estás pensando en utilizarlos, pregúntale al profesor si te serán útiles. Y si los materiales encontrados han sido escritos por un profesional o un compañero de estudios, es posible que ya no sean aplicables. Constantemente estoy actualizando mis clases y, por este motivo, una serie de preguntas que fue perfecta el curso pasado no será adecuada para este curso.

Y lo más importante: recuerda que **escribir una guía de estudio es una excelente manera de memorizar el contenido.** Por eso te he dicho que no repartieras el trabajo de crear la guía de estudio entre las personas de tu grupo de estudio. Y es por eso por lo que no quiero que utilices una creada por un desconocido.

Lo siguiente: ¿Cómo puedes memorizar el contenido de tu guía?

En una frase: No utilices materiales de estudio creados por otra persona; a menudo son inexactos o incompletos, y crear el tuyo propio es una excelente manera de estudiar.

CONSEJO 34

Plantea y responde preguntas con sentido para retener los recuerdos

De acuerdo, tienes tu grueso, tal vez incluso algo amedrentador, mazo de *flash cards*. ¿Cuál es la mejor manera de aprender las respuestas de todas las preguntas que has planteado?

Antes de hablarte de estrategias, déjame abortar un pensamiento destructivo que tal vez tengas. No te digas a ti mismo (o me digas a mí): «Tengo una memoria terrible». Casi todo el mundo considera que tiene mala memoria, porque nos damos cuenta cuando la memoria nos falla. A menos que un médico te haya diagnosticado un problema de memoria, tu memoria está bien. Sí, sé que tienes un amigo que parece recordarlo todo sin esfuerzo…, todo el mundo tiene un amigo así. No compares tu memoria con la memoria de ese amigo. La tuya es lo suficientemente buena; sólo es cuestión de ponerla a trabajar.

Es mucho más fácil recordar contenido con sentido que contenido sin sentido. Las tramas de las películas se recuerdan muy fácilmente porque cada escena está conectada con otras escenas: pensar en Buzz Lightyear cayéndose por la ventana te recuerda que Buzz y Woody terminan tirados en la carretera, lo que te recuerda que se suben a una camioneta de Pizza Planet, etcétera. En cambio, una lista aleatoria de dígitos es difícil de recordar porque los números no están conectados entre sí.

Para sacar el máximo rendimiento a esta propiedad de la memoria, haz que la respuesta a cada pregunta tenga sentido, aunque la pregunta en sí misma no sea una pregunta «con mucho sentido». Por ejemplo, una pregunta de tu guía de estudio puede ser: «¿Cuáles fueron los años de la Era de los Buenos Sentimientos en Estados Unidos?». Si tienes problemas para recordar la respuesta (1817-1825), **conviértela en una pregunta basada en el significado preguntando: «¿Por qué?» o «¿Cómo?».** ¿Por qué tiene sentido que la Era de los Buenos Sentimientos tuviera lugar en ese momento? El año 1817 fue poco después del final de la guerra de 1812[1] y había un fuerte sentimiento de nacionalismo porque los estadounidenses pensaban que habían ganado la guerra. Además, esos años coincidieron con la presidencia de James Monroe, quien puso énfasis sobre la unidad al nombrar a personas de todo el espectro político para los puestos gubernamentales.

Preguntar «¿Por qué?» o «¿Cómo?» puede convertir lo que parece ser un enlace arbitrario entre una pregunta y una respuesta en un enlace con sentido *y* relacionará lo que estás tratando de aprender con otra información que estás tratando de dominar. Si tienes problemas para encontrar un buen enlace «por qué» o «cómo», vuelve a tus apuntes. Si aun así no puedes encontrar uno, consulta con tu grupo de estudio.

Hay otra técnica que ha demostrado ser efectiva para retener los recuerdos: hacer un dibujo. No está claro por qué funciona, pero probablemente se deba al procesamiento mental adicional que se requiere para dibujar algo. Si simplemente te digo: «Trata de recordar la palabra *popurrí*», hay algunas cosas en las que podrías pensar para ayudarte a recordarla. Puedes pensar en lugares en los que has visto popurrí –tal vez en un escaparate en una tienda por Navidad– o pue-

---

1. El 24 de diciembre de 1814 se firmó el Tratado de Gante, que ponía fin a la guerra entre Estados Unidos y el Imperio Británico, y retornaba las fronteras al statuquo previo al conflicto. *(N. del T.)*

des pensar en el hecho de que «popurrí» es una palabra con un sonido inusualmente sonora, con las *p* explosivas al principio y la *i* acentuada al final. Pero para dibujarla, debes pensar más cosas. Debes decidir qué ingredientes entrarán en tu popurrí y si está en un tazón o en una cesta, y esas elecciones probablemente te harán pensar en qué tipo de habitación se encuentra. Todos esos detalles te ayudarán a recordar la palabra más adelante.

No recomiendo que hagas esto para todo lo que se supone que debes recordar, porque lleva demasiado tiempo. Pero **intenta hacer un dibujo para el material que sencillamente no retienes.**

En una frase: El material sin sentido es difícil de recordar, por lo que probablemente valdrá la pena dedicar un poco más de tiempo para hacer que tenga sentido.

CONSEJO 35

Utiliza reglas mnemónicas sólo para contenido sin sentido

De vez en cuando debes memorizar algo realmente sin sentido o muy cercano a ello: los nombres de los doce nervios craneales, por ejemplo, o los ríos en Asia. En undécimo curso me pidieron que me aprendiera los nombres de los presidentes de Estados Unidos en el orden en el que habían servido. (Sigo sorprendiéndome de cuán a menudo esta información viene bien).

Las reglas mnemotécnicas son trucos de memoria que te ayudan a recordar listas de datos. Una técnica mnemotécnica requiere que memorices algo simple, donde la cosa sencilla proporciona pistas sobre el contenido a recordar. Por ejemplo, para recordar los cinco Grandes Lagos, memoriza la clave «HOMES», que te da la primera letra de cada uno de los Grandes Lagos: Huron, Ontario, Michigan, Erie y Superior. En otros casos, en lugar de una palabra, memorizas una oración y la primera letra de cada palabra es una pista. Muchos estudiantes utilizan la oración «Mi Vieja Tía María Jamás Supo Utilizar Números» para recordar los planetas del Sistema Solar: Mercurio, Venus, Tierra, Mercurio, Júpiter, Saturno, Urano y Neptuno.

Otra técnica mnemotécnica te hace encontrar formas de asociar los datos que necesitas recordar con alguna imagen visual. Por ejemplo, en inglés «guantes» es *gloves*, que recuerda a «globos»; si no recuerdas la palabra, puedes imaginarte a un niño con globos en las manos. Otra técnica que se basa en imágenes es un paseo mental. En primer lugar, debes pensar en un paseo mental que podrías realizar –por ejemplo, desde tu casa hasta la casa de un amigo– e identificar y memorizar puntos destacables a lo largo del recorrido. El primer lugar destacable durante mi paseo podría ser mi porche delantero, de un hormigón conglomerado que no me gusta nada. Mi segundo lugar sería el muro de piedra que se encuentra a la mitad del acceso de entrada en coche contra el que los visitantes suelen chocar con sus vehículos. Una vez que hayas memorizado tu paseo mental, puedes aprender una nueva lista arbitraria de objetos asociando los elementos de la lista con los puntos destacables de tu paseo. Por ejemplo, si me pides que compre pan, mantequilla de cacahuete, harina y vitaminas en la tienda, podría memorizar la lista utilizando mi paseo. Podría asociar el pan con el primer lugar destacable en mi paseo (tal vez colocando mentalmente rebanadas de pan para cubrir el antiestético conglomerado de mi porche), luego podría asociar la mantequilla de cacahuete con el segundo lugar destacable (tal vez imaginando mantequilla de cacahuete en lugar del mortero con el que solía reparar mi pared de piedra destrozada), y así sucesivamente. Más tarde, cuando necesito recordar la lista, sigo mi paseo mental: veo mi porche delantero y recuerdo: «Bien, he cubierto el porche con rebanadas de pan. El pan era el primer elemento de la lista».

Los participantes en los concursos de memoria suelen utilizar métodos mnemotécnicos porque se les pide que memoricen cosas que no tienen un significado intrínseco, como nombres que van con fotografías de caras o el orden de una baraja de cartas recién barajadas. Los concursos de memoria utilizan dichos materiales precisamente porque carecen de significado para todos los concursantes, lo que los convierte en un desafío igual para todos. El significado es útil para memorizar, y lo que algo significa para ti depende de lo que ya sepas sobre el tema. Por ejemplo, sería injusto hacer un concurso de memoria en el que se pidiera a los competidores que memorizaran un pasaje de la novela *Suave es la noche*, de F. Scott Fitzgerald, porque algunos de los concursantes podrían haber leído el libro antes.

Hay muchos libros sobre el aprendizaje escritos por campeones de la memoria, y la mayoría de ellos destacan la utilización de reglas mnemotécnicas, pero en realidad las reglas mnemotécnicas deberían ser tu último recurso. Es **una técnica que sólo debe utilizarse cuando no puedes hacer que la información tenga cierto sentido,** y esto debería pasar rara vez.

En una frase: Las reglas mnemotécnicas te ayudan a memorizar material sin sentido, pero deberían ser un último recurso porque es mejor hacer que el contenido tenga sentido.

Consejo 36

Cómo utilizar tu guía de estudio

Muy bien, has escrito tu guía de estudio, una lista completa de preguntas y respuestas. ¿Y ahora qué?

Necesitas memorizar las respuestas. Eso es bastante sencillo: formúlate una pregunta y ve si puedes dar la respuesta sin mirar. Pero hay algunas afinaciones que puedes aplicar a este sencillo método para hacerlo más efectivo.

En primer lugar, **cubre las respuestas desde el principio.** En otras palabras, no comiences simplemente leyendo las preguntas y las respuestas, sino intentando responder las preguntas. La investigación ha demostrado que tratar de responder preguntas incluso antes de saber las respuestas añade un pequeño estímulo al aprendizaje.

En segundo lugar, es una buena idea **dar la respuesta en voz alta.** Otra vez, hay evidencias científicas de que hacerlo así mejora el aprendizaje. Si estás en un lugar donde hablar en voz alta podría incomodarte, susurra o habla en voz baja. El motivo por el cual esto ayuda no está del todo claro: no es sólo la parte «en voz alta», porque las personas recuerdan mejor las listas de palabras si las recitan ellas mismas que si se limitan a escuchar a otra persona recitarlas. La fuente del beneficio podría ser que hablar en voz alta te obliga a hacer que tus pensamientos sean más completos.

En tercer lugar, si la pregunta tiene una respuesta bastante larga (es decir, es una que has escrito para prepararte para redactarla), puedes **imaginar que lo estás explicando a otra persona.** Es bien sabido que enseñar a otras personas es una maravillosa manera de aprender algo, y éste es un caso en el que las investigaciones científicas están absolutamente de acuerdo con el saber popular. Recuerda, cuando te autoevalúes así, es posible que no puedas componer respuestas completamente formadas en voz alta. Más bien las pensarás en forma de esquema: «Primero debería hablar sobre esto, lo que me conduce a *esta* cuestión, y entonces hablaré sobre *eso*».

En cuarto lugar, incluso aunque estés bastante seguro de haber respondido correctamente, **comprueba la respuesta que has escrito para tu guía de estudio.** El *feedback* correctivo inmediato ayuda a construir la memoria correcta si, por casualidad, tu respuesta es incorrecta. Si sigues dando la misma respuesta incorrecta a una pregunta, puede ser interesante explorar por qué sigues cometiendo ese error. Piensa por qué esa respuesta parece correcta y luego explícate (en voz alta) por qué la respuesta correcta es mejor.

Finalmente, **plantéate preguntas al azar.** Tus *flash cards* estarán agrupadas por temas, porque has escrito al mismo tiempo todas las preguntas para un tema o una lectura asignada. Pero es muy probable que las preguntas del examen no estén agrupadas por temas, y es mejor estudiarlas de la misma manera que harás el examen. Además, si cada vez te autoevalúas siguiendo el mismo orden de preguntas, existe el peligro de que tu memoria para las respuestas quede ligada al orden de las preguntas; en otras palabras, la respuesta a la pregunta 34 refresca tu memoria para la respuesta a la pregunta 35, pero si alguien te formula la pregunta 35 después de la 16, no sabrás dar la respuesta.

Aleatorizar el orden de las preguntas es fácil en una plataforma digital o si has utilizado tarjetas que se pueden barajar. Si has escrito tu guía de estudio en una libreta, todavía puedes alterar el orden de las preguntas, pero no es ideal porque es difícil hacer un seguimiento de las preguntas que has hecho. De todos modos, para mí esta consideración no es lo suficientemente importante como para establecer que *debes* redactar tu guía de estudio digitalmente o en *flash cards*.

En una frase: Examinarte a ti mismo con tu guía de estudio es sencillo, pero puedes aprovechar algo mejor el tiempo utilizando algunas técnicas que aseguran que no revises rápidamente el contenido, sino que realmente pienses en él.

Consejo 37

No te preocupes por tu estilo

Es posible que te hayas preguntado por qué no he dicho cómo debes variar el estudio según tu estilo de aprendizaje. Después de todo, si todo el mundo aprende de manera diferente, ¿cómo puedo recomendar las mismas estrategias para todo el mundo?

Los científicos han llevado a cabo muchos experimentos sobre este tema, y **las evidencias no apoyan las teorías de los estilos de aprendizaje.**

Probar una de estas teorías es sencillo. Consideremos la teoría de estilos de aprendizaje más común, que afirma que las personas aprenden mejor de forma visual, auditiva o cinestésica (es decir, a través del movimiento). Un experimento tendría tres fases:

- **Fase 1.** Clasificar a las personas como aprendices visuales, auditivos o cinestésicos.

- **Fase 2.** Brindar a las personas una experiencia según uno de los tres estilos. Por ejemplo, algunas personas ven una sucesión de dibujos que cuentan una historia, otras escuchan una versión de la historia y otras (con algunas instrucciones mínimas) representan la historia. La parte crucial es que, para algunas de las personas, su experiencia de la historia coincide con su estilo, mientras que, para otras, no.
- **Fase 3.** Poner a prueba la comprensión de la historia por parte de las personas, o tal vez esperar un poco y poner a prueba su memoria de la historia. Predecimos que cuando la historia coincida con el estilo de la persona, aprenderá mejor.

Eso es lo que prediciríamos, pero los datos no lo apoyan. El supuesto estilo de aprendizaje de las personas no afecta a su aprendizaje. Hay al menos cincuenta teorías de estilos de aprendizaje diferentes, no sólo visual frente a auditivo o frente a cinestésico, sino también lineal frente a holístico, visual frente a verbal, y muchos otros más. No hay ninguna evidencia de que atener los estilos de aprendizaje de las personas les ayude a aprender.

A pesar de la falta de evidencias, el mito de los estilos de aprendizaje es resiliente y alrededor del 90 % de los estadounidenses considera que esta teoría está respaldada por evidencias científicas. He escrito sobre esto en varios lugares, por lo que puedes buscar en Google mi nombre y «estilos de aprendizaje» (o «*learning styles*») si deseas conseguir más información.

En una frase: No hay evidencias científicas para ninguna teoría de estilos de aprendizaje, así que no te preocupe por personalizar tu aprendizaje a tu «estilo».

Después de que te hayas preparado por tu cuenta, reúnete con tu grupo de estudio

Aunque a menudo se incentiva a los estudiantes a estudiar juntos, las investigaciones indican que memorizar cosas no funciona mejor en grupo. Creo que lo más fácil para los miembros del grupo es que **os reunáis para discutir lo que es más probable que entre en el examen, entonces creéis y memoricéis guías de estudio por vuestra cuenta y finalmente os volváis a reunir antes del examen,** tal vez unas cuarenta y ocho horas antes.

¿Por qué reunirse si ya has escrito tu guía de estudio y la has memorizado? Aquí es donde las diferentes perspectivas de los miembros del grupo pueden resultar útiles. Para esta sesión, recomendaría que el grupo **se divida en parejas y que cada miembro de la pareja trate de responder las preguntas de la guía de estudio de la otra persona.** Un beneficio de esto es que, a pesar de que has intentado hacer que tu guía de estudio sea integral, tus compañeros de grupo habrán captado cosas que a ti se te han pasado por alto. Un segundo beneficio es que ellos formularán las preguntas de forma un poco diferente a como las has planteado tú.

Una cosa frustrante sobre la memoria es que tiende a ser limitada cuando aprendes algo nuevo. Aprendes un nuevo concepto expresado de una manera particular. Aunque no hay nada importante en esa expresión, eso es lo que se te queda grabado. Así pues, si todos los miembros de tu grupo utilizan su propio lenguaje para describir los conceptos que se supone que debes entender, tendrás una perspectiva más amplia de lo que significan esos conceptos.

En una frase: Reúnete con tu grupo de estudio después de haber memorizado tu guía de estudio para evaluaros los unos a los otros; cada uno tendrá puntos de vista ligeramente diferentes, lo que ayudará aún más a tu memoria.

Recuerda que por lo general empollar no da frutos

Es muy probable que te hayan dicho: «No empolles» desde que empezaste a hacer exámenes. «Empollar» significa dedicar la mayor parte o incluso la totalidad de tus horas de estudio poco tiempo antes del examen. En otras palabras, si piensas dedicar cinco horas a estudiar para un examen programado para el viernes por la mañana, empollar significa estudiar cinco horas el jueves por la noche. Una alternativa sería estudiar una hora cada uno de los cinco días anteriores al examen: la misma cantidad total de tiempo de estudio, sólo que distribuida de manera diferente.

Los investigadores de la memoria han estudiado durante décadas el cambio en el *timing*, y se ha observado que hay una gran diferencia en la forma en que recuerdas el contenido más adelante. A continuación, te menciono un ejemplo reciente que me gusta especialmente porque imita muy bien las experiencias de los estudiantes universitarios.

Los investigadores utilizaron estudiantes que estaban inscritos en una clase de introducción a la psicología. Escogieron sesenta y cuatro conceptos clave y luego seleccionaron al azar treinta y dos de esos conceptos para una práctica adicional. Crearon una baraja de *flash cards* de transparencias para los conceptos, y los estudiantes trabajaron la baraja hasta ver todos los conceptos. Lo tuvieron que hacer tres veces, repartidas a lo largo de varias semanas.

A continuación, los experimentadores analizaron el desempeño de los estudiantes en el examen final, diferenciando los conceptos practicados con las *flash cards* de los otros treinta y dos conceptos que no recibieron práctica adicional, pero que los estudiantes tuvieron que estudiar por su cuenta. (Recuerda que se trataba de un curso real en el que los estudiantes se estaban sacando un grado).

Cuando los investigadores preguntaron a los estudiantes cómo habían estudiado, en su mayoría dijeron que habían estudiado la noche anterior al examen: habían empollado. Y el empollar no acabó de funcionar. A los estudiantes no les fue del todo bien con los conceptos «empollados»: 72 % de aciertos en comparación con el 84 % de aciertos para los conceptos que habían practicado durante el semestre con la baraja de *flash cards*. Por lo tanto, empollar no conduce a un *gran* rendimiento, pero no es horrible.

Lo que los investigadores realmente querían saber era si los estudiantes *seguían* mostrando una buena memoria para la información después del examen final. Entonces les pagaron a algunos estudiantes para que volvieran tres días o veinticuatro días después del examen final para hacer otro examen. Este segundo examen planteaba diferentes preguntas que ponían a prueba los mismos conceptos.

Después de tres días, los estudiantes respondieron correctamente sólo el 27 % de los conceptos «empollados». En cambio, las preguntas que incidían sobre el material practicado obtuvieron un 80 % de respuestas correctas. Aún más sorprendente, los estudiantes que volvieron tres semanas después del examen obtuvieron el 64 % de aciertos al ser preguntados por el contenido practicado. **Empollar «funciona» siempre y cuando no te importe olvidar la información justo después del examen. Estudiar de manera repartida a lo largo del tiempo protege contra este olvido rápido.**

¿Qué debería significar para ti este resultado? Hay circunstancias en las que podrías llegar a entender por qué empollas. Tal vez estás haciendo un curso sólo por diversión y no te importa si recuerdas algo del contenido más adelante; es tu última prioridad. Eso lo puedo entender. Pero piensa en la cantidad de trabajo adicional que crea el empollar si más adelante necesitas conocer el contenido del curso; por ejemplo, si piensas hacer un curso más avanzado sobre ese mismo tema. Si planeas hacer segundo de Biología y empollas para el examen final de primero, sólo te estás buscando más trabajo en el futuro.

Otra cosa que debes saber que no se deduce a partir del experimento que he descrito: **empollar *se percibe* como si funcionara bien.** Imagínate lo siguiente: tú y yo estamos tratando de aprender los sesenta y cuatro conceptos del curso de introducción a la psicología. Yo estudio la lista durante diez minutos cada una de las cinco noches previas. Cada una de esas noches, cuando me pongo de nuevo a estudiar, veo que olvidado parte del contenido de las veinticuatro horas anteriores. Es frustrante; pienso que mi estudio no progresa mucho. Pero aprender una y otra vez es una excelente manera de hacer que la memoria sea duradera.

Ahora supón que, a diferencia de lo que yo hago, estudias cincuenta minutos la última noche. Al final de esos cincuenta minutos, te sientes genial, como si conocieras el contenido al dedillo. Y, de hecho, es posible que cuando ambos acabemos de estudiar esa última noche, recuerdes más que yo. Pero dos días después, habrás olvidado la mayor parte, y yo no.

La pregunta natural es: «Si no me pongo a estudiar sólo la noche anterior al examen, ¿cómo se supone que debo distribuir exactamente mis esfuerzos?». La gente ha tratado de averiguar el plan de estudio más exacto y de máxima eficiencia, y de hecho hay aplicaciones que programan por ti el estudio en el que se supone que es el mejor momento, dependiendo de cuánto tiempo pretendes recordar el contenido y cuán bien has hecho hasta ahora las pruebas de memoria.

No creo que valga la pena preocuparse por cuál es la mejor distribución de las horas de estudio. Lo principal es hacer alguna distribución de memorización. Si tener como objetivo la distribución «perfecta» de las horas de estudio significa que se supone que debes despertarte a las 5:57 de la mañana de un domingo para repasar los verbos franceses, pasarás de todo. **Sólo distribuye un poco las horas de estudio y, si es posible, duerme una noche entre dos sesiones.** En otras palabras, es mejor estudiar el martes por la noche y luego el miércoles por la mañana, que el miércoles por la mañana y luego el miércoles por la noche. Dormir es bueno para aprender, como veremos en el capítulo 11.

En una frase: Empolla sólo si sinceramente no te importa aprender a largo plazo; de lo contrario, distribuye tus horas de estudio en varias sesiones a lo largo de los días.

Para prepararte para problemas de aplicación, compara ejemplos

A los profesores a menudo les gusta incluir problemas de «aplicación» en los exámenes, problemas que requieren que utilices lo que has aprendido, no sólo extraer información de tu memoria. Dada la forma en que opera la memoria humana, estos problemas plantean un desafío especial.

Es probable que recuerdes haber experimentado este desafío en la escuela, especialmente en la clase de matemáticas. Por ejemplo, aprendes sobre formas congruentes, y todo parece bastante sencillo, pero luego el examen tiene un problema verbal sobre sándwiches y servilletas cortados en diagonal, y no se te ocurre que se aplica tus conocimientos de congruencia. Aprendiste la congruencia con problemas que utilizaban la palabra «congruencia» y describían formas geométricas simples. Entiendes este tipo de problemas, pero cuando lees el problema del examen, tu mente se dirige inmediatamente a tus conocimientos sobre sándwiches y servilletas, y eso no te ayuda a resolver el problema. Al terminar el examen no te puedes creer que no pudieras ver de qué iba el problema.

Hemos hablado de pistas de la memoria en el capítulo 3. Los aspectos específicos de la situación (en este caso, sándwiches y servilletas) son pistas de memoria, porque el principio general que podría aplicarse (congruencia) está oculto. No es obvio si a este problema se aplica el principio subyacente de congruencia, o el cálculo del área, o la lógica deductiva, o qué. Pero los sándwiches y las servilletas están explícitamente en el problema, por lo que tu mente trata «sándwich» y «servilleta» como pistas para la memoria y busca información relacionada con ellas.

El problema no se limita a las matemáticas. Por ejemplo, mis alumnos aprenden el famoso experimento de Ivan Pavlov: el experimentador hacía sonar una campana y a continuación alimentaba a un perro. Con la repetición, el perro empezaba a salivar cuando oía la campana, antes de recibir la comida. Durante el curso, pretendo que los estudiantes reconozcan si una situación muy diferente –por ejemplo, sentirse ansiosos cuando se acercan al aula en el que han suspendido un examen de matemáticas– es o no un ejemplo del mismo tipo de aprendizaje.

¿Cómo puedes prepararte para las preguntas de examen que requieren que apliques lo que has aprendido a nuevos contextos?

Una estrategia consiste en **comparar diferentes ejemplos del principio que estás estudiando.** En cada uno de los ejemplos anteriores, sucede algo que conduce a una respuesta automática que el sujeto no puede evitar: el perro saliva cuando le dan comida y el alumno se siente ansioso cuando ha suspendido un examen. Más adelante, algo que no provoca una respuesta se asocia con lo que sí la provoca: la campana se asocia con la comida y el aula se asocia con las dificultades con las matemáticas. Con la repetición, lo que antes era neutral (la campana o el aula) comienza a provocar la respuesta (salivación o ansiedad).

Comparar ejemplos ayuda porque utiliza el principio de que la memoria es el residuo del pensamiento. Comparar los problemas te lleva a pensar en lo que tienen en común, es decir, el principio general compartido. Comprender el principio general es difícil cuando se expresa en abstracto, pero cuando se describe en el contexto de una situación concreta, es más fácil.

En una frase: La mejor manera de mejorar tu capacidad para ver el principio general en un problema es encontrar varios ejemplos del principio y compararlos.

Consejo 41

Para prepararte para las variaciones del problema, marca los subobjetivos

Hemos visto un amplio abanico de desafíos al aplicar el conocimiento del aula al mundo real: observa una situación compleja y no reconoces: «Oh, se trata de ese tipo de problema».

Otras veces, reconocer el problema es relativamente fácil, pero la solución tiene algunas variantes posibles, y lo que has aprendido ha sido un conjunto de pasos específicos para el ejemplo que ha aportado el instructor. Considera este ejemplo, ofrecido por el psicólogo Richard Catrambone, de lo que por lo general se llama un «problema de trabajo»:

Tom puede limpiar su garaje en 2,5 horas. ¿Cuánto tardará en terminar de limpiarlo si su hija ya ha limpiado ⅓ del garaje?
Solución:
$12,5 * h + 0,33 = 1$
$(0,4 * h) + 0,33 = 1$
$0,4h = 0,67$
$h = 1,68$ horas,
donde h es el número de horas trabajadas.

Basándote en este ejemplo, podrías concluir que «la forma de resolver problemas de trabajo es dividir 1 por el tiempo que tarda una persona, multiplicarlo por la incógnita, sumar lo que ya se ha hecho y establecer que todo eso es igual a 1». Esa descripción se ajusta al ejemplo. Hasta aquí, todo bien.

Pero este conjunto de pasos no se aplica a otro problema de trabajo, aunque es similar:

Bill puede pintar una habitación en 3 horas y Fred puede pintarla en 5 horas. ¿Cuánto tiempo tardarán si la pintan juntos?

No funciona porque hemos descrito el primer problema en términos muy particulares que se aplicaban sólo a ese problema. Necesitábamos un conjunto de pasos que fuera un poco más abstracto: pensar en la cantidad de trabajo realizado por cada trabajador y entonces igualarlo a la cantidad total de trabajo a realizar. Ésta es una descripción conceptual de los subobjetivos:

En primer lugar, debo representar la cantidad de trabajo que hace cada trabajador.

En segundo lugar, debo igualarlo a la cantidad total de trabajo a realizar.

Marcar subobjetivos es una buena manera de asegurarte de que consideras el principio general de las soluciones de varios pasos a los problemas.

A continuación, te muestro otro ejemplo. Supón que estás intentando aprender a utilizar Gmail y buscas el procedimiento para crear un evento de calendario a partir de un correo electrónico. Los tutoriales suelen proporcionar una serie de pasos que conducen al resultado deseado, como por ejemplo:

1. Abre Gmail en tu ordenador.
2. Abre el mensaje desde el cual quieres crear un evento.
3. En los iconos de la parte superior, haz clic en el que tiene tres puntos.
4. Selecciona «Crear evento».
5. Se abrirá Google Calendar, creando un evento que tendrá como título el asunto del correo electrónico e invitando a cualquier otra persona que haya recibido el correo electrónico.
6. Establece la fecha y la hora del evento.
7. Clica en «Guardar» en la parte superior derecha de la pantalla.

Este ejemplo podría tener el mismo inconveniente que hemos visto con los problemas de trabajo. Tu comprensión de la solución incluye pasos que se aplican sólo a este ejemplo, ya que es específico para tu ordenador y el procedimiento es ligeramente diferente en tu teléfono móvil. Es mejor tener en cuenta los principios abstractos que subyacen a las acciones específicas que estás siguiendo. Por ejemplo, podrías organizarlos así:

Navegar hasta el mensaje

1. En tu teléfono móvil, abre Gmail.
2. Abre el mensaje desde el cual quieres crear un evento.

Crear evento

3. Clica en la fecha o la hora subrayada en el mensaje.
4. Elige «Crear evento» en el menú que aparece.

Completar las propiedades que faltan

5. Se abre una ventana y se crea un evento que lleva por título el asunto del correo electrónico y la fecha y la hora del correo electrónico.
6. Si es necesario, cambia la duración. (Por defecto, la duración es de una hora).
7. Si es necesario, invita a más personas al evento.

Guardar el evento

8. Clica en «Guardar» en la parte superior derecha de la pantalla.

Etiquetar los subobjetivos puede parecer un cambio trivial, pero las etiquetas facilitan dos procesos mentales que ya hemos visto que pueden ayudar al aprendizaje: en primer lugar, **hacen explícita la organización de los pasos** y, en segundo lugar, **enfatizan el significado:** aclaran por qué estás llevando a cabo cada paso.

Para utilizar esta estrategia, comienza con un ejemplo que aparezca en tu libro de texto que pretenda ilustrar un tipo determinado de solución de problema. Examina el texto adjunto que describe el procedimiento en términos más abstractos. A continuación, haz coincidir ambos creando etiquetas para los subobjetivos que deben abordar los pasos concretos. Si es posible, busca algún compañero que entienda bien el procedimiento para que te dé su opinión sobre si lo has hecho bien.

En una frase: Cuando aprendes una solución con varios pasos para resolver un problema, parte de la solución puede ser específica para ese problema; para ayudarte a aplicar tu conocimiento de manera más amplia, intenta etiquetar las subpartes de la solución.

Para los profesores

Naturalmente, depende de los alumnos implementar los métodos de estudio descritos en este capítulo, pero hay algunas cosas que los profesores pueden hacer para facilitarles el camino.

Una es comunicar qué se preguntará en el examen y cómo. Dado que son nuevos en el campo, los estudiantes no son buenos jueces de lo que es realmente información central y qué es una anécdota que acabas de añadir. Díselo.

También puedes proporcionarles orientación sobre lo que he llamado «materiales encontrados». Imita la búsqueda que haría un estudiante cuando busca materiales de estudio para tu clase. A continuación, explica a los alumnos de tu clase la calidad de lo que has encontrado y recuérdales por qué crear sus propios materiales conduce a un mayor éxito en el curso.

Cuando se trata de conseguir que los alumnos utilicen los consejos de aprendizaje descritos en este libro, podrías limitarte a decirles: «Estas estrategias son buenas y estas otras que podrías estar utilizando son menos efectivas», pero para evitar agobiarlos, puedes comenzar con las tres estrategias de aprendizaje que crees que tienen mayores probabilidades de ser utilizadas.

Aún podría ser más efectivo demostrarles las técnicas a los estudiantes en lugar de mencionárselas. Puedes:

- Utilizar la práctica de la evocación poniendo exámenes que influyan muy poco o nada en la nota final.
- Utilizar la práctica distribuida (*véase* el consejo 39) para repasar el contenido en momentos específicos del período de evaluación.

- Utilizar el poder del significado (*véase* el consejo 34) poniendo énfasis en los vínculos entre lo que parecen datos desconectados.

- Describe a los estudiantes cómo debería ser su guía de estudio (*véase* el consejo 32). Dedica algo de tiempo al final de unas pocas clases para que practiquen escribir las preguntas de la guía de estudio para la materia tratada ese día. Proporciónales ejemplos y haz que los estudiantes compartan las preguntas y respuestas que redactan.

El simple hecho de implementar estos consejos de aprendizaje en clase dará como resultado un mejor aprendizaje, pero también puedes hacer todo lo posible repitiendo el experimento que he descrito como parte del consejo 39. Utiliza un consejo de aprendizaje en clase para parte del contenido, pero no para el resto. Luego, en un examen de la unidad, separa el desempeño de los estudiantes del contenido que tú has dirigido. Enséñales a los estudiantes cuánto mejor les ha ido en ese contenido, explícales por qué y luego insiste en que pueden hacer este tipo de trabajo como parte del estudio por su cuenta.

Resumen para los profesores

- Indícales a los estudiantes qué información se espera que memoricen y qué información no deben memorizar para los exámenes.
- Habla con ellos sobre el valor y la fiabilidad de los «materiales encontrados».
- Aconséjales sobre cómo estudiar.
- Pon en práctica principios como la práctica distribuida y la práctica de la evocación durante las horas de clase.

CAPÍTULO 7

CÓMO VALORAR SI ESTÁS PREPARADO PARA HACER UN EXAMEN

U n abogado que se prepara para las oposiciones no establece un tiempo –digamos, por ejemplo, cien horas– de estudio y luego no se moverá de estas horas. Evalúa su aprendizaje a medida que avanza y lo deja cuando cree que domina el material. Por lo tanto, los alumnos deben estar seguros de que sus valoraciones sobre lo que saben son precisas.

Seguramente has vivido la experiencia de pensar que estabas preparado para un examen y luego, por algún motivo, te acabó yendo mal. Las personas que pasan por esto suelen echar la culpa al examen. Piensan: «Sé que me sabía el contenido. Por lo tanto, debe estar mal planteado el examen porque no ha demostrado que yo me lo supiera». Pero tu juicio «Me sabía el contenido» es el resultado de una evaluación mental. Quizás la prueba fue horrible y la culpa no es del examen que puso el profesor. Puede pillarte por sorpresa, pero las personas pueden estar equivocadas con respecto a lo que saben.

Muchos factores contribuyen a las valoraciones del aprendizaje
Supón que estás haciendo un curso de biología de la conservación y pretendes consolidar este dato en tu memoria: el mono aullador de manos rojas (*Alouatta belzebul*) es originario de Brasil. ¿Cómo puedes saber si lo has memorizado? Fácil: pregúntate: «¿De qué país es nativo el mono aullador de manos rojas?», y mira qué sale de tu memoria.

Ciertamente, ésta es una forma de juzgar si sabes algo, y es una buena forma.

Pero **la gente confunde desempeño y aprendizaje.** Aquí está la diferencia. Supongamos que te veo justo después de un entrenamiento y me dices que has estado practicando flexiones y que puedes hacer veinte seguidas. Yo te digo: «¡Genial, enséñamelo!». Podrías responderme: «no puedo *ahora*; estoy cansado del entrenamiento». Has aprendido a hacer veinte flexiones, pero tu desempeño no demostraría ese aprendizaje en las circunstancias actuales.

Cuando se trata de aprender, «desempeño» significa decir «Brasil» como respuesta a la pregunta: «¿De qué país es nativo el mono aullador de manos rojas?». Puedes entender por qué pensarías: «He respondido bien a la pregunta, así que sin ninguna duda me la sé». Pero el hecho de que puedas responderla ahora (bajo un conjunto de condiciones) no significa que podrás acceder a esa memoria de manera fiable bajo todas las circunstancias.

Por ejemplo, puedes haber aprendido a hablar japonés conversacional bastante bien, pero tu desempeño con un agente de aduana japonés no muestra tu aprendizaje porque estás cansado del vuelo y un poco nervioso. (O tal vez sólo soy yo quien se pone nervioso sin razón cuando habla con los agentes de aduana).

Por lo general, las personas suelen sobrestimar lo que saben porque prueban su conocimiento de maneras que, sin darse cuenta, respaldan su desempeño. Por lo tanto, juzgan que han aprendido algo porque su desempeño es bueno cuando se examinan a sí mismas, pero en realidad su memoria es inestable.

• CUANDO APRENDES ESCUCHANDO •

Qué hará tu cerebro: Confundirá desempeño y aprendizaje. Si recitas algo de memoria —aunque en realidad no estés recurriendo a tu memoria—, tu cerebro concluirá que has estudiado lo suficiente.

Cómo ser más listo que tu cerebro: Pon a prueba tus conocimientos sin ningún otro apoyo a tu desempeño. La forma más fácil de hacerlo es imitar las condiciones de un examen.

En este capítulo, veremos tres formas en que las personas pueden engañarse a sí mismas acerca de su aprendizaje cuando se autoevalúan, y describiré las autoevaluaciones que puedes hacer para conseguir una mejor valoración sobre lo que realmente sabes.

Consejo 42

Sé claro sobre lo que significa «saber» algo

En sus *Confesiones*, escritas hacia el año 400, San Agustín señaló: «Si nadie me pregunta que es el tiempo, lo sé, pero si me lo preguntan y quiero explicarlo, ya no lo sé».

Esta distinción es atemporal. Todo profesor ha tenido alguna vez una conversación con un alumno similar a la siguiente:

Alumno: No puedo entender cómo he podido sacar una nota tan baja. ¡He estudiado mucho y sé que me lo sabía todo! Algunas de las preguntas me parecieron realmente ambiguas.
Profesor: Bueno, eso de que te lo sabías todo…
Alumno: ¡Sí!
Profesor: Así pues, por ejemplo, te sentirías cómodo explicándome los diferentes mecanismos del olvido.
Alumno: Evidentemente.
Profesor: Bien, entonces, ¿por qué no describes las principales teorías del olvido de las que hablamos?
Alumno: De acuerdo. Hay un estímulo y una respuesta. Y si el estímulo no está conectado con la respuesta… ¡Espera!… No… Sí, así es, si el estímulo se separa de la respuesta, o espera, no se separa… ¡Eh!… Bueno… Lo sé, simplemente no sé explicarlo.

Este estudiante está utilizando la palabra «saber» de manera diferente a como lo hacen los profesores. El estudiante está pensando: «Cuando empezamos a estudiar cómo funciona el olvido, no tenía sentido para mí. No entendí el capítulo del libro de texto, y tampoco entendí la clase. Pero repasé los apuntes muy detenidamente y un compañero de clase me explicó algunos conceptos de una manera diferente y, ahora, cuando escucho las teorías del olvido, todo tiene perfecto sentido para mí».

Puedes ver por qué el estudiante considera que lo entiende; ha avanzado mucho más de lo que estaba. Avanzar cuando alguien más comenta una idea es parte del entendimiento que los profesores esperan. Pero no basta con ello. **Estar preparado para un examen significa ser capaz de explicar el contenido uno mismo, no sólo entenderlo cuando alguien más lo explica.**

Esta situación es un buen ejemplo de la diferencia entre desempeño y aprendizaje. Mi estudiante está notando su desempeño: «¡Estoy siguiendo muy bien este tema, y en cambio hace unos días estaba muy liado!». No está considerando que este desempeño no necesariamente significa un aprendizaje completo.

Desafortunadamente, la forma en que muchas personas estudian las conduce a esta percepción errónea de lo que saben. Veamos cómo pasa esto.

En una frase: «Saber» no significa poder entender una explicación; significa ser capaz de explicarla a los demás.

Consejo 43

Releer conduce a un exceso de confianza en tu conocimiento

Imagina que estás haciendo una asignatura en la escuela de negocios titulada Innovación. Asistes a una clase sobre tecnología portátil: ropa y joyas que recopilan y almacenan información física, como la frecuencia cardíaca y la temperatura corporal. Es bastante interesante y tienes pocos problemas para seguirla. La próxima vez que haya clase, el profesor comenzará a dar exactamente la misma materia. Una risita nerviosa recorre el aula, que el profesor ignora. Pronto, alguien levanta la mano y señala que ya había dado esa materia. El profesor responde:

«Sí, pero es una materia importante, así que vale la pena repetirla», y procede a dar una explicación idéntica a la de la clase anterior: las mismas diapositivas, las mismas anécdotas, los mismos chistes «espontáneos»…

¿Qué pensarías?

Si eres como yo, pensarías que ha sido una enorme pérdida de tiempo. Pensarías: «Sí, sí, eso ya lo dijiste el otro día. Ya sé todo esto, no estoy aprendiendo nada».

Ahora bien, ¿*sé* el contenido que está repitiendo el profesor? Si y no. Por un lado, sé que lo he oído antes, y este juicio se basa en mi recuerdo de la clase anterior. En ese sentido lo «sé». Pero si tuviera que resumir lo que dijo, no lo haría muy bien.

Muchos investigadores de la memoria distinguen entre dos formas de obtiene información de la memoria. Un método es rápido y requiere muy poca atención, pero sólo puede proporcionar información limitada; identifica si algo es *familiar* o no. Te dice si has encontrado algo antes, pero no nada relacionado con esto, ni dónde o cuándo lo encontraste. Otro proceso de memoria puede proporcionar información relacionada con algo, pero este proceso requiere atención y se produce más lentamente.

Estos dos tipos de memoria probablemente te suenen. A veces verás a alguien en la calle y el proceso de familiaridad te dice: «¡Conoces a esta persona!». Entonces llama al otro proceso para obtener más información: ¿Cómo se llama esta persona y de qué la conozco? Este segundo proceso puede que no aporte nada: no tienes información sobre su nombre, de qué la conoces o cualquier otra cosa relacionada. Esto no te hace sentir menos seguro de que ya la habías visto antes.

En el consejo 30 he mencionado que la relectura es una de las técnicas de estudio más comunes y he indicado que no es una forma efectiva de memorizar algo; debes pensar en el significado, y releer no garantiza esto.

En este punto consideramos otra razón por la cual releer es una mala idea: **releer te lleva a pensar erróneamente: «Esto ya lo sé».** Releer es como ir a la clase sobre tecnología portátil por segunda vez. Cuando relees, piensas: «Sí, sí, ya lo he visto todo esto antes. Esto me resulta totalmente familiar». Pero eso es todo: la sensación de «saber» que tienes proviene del proceso de memoria que evalúa si has visto algo antes o no. Tienes razón, lo has visto antes, pero saber que lo has visto antes no es lo mismo que poder explicar o analizar el contenido. Y cuantas más veces lo lees, más te dice el proceso que evalúa la familiaridad: «¡Ya has visto esto antes!».

Para ser claros, **la relectura es deseable para el propósito de la comprensión.** Si has leído algo y no lo has entendido, vuélvelo a intentar. Pero releer es una mala forma de memorizar algo. Ya es bastante malo que no ayude mucho a la memoria, pero además te hace creer que tu conocimiento del contenido está mejorando.

Así pues, ¿qué puedes hacer para conseguir una valoración más precisa de cómo progresa tu estudio?

En una frase: La relectura aumenta la familiaridad, lo que te da una falsa sensación de que dominas el contenido, pero estar familiarizado con algo no significa que puedas recordarlo de memoria y seas capaz de proporcionar otra información relacionada, que es exactamente lo que necesitas hacer para un examen.

Consejo 44

Evalúa tu preparación con el tipo correcto de autoevaluación

Al comienzo de este capítulo he indicado que la pregunta: «¿Cómo sabes si sabes?», parece estúpida porque parece fácil de evaluarlo: buscas en tu memoria y ves si la información se encuentra ahí. El problema, como hemos comentado, es que puedes confiar en otra información (por lo general, un sentimiento de familiaridad) para hacer esta valoración. Tu primera intuición —mirar en tu memoria— era buena, pero **debes estar seguro de que realmente estás probando tu memoria para el contenido.**

La gente entiende que parte de la preparación para el examen es la autoevaluación. El error que cometen es no desafiar a su memoria de la forma en que será desafiada durante el examen. Leen su libro de texto y luego apartan la mirada y tratan de resumir el capítulo que acaban de leer. Si pueden proporcionar un buen resumen, creen que eso es una aprueba de que dominan el contenido. Ésta es una forma decente de evaluar la comprensión: si puedes parafrasear lo que acabas de leer, lo entiendes. (Sin embargo, no es infalible porque no tienes manera de saber si tu paráfrasis es correcta). Pero si tienes como objetivo memorizar algo, esta autoevaluación es defectuosa por tres motivos.

En primer lugar, no puedes autoevaluarte de una materia que acabas de terminar de leer. En realidad, no estás poniendo a prueba tu memoria, porque el contenido todavía revolotea en tu memoria a corto plazo: ¡lo acabas de leer! No hay una regla estricta en este caso, pero yo diría que **deben transcurrir al menos treinta minutos entre el momento en que lees el contenido y cuando te autoevalúas de ese contenido.**

En segundo lugar, resumir está bien como forma de autoevaluación, pero realmente quieres evaluarte a ti mismo sobre otro contenido: conocimiento de detalles específicos, inferencias que puede hacer, comparaciones entre ideas, etc.

Y en tercer lugar, cuando te autoevalúes, debes articular tus respuestas en voz alta. Cuando respondes mentalmente, es muy fácil quedar satisfecho con un pensamiento vago o incompleto. En cambio, responder en voz alta y articular pensamientos completos te deja claro si realmente lo has entendido.

Probablemente te has dado cuenta de que las condiciones que he establecido para la autoevaluación –evaluarte un tiempo después de haber visto la respuesta, utilizar preguntas variadas, dar la respuesta en voz alta, obtener *feedback*– están más o menos integradas en el procedimiento que te he animado a utilizar para estudiar en el capítulo 6. **Si preparas una guía de estudio extensa de preguntas y respuestas y estudias autoevaluándote, obtendrás una buena información sobre cuánto sabes.**

En una frase: Para evaluar si realmente entiendes algo, debes autoevaluarte cierto tiempo después de haber visto el contenido y dar las respuestas en voz alta, una práctica que casa fácilmente con el método que te he sugerido que utilizaras para memorizar tu guía de estudio.

Consejo 45

No utilices exámenes de prueba para evaluar tu preparación para un examen

Antes he mencionado que mis estudiantes están ansiosos por tener entre sus manos los exámenes de años anteriores. Pero, en realidad, creo que los exámenes de otros años hacen más daño que bien, al menos en la forma en que los utilizan mis alumnos.

Incluso aunque sepan que ese año las preguntas serán diferentes, los estudiantes utilizan exámenes de otros años para evaluar si están preparados o no. La lógica parece tener sentido: si cojo el examen del año pasado y saco un 90 % de aciertos, parece que estoy preparado para el examen de este año.

Hay un par de razones por las que **no debes utilizar exámenes anteriores para evaluar tu preparación.** En primer lugar, es probable que el examen del año pasado no refleje exactamente el contenido de este año. Las clases pueden haber cambiado, el ritmo del curso puede ser más rápido o más lento, se ha puesto más o menos énfasis en algunos temas o algunos contenidos pueden haber sido actualizados. Estos cambios se van acumulando a medida que pasa el tiempo, por lo que si un estudiante recopila exámenes de los últimos años (probablemente regodeándose con su tesoro), los más antiguos reflejarán la materia de este año de manera aún más pobre.

Naturalmente, los estudiantes no tienen forma de saber cómo ha cambiado el curso. Así, por ejemplo, si el término «bloqueo» aparece en un examen de hace dos años y no he tratado el bloqueo este año, los estudiantes con ese examen anterior entrarán en pánico. «¿Por qué no puedo encontrar «bloqueo» en el libro o en mis apuntes?». Ese problema es desafortunado por el pánico, pero al menos tiene fácil solución: los estudiantes me preguntan sobre el bloqueo y les digo que no lo vamos a tratar este año. (En realidad, suelo explicarles primero el bloqueo y luego les digo que no forma parte de la materia y que, por lo tanto, no entrará en el examen. Esta práctica no me hace más popular).

Hay un inconveniente más grave en el empleo de exámenes antiguos para evaluar tu preparación. Supongamos que en un curso se cubren, digamos, mil conceptos. Naturalmente, un examen no incluirá preguntas sobre todos los conceptos, por lo que podrías decirte a ti mismo: «Creo que aprenderé novecientos de ellos, y tal vez tenga suerte y el profesor no pregunte nada sobre los cien que he ignorado». Se trata de una mala estrategia, porque no hay un motivo por el cual debas esperar tener suerte. Lo ideal es que quieras aprenderlo todo. Incluso con este objetivo, habrá algunas cosas que sabrás mejor que otras y, por lo tanto, habrá algún elemento de suerte en la nota de tu examen, dependiendo de lo que salga en la prueba.

Así pues, resulta evidente que si quieres minimizar las posibilidades, **debes valorar si estás preparado para el examen en función de lo bien que te lo sabes *todo*.** Si haces un examen de otro año para decidir si estás preparado, estás juzgando tu preparación en función sólo de una fracción del contenido que debes aprender. Estás lanzando un elemento de azar en tu preparación cuando no es necesario.

Es inteligente **ver exámenes de otros años para tener una idea de los *tipos* de preguntas que un profesor tiende a hacer,** pero no los utilices para estimar si has estudiado lo suficiente. Juzga si estás preparado para un examen por lo bien que conoces el contenido de la guía de estudio que has escrito.

En una frase: Utiliza exámenes de otros años para tener una idea de los tipos de preguntas que se pueden plantear, no para valorar si has estudiado lo suficiente o no.

Consejo 46

Estudia hasta que te lo sepas; entonces sigue estudiando

Intentemos otro experimento mental. Supón que estás en una clase de historia mundial y el profesor comunica que el lunes hará un examen. Debes conocer los nombres y las fechas de las dinastías chinas antiguas e imperiales, pero sólo hay dieciséis, por lo que no parece demasiado complicado. Te autoexaminas el domingo por la noche hasta que eres capaz de recitar perfectamente la lista en orden.

¿Te acordarás para el examen del día siguiente de todos los nombres y fechas?

Podrías pensar: «Me los he preguntado a mí mismo y los sabía. Así que, evidentemente, me los sé. ¿Cuál es la duda?».

Es posible que recuerdes perfectamente las dinastías al día siguiente, pero también es probable que no. Habrán pasado aproximadamente dieciocho horas, por lo que te habrás olvidado de algo de lo que has estudiado. ¿Recuerdas que antes he hecho una distinción entre «aprendizaje» y «desempeño»? La gente tiende a pensar que su desempeño en un momento dado refleja su aprendizaje estable a largo plazo: si mi desempeño es del 100 % hoy, será del 100 % mañana, porque el 100 % revela el estado de mi conocimiento.

La única forma de abordar el problema es anticipar el olvido. Necesitas **estudiar hasta que te lo sepas, y luego seguir estudiando.** Esta práctica, llamada «sobreaprendizaje», se ha examinado mucho en experimentos de laboratorio y hay dos aspectos a destacar y que debes saber sobre la investigación. En primer lugar, el sobreaprendizaje funciona, tal como cabría esperar. Protege contra el olvido. En segundo lugar, mientras lo haces, **parece como si no funcionara.** Consideras que es inútil, incluso tonto, seguir estudiando después de saber algo. Revisas tu baraja de *flash cards* y todas las respuestas son correctas, por lo que no puedes evitar preguntarte: «¿De qué sirve esto?». Lo que estás haciendo es fortalecer los recuerdos para protegerlos del olvido.

¿Cuánto sobreaprendizaje debo hacer? Depende de cuánto tiempo esperas recordar la información, de la naturaleza del contenido y de qué más sabes sobre el tema, entre otros factores. Cuando estaba en la universidad, recuerdo haber hablado con una amiga durante la semana de exámenes finales sobre su preparación para el examen final de química orgánica. Me dijo: «Cuando las hojas que vuelan por el patio me parecen compuestos orgánicos, sé que estoy preparada».

Eso me pareció un poco fuerte en ese momento, y todavía me lo parece. Como regla general, te aconsejo que estudies hasta que te sepas el contenido y luego dediques otro 15 % del tiempo de estudio. No es un valor que se haya investigado especialmente; lo importante es que hagas algo de sobreaprendizaje, sin importar cuánto tiempo termine siendo.

En una frase: No estudies hasta que te sepas el contenido y luego dejes de hacerlo; sigue estudiando un poco más para protegerte contra el olvido que ocurrirá durante el tiempo entre el momento en que dejes de estudiar y el momento en que hagas el examen.

Para los profesores

He revisado dos ideas clave en este capítulo: (1) hay diferentes maneras en que uno puede «saber» algo, y (2) nuestro juicio sobre si sabemos o no algo puede ser incorrecto. Ambas ideas son útiles para que los estudiantes comprendan, y te puedes familiarizar con ambas a través de demostraciones en clase.

Y aquí estás tú para ayudar a los estudiantes a comprender que puede haber diferentes maneras de saber las cosas. Primero, pide a los estudiantes que escriban en una hoja de papel en blanco tantos estados de Estados Unidos como puedan en, pongamos, tres minutos. Dependiendo de su edad, los estudiantes pueden escribir veinte o treinta. Luego, entrega a cada estudiante un mapa de Estados Unidos que sólo muestre los contornos de los estados. (Para estudiantes de fuera de Estados Unidos, puedes utilizar la geografía local, según corresponda).

Todos podrán escribir muchos más estados al mirar el mapa. Releer tu libro de texto es como mirar el mapa y pensar: «Puedo nombrar todos los estados». El examen, sin embargo, es como nombrar los estados sin el mapa.

¿Qué hay de ayudar a los estudiantes a comprender que su sentido de «saber» puede ser incorrecto? Encuentro oportunidades en clase para resaltar esta diferencia casi cada vez que explico algo complicado. Si luego pido si alguien tiene alguna pregunta (dejando un largo tiempo de espera) y nadie pregunta nada, diré: «Está bien, gírate hacia el compañero que tienes a tu lado y, por turnos, explicaos estas dos teorías que acabo de mencionar». Invariablemente, muchos estudiantes se dan cuenta rápidamente de que son incapaces de hacerlo. Entonces les explico lo que acaba de pasar: han evaluado su conocimiento no por su capacidad para explicar algo, sino por su nivel de comprensión cuando otra persona lo explica.

Por cierto, encuentro este método más efectivo que los exámenes sorpresa. Cuando los estudiantes no pueden explicar algo en un examen, no concluyen: «Después de todo, supongo que no lo sabía», sino que el examen no ha sido justo.

Una vez que tus estudiantes entiendan que hay diferentes maneras de saber cosas y que su sensación de saberlas puede confundirlos, asegúrate de que saquen sus propias conclusiones y de decirles exactamente qué implica para su propio aprendizaje, es decir, que deben tener en cuenta cómo les pedirás que demuestren sus conocimientos en los exámenes y que deben utilizar métodos fiables para evaluar su aprendizaje cuando se preparen. Luego explícales cómo deben hacerlo.

Saber que hay diferentes tipos de memoria también debería hacer que fuera más probable que les dijeras a tus alumnos qué esperas en un examen. Como profesor, me siento tentado a no decirles nada sobre los próximos exámenes: quiero decirles: «Sólo tienes que saber el contenido y te irá bien». Pero, como investigador de la memoria, sé que esto es algo idealista.

Dado que reconocer es mucho más fácil que recordar, los exámenes de opción múltiple, que muestran la respuesta, suelen exigir un conocimiento bastante detallado. Los exámenes de respuesta corta rara vez requieren tanto detalle, pero los estudiantes no tienen la ventaja de ver las opciones que se les presentan. Y, evidentemente, para un examen de ensayo necesitan conocimientos de temas amplios.

Es pedirles a muchos estudiantes que tengan la profundidad de conocimiento necesaria para responder preguntas en cualquier formato sobre cualquiera de los temas tratados en clase. Creo que es más inteligente establecer expectativas realistas sobre lo que deberían saber y decirles cuáles son tus expectativas.

Los estudiantes que tienen más dificultades en los exámenes parecen tener más problemas para evaluar si están preparados o no. Ayudarles a comprender la dificultad de evaluar su conocimiento puede requerir cierta perseverancia, pero vale la pena tu esfuerzo, porque una sensación más precisa de lo que saben les permitirá prepararse de manera más efectiva.

Resumen para los profesores

- Haz una demostración en clase para que los estudiantes entiendan la diferencia entre entender cuando otra persona explica algo y cuando se lo explican ellos mismos.
- Muestra a los estudiantes que su juicio sobre si tienen algo grabado en su memoria puede estar equivocado.
- Explícales cómo se pueden autoevaluar.
- Hazles saber qué tipo de conocimiento esperas en los exámenes.

CAPÍTULO 8

CÓMO HACER EXÁMENES

Los exámenes requieren dos cosas: que recuerdes información de la memoria y que hagas algo con esa información, como, por ejemplo, resolver un problema o escribir un ensayo convincente.

Me he dado cuenta de que los estudiantes cambian su juicio sobre cuál de estos requisitos es más importante dependiendo de en qué punto se encuentren en el proceso de realización del examen. Antes de un examen, piensan que su éxito estará determinado por la cantidad de cosas que tienen en la memoria: «Si estudio, apruebo». Después del examen, piensan de la misma manera: piensan que su nota he venido determinada sobre todo por cuánto han estudiado.

Durante el examen, sin embargo, los estudiantes piensan muy poco sobre el proceso de obtener información de la memoria y se centran en cómo utilizar de manera más efectiva cualquier memoria a la que puedan acceder. Dedican mucho tiempo y energía mental a tratar de interpretar *el significado real de las preguntas o a adivinar lo que el profesor quiere que les diga.*

Se denominan comúnmente «estrategias para hacer exámenes», pero a menudo salen mal. Apuntan a que los estudiantes interpreten las preguntas con un significado ligeramente distinto de lo que se pregunta claramente. O los estudiantes intentan eliminar las respuestas a una pregunta de opción múltiple basándose en trucos supuestamente útiles como: «Las respuestas que contienen la palabra "siempre" o "nunca" suelen ser incorrectas».

Los estudiantes utilizan estas estrategias dudosas durante un examen porque están intentando sacar el máximo valor de la primera información que pueden sacar de la memoria. Pero rara vez intentan sacar más provecho de la memoria durante un examen porque piensan que no tiene sentido. Pero están equivocados.

En el capítulo 3 hemos visto que un recuerdo puede estar «allí dentro», pero es difícil recuperarlo por cómo exploras tu memoria. (Ver la tienda de comestibles no fue una buena pista para recordar comprar café para la cesta de regalos de mi vecino). Con la estrategia correcta, es posible que puedas sacar un recuerdo reticente de tu cabeza.

• CUANDO HACES UN EXAMEN •

Que hará tu cerebro: Puede creer que, si sabes algo, a cada intento de recuperar la memoria tendrá éxito. En realidad, esforzarse para recordar algo puede dar sus frutos, pero en lugar de tratar de exprimir más la memoria, las personas aplican estrategias ineficaces al contenido que obtienen fácilmente de la memoria.

Cómo ser más listo que tu cerebro: No renuncies a tu memoria si no te proporciona de inmediato la respuesta deseada. Las estrategias para hacer exámenes deben ser tu último recurso.

En este capítulo, veremos algunas formas de crear pistas para, recuerdos que no puedes recordar. También explicaré por qué suele ser mala idea utilizar estrategias o trucos para hacer exámenes. Sin embargo, las estrategias destinadas a mantenerte eficiente y tranquilo son útiles, y las consideraremos en primer lugar.

CONSEJO 47

Prepárate y ve con cuidado

¿Qué hay más frustrante que te den un examen corregido y ver una respuesta marcada como incorrecta de la que no tenías ninguna duda de la respuesta, pero cometiste una estupidez, como rodear con un círculo la respuesta *b* cuando en realidad querías marcar la *c*? Para evitar este problema, debes aplicar algunas rutinas simples cuando hagas un examen.

Rutina 1: Dedica los primeros treinta segundos a leer las instrucciones, si es que las hay. Por lo general, no suelen decir nada importante, pero a veces descubres que habrá una penalización por responder al azar, por ejemplo, o que no necesitas entregar todo el examen o que no hace falta que escribas oraciones completas.

Rutina 2: Dedica los treinta segundos siguientes a hojear el examen para tener una idea de cuánto tiempo puedes dedicar a cada pregunta. Presta atención a cuánto puntúa cada pregunta para que puedas dedicar más tiempo a las preguntas que cuentan mucho. Haz un cálculo rápido que te indique dónde deberías estar cuando haya transcurrido un tercio del examen y cuando hayan transcurrido dos tercios del examen. Al hacer estos cálculos, no olvides dejar un poco de tiempo al final para revisar tu examen. Marca esos puntos en el examen.

Rutina 3: Lee. Todas las preguntas. Detenidamente. Mis alumnos a veces se equivocan en los exámenes porque leen la mitad de una pregunta y asumen que saben lo que estoy preguntando. O lo leen todo, pero de alguna manera no ven la palabra «no». Cuando creas que tienes la respuesta a una pregunta, dedica unos segundos más para comprobar que la pregunta es realmente la que tú pensabas que era.

Rutina 4: En los últimos minutos del examen, revisa tu trabajo. Asegúrate de no olvidarte preguntas sin querer. Lee tus respuestas en busca de palabras ilegibles o faltantes, oraciones sin terminar y otros errores por el estilo. Para las preguntas de opción múltiple, asegúrate de que has marcado la casilla que pretendías. En los exámenes de matemáticas o de ciencias, comprueba que has completado los problemas de varios pasos. Rodea con un círculo tu respuesta a cada pregunta para que quede claro para quien corrija lo que quieres decir que es la solución. Asegúrate de especificar las unidades. Etiqueta los ejes de las gráficas.

Si un estudiante viene a verme, frustrado por una nota baja en el examen, casi siempre hay algunos puntos porcentuales que terminan atribuyéndose a «errores estúpidos». Convierte estas rutinas en hábitos y no perderás puntos por motivos tontos.

En una frase: Unas pocas rutinas para ayudarte con la planificación y la atención a tu trabajo asegurarán que no pierdas puntos por descuido.

Consejo 48

Aprende a hacer frente a la ansiedad habitual ante los exámenes

Casi todo el mundo se pone nervioso durante un examen. La mayoría de las personas también se ponen nerviosas cuando hablan en público o acuden a un evento social en el que no conocen a nadie. El hecho de que sea típico no significa que no puedas aprender algunas formas de gestionarlo. Los nervios distraen y afectarán a tu desempeño durante el examen. (Si tienes muchos problemas para controlar tu ansiedad o si te pones ansioso no sólo cuando haces los exámenes, sino también cuando te preparas para hacerlos, consulta el capítulo 14).

Como sin duda sabes, la ansiedad se autoperpetúa: la ansiedad durante un examen hace que sea difícil que te concentres, lo que dificulta que recuerdes las respuestas, lo que aumenta tu ansiedad. Por lo tanto, las estrategias para controlar la ansiedad ante los exámenes se centran en romper este círculo o en no entrar en él nunca. A continuación, te muestro algunas técnicas que puedes probar.

Intenta reducir tu consumo de bebidas con cafeína el día del examen y observa si esto te ayuda.

Algunas personas se sienten ansiosas por la presencia de otros examinados; el solo hecho de ver a alguien moviendo nerviosamente el pie o, peor aún, haciendo confiadamente el examen a toda máquina, hace que el corazón de algunas personas se acelere. Si tú eres una persona así, **intenta aislarte:** si puedes, siéntate solo o en las primeras filas del aula. O puedes intentar ponerte tapones para los oídos durante el examen. Eso hace que algunas personas se sientan como si estuvieran en su propio mundo. (Habla con el profesor para asegurarte de que esté permitido).

Algunas personas calman su ansiedad manifestando lo ansiosas que están o lo mucho que hay en juego en ese examen; las hace sentir mejor, pero puede resultar terrible oírlas, por lo que **podrías evitar hablar con otros examinados** justo antes del examen. Si el que no para de hablar es un amigo y te resultaría incómodo hacer oídos sordos, dile que quieres hacer un repaso de última hora y pega la nariz a tu cuaderno. (Si realmente repasar tus apuntes te ayuda a concentrarte, genial; si en cambio sólo sirve para ponerte nervioso, no tienes que leer).

A algunas personas les gusta **meditar o rezar** antes de un examen para tranquilizarse y concentrarse, y es una buena estrategia que puedes probar si comienzas a entrar en pánico durante un examen. Si no practicas con regularidad, a continuación te muestro un procedimiento simple de tres pasos que te servirá: (1) cierra los ojos; (2) inhala lentamente mientras cuentas hasta siete y exhala mientras cuentas hasta siete; (3) repite dos o tres veces más o hasta que notes que tu cuerpo comienza a relajarse. Si esto no funciona y si se permiten descansos para ir al baño durante el examen, dar un paseíto a veces te puede aportar el reinicio mental necesario.

A veces es difícil relajarse porque tus pensamientos se te escapan. Podría ayudarte un poco de **reflexión realista** después del ejercicio de respiración. Si estás entrando en pánico porque el examen tiene un montón de preguntas que no esperabas ver, recuerda que todos los demás se encuentran en la misma situación. Si estás entrando en pánico porque no te has preparado lo suficiente, recuerda que este examen no determina tu futuro, y mucho menos a ti. Si suspendes, puedes recuperarte. Confía en que puedes hacer un plan para recuperarte más adelante; tal vez pienses en alguien que pueda ayudarte a formular el plan. Prometerte a ti mismo que confeccionarás un plan y asegurarte de que la gente te ayudará puede permitirte dejar a un lado el pánico y sacar lo mejor de ti para hacer el examen que tienes delante.

A veces he oído consejos sobre cómo hacer frente a la ansiedad «visualizándote a ti mismo triunfando». Siempre me ha parecido un poco difícil de sostener. Por ejemplo, puedo estar en una mesa redonda e intervengo muy poco, pero cada vez que abro la boca, la gente parece mirarme como si hubiera dicho alguna chorrada. Así que a partir de ahora me quedo callado y no aporto nada. En este momento, podría intentar verme a mí mismo diciendo cosas realmente inteligentes y personas asombradas con la boca desencajada, pero simplemente no me creería mi visualización.

Si visualizar el éxito te funciona, genial, pero si no es así, aquí tienes una alternativa: **visualiza a alguien que te esté dando apoyo.** No puedo visualizar el éxito en esta terrible mesa redonda, pero puedo imaginar a mi esposa a mi lado, y eso me ayuda de varias maneras. Me hace ver mi desempeño a través de sus ojos, y su percepción es más realista que la mía. De acuerdo, tal vez no estoy atravesando mi mejor momento, pero tampoco es el espectáculo de terror que estoy haciendo que sea. Dicho esto, *debería* esforzarme al máximo en lugar de obsesionarme con mi desempeño y no intervenir; se lo debo a la gente que ha confiado en mí y me ha invitado. También puedo oír dentro de mi cabeza frases de apoyo que mi esposa diría sobre cómo está yendo: «Algunas personas parecían interesadas cuando has intervenido, como esa mujer sentada en la tercera fila, que asentía mientras hablabas. Y otra cosa, ¿qué pasa con ese otro tipo de la mesa, el que está sentado en un extremo? ¿Por qué ha hablado tanto? Sin duda lo que tú dices es mucho más interesante que lo que él dice».

La próxima vez que te pongas nervioso durante un examen, imagina a alguien que te apoye sentado a tu lado, el tipo de persona que siempre sabe qué decir para que te sientas más seguro.

Hemos comentado cómo evitar cometer errores por descuido y cómo mantener la ansiedad bajo control; en pocas palabras, cómo evitar que las cosas salgan mal. ¿Qué pasa con los métodos para mejorar el desempeño durante tu examen? Veamos algunas técnicas que te permitirán que afloren aquellos recuerdos reticentes a salir.

En una frase: Puedes combatir la ansiedad leve ante los exámenes evitando situaciones que te pongan nervioso durante el examen y utilizando técnicas para tranquilizarte cuando te sientas estresado.

Consejo 49

Imagínate en un lugar en el que has estudiado

Si eres un estudiante que está haciendo un examen escrito, es probable que estés en la misma aula en la que has aprendido parte del contenido, pero, por supuesto, es muy probable que no te hayas preparado para el examen en esa aula. En cambio, si estás haciendo un examen de oposiciones para bombero, por ejemplo, o una prueba oficial de idiomas, es muy probable que te encuentres en una sala que nunca habías visto. ¿Tu memoria empeora cuando intentas recordar algo en un lugar diferente al que has estudiado?

Tal vez un poquito.

Te explico el porqué. A veces es importante saber *dónde* y *cuándo* ha pasado algo; eso suele llamarse información contextual. Por ejemplo, cuando aparco mi coche en el supermercado, quiero recordar dónde está, pero no quiero que quede *permanentemente* asociado con ese lugar concreto. Lo quiero asociado con el lugar *y* con el tiempo: he aparcado aquí hoy, no para siempre. Es por eso por lo que encontrarlo puede llegar a ser tan difícil. Estás tratando de buscar en la memoria con la marca de tiempo «hoy», pero se confunde fácilmente con las otras memorias de estacionamiento en plazas similares con marcas de tiempo con diferentes días.

Cuando estás estudiando, no quieres que tus recuerdos estén atados a un contexto. Es posible que estuvieras en tu cocina cuando te enteraste de que Wilhelm Wundt está considerado el primer psicólogo experimental moderno, pero no quieres que la «cocina» se enrede con ese recuerdo; seguirá siendo el primer psicólogo experimental moderno cuando estés en tu sala de estar o en el aula.

Por desgracia, el tiempo o la ubicación pueden entrar en la memoria cuando no quieres. Los investigadores demuestran esta idea con un sencillo experimento. Les dicen a los sujetos que evaluarán su memoria y que todo lo que deben hacer es escuchar con atención una lista de palabras leídas en voz alta. El experimento tiene lugar en un aula ordenada con un gran ventanal y las palabras las lee un joven vestido de manera bastante descuidada. Dos días después, los sujetos vuelven al mismo sitio y tratan de recordar las palabras. En la mitad de los casos, la prueba se lleva a cabo en la misma aula y se encarga de ella el mismo joven, pero la otra mitad realiza la prueba en una sala pequeña y desordenada, vigilada por una mujer mayor elegantemente vestida. A esas personas la prueba no les va tan bien.

Cambiar de ubicación no tiene un *gran* efecto sobre la memoria. La memoria no funcionaría muy bien si fuera así. Imagínate que sales a disfrutar de una deliciosa comida con tu familia para celebrar un cumpleaños y eres incapaz de recordarlo a menos que regreses al mismo restaurante. Pero, por supuesto, te gustaría tener en cuenta el efecto que puede tener y evitar cualquier detrimento en tu aprendizaje.

Es mucho más probable que el aprendizaje esté ligado a un lugar y un tiempo si piensas en el lugar o el tiempo mientras aprendes, por ejemplo, si utilizas las grietas en la pared de tu habitación para ayudarte a visualizar los principales ríos de Europa occidental. Es otro ejemplo del principio de que la memoria es el residuo del pensamiento. Así pues, mientras estudias, debes evitar cualquier vinculación consciente del contenido con el entorno de estudio.

De todos modos, el entorno aún puede colarse en tu memoria, aunque no lo incluyas conscientemente en tu estudio. Para utilizar esta posibilidad a tu favor, si estás haciendo un examen y tienes problemas para recordar algo, **trata de visualizar el lugar donde lo has estudiado.** Imagínate en ese lugar. Si allí había sonidos u olores característicos, inclúyelos también en tu elucubración. Esta visualización puede ayudarte a recuperar la memoria perdida.

En una frase: Si tienes problemas para recordar un dato que has estudiado, intenta visualizar el lugar donde lo has estudiado.

Si no puedes recordar un dato, piensa en temas

Intentemos otro pequeño experimento: mira cuántos animales eres capaz de nombrar en sesenta segundos. De verdad, hazlo. (Si crees que no puedes nombrar más transcurrido un tiempo, puedes dejarlo).

¿Cómo lo harías? Supongamos que te doy una pista, como «Animales que ves en una granja». ¿Puedes nombrar algunos más? ¿Qué tal «Animales que verías en Australia»? O «Animales de circo». O «Animales que ves en una tienda de mascotas».

Los recuerdos tienden a organizarse en temas o grupos, y se pueden recuperar de esta manera. En 1977, los psicólogos James Pichert y Richard Anderson hicieron un experimento que demostró este principio. Pidieron que los sujetos leyeran una breve descripción de dos niños, Mark y Pete, que hacían campana de la escuela y pasaban el rato en casa de Pete. Todos leyeron el mismo pasaje, pero a algunos se les dijo que lo leyeran como si fueran un ladrón y a otros como si fueran un posible comprador de la vivienda. A continuación, se comprobaron los recuerdos de los sujetos sobre la historia y aquellos que habían leído la historia desde la perspectiva del ladrón recordaron cosas como que Pete dijo que la puerta lateral de la casa siempre estaba abierta y que su padre tenía una colección de monedas raras. En cambio, aquellos que tomaron la perspectiva del comprador recordaron que el revestimiento de piedra era nuevo, pero el techo tenía goteras. Este efecto es bastante fácil de entender; si te dicen que pienses como un ladrón, cuando lees te das cuenta de detalles que serían de interés para un ladrón. Del mismo modo, la perspectiva del comprador de la vivienda lo impulsa a notar detalles relevantes al respecto.

Pero aquí es donde las cosas se ponen interesantes: si a continuación los experimentadores pedían a las personas que cambiaran de perspectiva (se les pedía a los ladrones que pensaran como compradores de la vivienda, y viceversa), recordaban información que era relevante desde la otra perspectiva. Cuando se les pedía a los ladrones que pensaran como compradores de la vivienda, presumiblemente pensaban: «Mmmm. ¿Por qué se interesaría un comprador de una vivienda? ¿Por un lindo vecindario? ¿Si la casa está en buen estado? Oh, es verdad, la historia decía algo sobre un techo con goteras».

¿Cómo puedes utilizar este principio cuando estás haciendo un examen? Dudo que te ayude a recordar una perla de información olvidada cuando está muy claro lo que se pregunta, como, por ejemplo, «¿En qué año se firmó el Tratado de Versalles?». Pero pensar en temas generales podría ser de ayuda para las preguntas integradoras que a menudo te encuentras en los exámenes de desarrollo, como, por ejemplo, «¿Cuáles fueron las consecuencias más importantes del Tratado de Versalles para Francia durante la década de 1920?». Los temas amplios también pueden ayudarte a pensar detenidamente preguntas en las que te piden que apliques lo que sabes a una situación concreta, como, por ejemplo, «Esboza un enfoque para desarrollar un entorno de realidad virtual que simule un viaje en montaña rusa». En este tipo de preguntas, se te dan pistas limitadas sobre qué parte de la gran cantidad de información que has aprendido es relevante para la respuesta. Estás obligado a hacer una búsqueda indirecta en la memoria, tal como has hecho cuando te he pedido: «Mira cuántos animales eres capaz de nombrar en sesenta segundos». Es posible que te encuentres pensando: «¿He aprendido algo sobre esto?». O tal vez recuerdes algunas cosas que parecen estar relacionadas, pero que no parecen muy prometedoras como punto de partida de una respuesta de desarrollo.

Si tienes dificultades para determinar qué parte de lo que has aprendido es relevante para una pregunta, **lista los temas que has aprendido en una hoja de papel** o en un margen del examen. Esto tendrá el mismo propósito que mis sugerencias: animales de Australia, animales de granja, etc. Para la pregunta sobre el Tratado de Versalles, puedes incluir «Impacto financiero de la guerra», «Territorio obtenido gracias al tratado», «Reintegración social de los soldados», etc. Cuando hayas enumerado tantos temas como puedas, revísalos uno por uno para ver si refrescan algún recuerdo que te ayude a interpretar y responder la pregunta.

No hace falta decir que este proceso puede llevar un tiempo, por lo que debes hacerlo sólo cuando hayas respondido al resto del examen y tengas tiempo para volver a la pregunta que te ha dejado sin palabras.

En una frase: Algunas preguntas del examen sólo aportan pistas muy generales para la memoria, y es posible que no consideres uno o más temas generales relevantes de la asignatura mientras formulas una respuesta; en este caso, enumera los temas de la materia que has cubierto para asegurarte de que tienes en cuenta todo el contenido que podría ser pertinente para una pregunta.

CONSEJO 51

Sigue probando

A continuación, te muestro otro experimento mental que puedes hacer. Supón que aceptas participar en un experimento de memoria: te muestro cuarenta y cuatro bocetos de objetos comunes (un pez, una flor, etc)., cada uno durante cinco segundos. Ves todo el conjunto dos veces. Veinticuatro horas más tarde, vuelves, te doy una hoja de papel en blanco y te pido que escribas en cinco minutos tantos objetos representados como puedas. Luego, te pido que hagas una tarea no relacionada (problemas matemáticos simples) durante tres minutos para que no pienses en los dibujos. A continuación, te doy otra hoja de papel en blanco y te vuelvo a pedir que escribas tantos objetos como puedas recordar. Luego vuelves a hacer unos problemas matemáticos durante otros tres minutos y, finalmente, una prueba más sobre tu memoria con los bocetos que viste el día anterior.

¿Cómo crees que te iría en el primer intento? ¿Y en el segundo? ¿Y en el tercero? ¿Mejor? ¿Peor? ¿Igual?

Las personas que hicieron este experimento recordaron un promedio de diecinueve objetos en su primer intento, algo más de veinte en el segundo y veintiuno en el tercero. Este resultado general es típico: **la gente recuerda un poco más cada vez que intenta recordar.**

Este fenómeno se ha observado en muchos experimentos durante varias décadas, pero no está completamente claro por qué ocurre. Al menos parte del efecto se debe a la práctica de la evocación: buscar algo en la memoria lo hace más fácil de recordar, aunque no lo encuentres (*véase* el capítulo 6).

También puedes recordar un poco más porque la misma señal puede funcionar de manera ligeramente diferente en otro momento. Imagínate haciendo el saque en una partida de billar; aunque las bolas siempre están colocadas en el mismo triángulo y *parece* que siempre están colocadas de la misma manera, en realidad hay diferencias sutiles, de modo que, aunque la bola blanca las golpee de la misma manera, el resultado es diferente. Enviar una pregunta a la memoria como: «¿La batalla de Kerbala fue crucial para dividir qué religión en dos facciones?» y ver lo que sale es un poco como golpear la bola blanca y ver a dónde van las otras quince bolas. Aunque tu mente *parece* ser la misma cada vez que planteas la pregunta, puede ser ligeramente diferente. Y en una ocasión esa diferencia significa que la señal producirá la respuesta deseada.

Ahora bien, no tiene sentido leer una pregunta, no encontrar la respuesta y volver a leerla inmediatamente, porque tu memoria sí que es la misma que hace cinco segundos. Pero si vuelves a la misma pregunta transcurridos cinco o diez minutos, tu memoria se encontrará en un estado ligeramente diferente porque habrá estado pensando en otras preguntas. Y entonces puedes responder de manera diferente a la pregunta de la batalla de Kerbala.

Cuando hagas un examen, para cada pregunta, **trata de recordar la respuesta durante unos treinta segundos. Si no funciona, marca la pregunta y vuelve a ella al cabo de cinco o diez minutos.** Persiste hasta que se te acabe el tiempo o termines el examen.

Este consejo plantea la pregunta de si es inteligente cambiar una respuesta o si es mejor quedarse con la primera respuesta que has pensado que era la correcta. Los investigadores han examinado esta pregunta en muchos experimentos que se remontan al menos a la década de 1960, a menudo utilizando la misma técnica: revisan los exámenes en busca de marcas de borrado y clasifican cada cambio como: (1) de una respuesta incorrecta a una correcta, (2) de una respuesta correcta a una incorrecta, y (3) de una respuesta incorrecta a otra respuesta incorrecta. Sistemáticamente observan que, en su mayoría, los estudiantes cambian una respuesta incorrecta por una correcta. Además, cuando se les pregunta sobre los cambios que han hecho, rara vez dicen que se han debido a que se han dado cuenta de que han marcado la opción incorrecta por accidente. Por el contrario, la mayoría de los cambios se deben a la continua reflexión sobre la pregunta; los examinados siguen tratando de recordar y eso da sus frutos con una nueva percepción o una nueva inferencia.

Por ejemplo, supongamos que has respondido: «Budismo» a la pregunta de la batalla de Kerbala, y eres consciente de que lo has dicho al azar: «Budismo» te ha venido a la mente cuando has visto «Kerbala». Pero cuando respondes otra pregunta, recuerdas que el profesor mencionó que muchos musulmanes chiíes practicantes visten de negro para llorar a alguien cuyo nombre eres incapaz de recordar, pero estás bastante seguro de que esa persona fue el mártir de la batalla de Kerbala. Así que ahora estás el 95 % seguro de que la respuesta es «islam», no «budismo». Obviamente, deberías cambiar tu respuesta.

Pero ¿qué pasa si no estás tan seguro? Esta situación es especialmente frecuente en los exámenes de opción múltiple, en los cuales las preguntas se redactan de tal manera que tienen más de una opción de respuesta que parece correcta. Si tienes dudas entre dos respuestas que parecen igualmente buenas, ¿deberías seguir tu primer instinto o el segundo? No he visto un experimento que responda a esta pregunta más detallada y, para ser honesto, no estoy seguro de que haya una respuesta general que sea adecuada para todo el mundo. Creo que debes mirar la forma en que haces los exámenes. Comentaré cómo lo puedes evaluar en el capítulo 9.

En una frase: Si no puedes recordar un dato, vuelve a la pregunta transcurridos cinco o diez minutos. No asumas que es más probable que tu primer instinto o tu segunda suposición sean correctos; fíate de tu confianza en qué respuesta es la correcta.

CONSEJO 52

Cuidado con el «conocimiento chas»

Algunos exámenes requieren una recitación clara de exactamente lo que has memorizado. Por ejemplo, cuando un alumno de tercero hace una prueba de ortografía, sabe que la coincidencia entre el examen y lo que ha estudiado será exacta: ha estudiado la ortografía de varias palabras y eso es lo que se evaluará. Más a menudo, las preguntas del examen requieren una interpretación o una aplicación de lo que has memorizado.

La necesidad de celo abre la puerta a los examinados que eligen respuestas que no son incorrectas, pero que no responden a la pregunta planteada. Por ejemplo, el profesor puede hacer la pregunta: «¿Cómo influyó el movimiento Romántico en la filosofía de los poetas británicos de la época?». El estudiante escribe un ensayo repleto de datos sobre la filosofía y la poesía románticas, pero no los conecta entre sí, que era lo que requería la pregunta.

¿Por qué no respondes correctamente la pregunta? Por supuesto, a veces es porque no sabes la respuesta; sencillamente te limitas a escribir lo que sabes sobre el tema y esperas tener suerte. Pero a veces es porque ves uno o dos términos clave, piensas: «¡Ya lo sé!», y comienzas a responder antes de haber leído completamente la pregunta. A esto lo llamo «conocimiento chas». **Cuando una pregunta hace que aparezca determinada información en tu mente, debes evaluar si realmente responde a la pregunta.**

Algo similar también puede ocurrir en situaciones de opción múltiple. Por ejemplo, fíjate en la siguiente pregunta de un examen práctico para obtener la licencia de electricista.

¿Qué debes tener en cuenta al conectar un voltímetro a un circuito de DC?
A. Factor de potencia
B. Valor eficaz (o RMS)
C. Resistencia
D. Polaridad

La respuesta correcta es «Polaridad», es decir, qué lado del circuito es positivo y cuál es negativo. Eso es lo que debes observar, pero un voltímetro se utiliza normalmente para medir la resistencia, y ésa es la respuesta C. Al estudiar para el examen, un futuro electricista se encontrará con frecuencia con la directriz: «Utiliza un voltímetro para medir la resistencia». Entonces, cuando una pregunta incluye la palabra «voltímetro» y una de las respuestas, «resistencia», el cerebro del examinado inmediatamente grita: «¡Ambos términos van juntos!». Y así es, pero ésa no es la cuestión. El «conocimiento chas» puede ser fácticamente preciso y aparecer con frecuencia en las materias de estudio, pero aun así puede no encajar bien con la pregunta planteada.

La mejor manera de responder una pregunta de examen es, por supuesto, leer la pregunta detenidamente. Pero además debes ser consciente de la tendencia de tu cerebro a ofrecer «conocimiento chas» cuando ve términos clave.

En una frase: Cuando te has preparado bien, algunas ideas estarán fuertemente asociadas, y cuando veas la idea A, de inmediato, te vendrá a la mente la idea B, pero eso no significa que la idea B sea la respuesta correcta.

Consejo 53

Pídele una aclaración al profesor, pero muéstrale lo que sabes

A veces tienes problemas para acceder a algo de la memoria porque el profesor expresa las cosas de una manera inesperada. Parte del problema es que tendemos a aprender ideas nuevas expresadas con frases determinadas, y si se expresan de manera diferente, es posible que no las reconozcamos. Ésa es una de las razones por las que creo que es útil un grupo de estudio: estudiar con otros te expone a diferentes formas de expresar la misma idea (*véase* el consejo 38).

Otras veces, el profesor simplemente ha escrito una pregunta mal formulada. **Si una pregunta te confunde, puedes preguntarle al profesor al respecto.** Ahora bien, los profesores varían mucho en su política en esta cuestión. Algunos sencillamente no responderán preguntas durante un examen. Algunos profesores de universidad ni siquiera se encuentran en el aula y dejan que los profesores ayudantes supervisen el examen mientras hacen otra cosa que presumiblemente es más importante.

Suponiendo que haya alguien disponible y dispuesto a responder preguntas, es más probable que obtengas una respuesta útil si valoras la perspectiva del profesor sobre el asunto. Aquellos profesores que respondemos preguntas durante los exámenes tenemos ciertos sentimientos encontrados. Por un lado, no queremos que te equivoques en una pregunta por culpa de alguna peculiaridad en la forma en que la hemos redactado. Así que nos complace asegurarnos de que la pregunta sea clara. Pero, por otro lado, no queremos darte una pista de la respuesta; eso no es justo para los demás. Por esa razón, somos sensibles a las «preguntas» de los estudiantes durante un examen que parecen expediciones de pesca: consultas vagas lanzadas al aire con la esperanza de que, sin querer, el profesor revele algo sobre la respuesta.

Es más probable que consigas una buena respuesta del profesor si le demuestras que ésa no es tu estrategia. La forma de hacerlo es **explicar tu confusión.** No le digas simplemente: «No entiendo la pregunta cuatro» o «¿Puedes reformular la pregunta cuatro?». En vez de ello, explícale tu confusión. Sé breve, pero también incluye detalles específicos que demuestren que has estado pensando en la respuesta. Dile, por ejemplo, «Estoy confundido con la pregunta cuatro porque pide una explicación de lo que falla con los planes de estudio de educación nacional, pero comentamos varios ejemplos de planes de estudio nacionales en los que los estudiantes consiguen buenos resultados, como Hong Kong, Singapur y Corea del Sur».

El profesor puede llamar tu atención sobre una o dos palabras que habías ignorado. O puede decidir que la pregunta no está escrita de manera clara y ofrecer una reformulación que ayude a explicarla. O bien puede decirte que vas por el camino correcto y que tu confusión sólo se debe a los nervios. O el profesor puede no ser de ninguna ayuda y limitarse a decir: «Responde la pregunta lo mejor que puedas». De todos modos, es casi seguro que el profesor dirá algo así si no le haces saber lo que estás pensando. Si sólo dices: «Estoy confundido», pensará que le estás pidiendo ayuda durante el examen y no querrá ofrecértela.

En una frase: Si estás confundido por la redacción de una pregunta, pídele al profesor que la aclare, pero sé específico con respecto a tu confusión y especifica lo que entiendes de la pregunta como una forma de asegurarle que verdaderamente estás buscando una aclaración, no pistas sobre la respuesta.

Consejo 54

No pienses demasiado

Al comienzo de este capítulo, he dicho que utilizas dos procesos mentales clave cuando haces un examen: extraer información de tu memoria y luego poner en uso esa información. Hemos analizado varias formas en que puedes mejorar las probabilidades de conseguir la información correcta de tu memoria. ¿Qué tal si la ponemos en funcionamiento?

Aquí es donde los examinados a menudo se equivocan, en particular en las preguntas de opción múltiple. Cuando no están totalmente seguros de la respuesta, comienzan a aplicar lo que creen que son estrategias inteligentes para hacer exámenes. En realidad, se trata de métodos para convencerse a sí mismos de dar la respuesta incorrecta. A continuación, te muestro algunos ejemplos de malas estrategias ante preguntas de opción múltiple y maneras mejores de hacer frente a la incertidumbre.

A veces lo que ocurre es que piensas demasiado. Eso es más frecuente en los exámenes de opción múltiple porque se te ofrecen respuestas a las que puedes aplicar un exceso de pensamiento. Por ejemplo, sabes que la respuesta A es correcta y que B y C son sin duda incorrectas. Pero luego ves la respuesta D y piensas: «Mmm. ¿Sabes qué? D *podría* ser correcta». Y sin darte cuenta de que lo estás haciendo, te conviertes en un defensor de la respuesta D: tratas de pensar en las circunstancias que harían de D una buena respuesta. Al hacerlo, **a menudo añadirás suposiciones a la pregunta y/o leerás cosas que no aparecen en la pregunta.** Por ejemplo, en uno de mis exámenes había una pregunta referente al recuerdo de un acontecimiento cotidiano (ir a un restaurante) y una estudiante seleccionó una respuesta que sólo tenía sentido si asumías que comer fuera era un acontecimiento muy emotivo. Me dijo: «Pensé que estabas intentando llegar a la emoción y al recuerdo, así que tal vez salir a comer te hace muy feliz». A posteriori, vio que ese razonamiento no tenía sentido.

Si no puedes elegir entre dos respuestas, pregúntate: (1) ¿Necesito añadir suposiciones para que una de ellas sea correcta? (2) ¿Es correcta una de las respuestas sólo bajo algunas circunstancias? Si la respuesta a cualquiera de las preguntas es sí para una opción pero no para la otra, has encontrado la respuesta correcta.

Otras veces los estudiantes no caen en pensar demasiado; se ponen a propósito a pensar demasiado. Los estudiantes aprenden trucos para descartar respuestas en preguntas de opción múltiple cuando hacen exámenes estandarizados como el SAT,[1] trucos como: «Evita aquellas respuestas que afirman que algo "siempre es cierto" o "nunca es cierto"» o «Si algo se afirma positivamente en una opción y negativamente en otra, la opción positiva suele ser la correcta». **Los trucos del SAT son tu último recurso.** Son lo que intentas desesperado cuando has agotado todas las demás opciones. Si funcionan o no, está abierto a debate, pero incluso sus defensores dirían que no significa que debas

---

1. El SAT (Scholastic Assessment Test, prueba de evaluación académica) es un examen estandarizado muy utilizado desde su introducción 1926 para la admisión universitaria en Estados Unidos. Es coordinado por el College Board, una organización privada sin ánimo de lucro. *(N. del T.)*

aplicarlos a todas las preguntas. Así es cómo te convences a ti mismo de dar respuestas incorrectas.

En el caso de exámenes de opción múltiple, trata de responder cada pregunta mentalmente *antes* de leer las opciones. Si tu respuesta es una de las opciones, estás preparado para responder. Si la respuesta no te sale de inmediato, los trucos habituales sugieren que analices las opciones y comiences a descartarlas: ¿cuál es más probable que esté equivocada?

Éste es un mal consejo.

Si no sabes la respuesta, **debes dedicar más tiempo a la pregunta.** La respuesta debe venir de la memoria, y la pregunta es tu clave para la memoria. Trabaja la pregunta para llegar a la respuesta. David Daniel, un experto en aprendizaje de la Universidad James Madison, ofrece una «regla 80/20»: la mayoría de los estudiantes pasan el 20 % de su tiempo en la pregunta y el 80 % de su tiempo pensando la respuesta. Sería mejor, sugiere, que invirtieran esta distribución y dedicaran el 80 % de su tiempo a la pregunta.

En una frase: Las estrategias para hacer exámenes que se supone que te guiarán hasta la respuesta correcta si no conoces el contenido no funcionan, y a menudo te hacen dudar de ti mismo.

Consejo 55

En el caso de una pregunta de desarrollo, no comiences a escribir hasta que sepas cómo terminar el ensayo

La mayoría de los estudiantes necesitan elaborar menos estrategias en preguntas de opción múltiple y más en preguntas de desarrollo; no piensan lo suficiente antes de comenzar a escribir sus ensayos.

Es comprensible. Las preguntas de desarrollo son largas y, a menudo, estimulantes, por lo que la pregunta inmediatamente trae a la mente algunas ideas. Una vez que las hayas anotado en un papel borrador y hayas hecho un pequeño *brainstorming* por si te acuerdas de alguna más, es posible que sientas que puedes ver la forma que tomará el ensayo. Dado que te encuentras bajo presión de tiempo, estás impaciente por comenzar a escribir.

Los guionistas conocen bien esta tentación, como lo demuestra un viejo dicho. Cuando un escritor le dice a otro que tiene un guion excelente en el que está trabajando, el segundo a menudo le preguntará: «¿Cómo es tu final?». Es difícil comenzar un guion e inventar personajes brillantes y una situación interesante para ellos, pero es incomparablemente más difícil terminarlo de una manera que satisfaga a los telespectadores.

Lo mismo ocurre con los ensayos en un examen. Si has estudiado, probablemente puedas pensar en algunas partes importantes de una respuesta, las partes que te permitirán escribir algo que esté bien, pero es mucho más difícil colocar las últimas partes en su lugar y organizarlas de manera efectiva. Eso es lo que te llevará de un ensayo bueno a uno excelente.

Recomiendo un proceso de tres pasos para escribir ensayos. Supón que te encuentras con esta pregunta en el examen: «Escribe un ensayo que explore "apariencia frente a realidad" como un tema clave en *Hamlet*. ¿Crees que la incapacidad de Hamlet para enfrentarse a la realidad es su perdición?».

Paso 1: En papel borrador, enumera todo lo que crees que debería formar parte del ensayo. No te frenes y haz un volcado de cerebro, pero reconoce que no todo lo que pienses será relevante para la pregunta. Hay mucho en *Hamlet* que tiene poco que ver con este tema, aunque, como sabes, estarás tentado a meterlo con calzador.

Para organizar todos los datos que enumeres y para estar seguro de que incluyes datos relevantes en tu respuesta, **ordénalos por subpreguntas.** En este ejemplo, las subpreguntas son: (1) la exploración del tema «apariencia frente a realidad» y (2) la incapacidad de Hamlet para enfrentar la realidad como su principal defecto de carácter.

Organizar por subpreguntas te ayudará a evaluar las evidencias que utilizarás para respaldar tus respuestas a estas subpreguntas. Debes tener al menos dos fuentes de evidencias para cada subpregunta, y preferiblemente tres o cuatro. Si la afirmación es «A provoca B» o «A es un tipo de B», debe haber múltiples motivos para decir esto.

Además, mientras haces tu volcado de cerebro, piensa en términos de una jerarquía, tal como lo he descrito para clases y lecturas mientras estudiabas. Estás enumerando datos, temas e ideas, y no está todo en el mismo nivel de la jerarquía. En la parte superior de la jerarquía hay una conclusión; debajo hay amplificaciones de la conclusión, evidencias de la conclusión, clasificaciones de la conclusión, etc. Sé explícito en tu ensayo sobre qué tipo de relaciones estás aportando.

Finalmente, decide cuánto tiempo se puede esperar que dediques razonablemente a la pregunta. Obviamente, se esperan más detalles en cada respuesta si hay tres preguntas en un examen que si hay diez.

Paso 2: También en papel borrador, escribe un esquema. Desde el paso 1, tienes un montón de datos y has comenzado a relacionarlos considerando para qué parte de la pregunta son relevantes y la organización jerárquica de estos datos. Ahora desarróllalo en un esquema. Soy consciente de que el tiempo es escaso, pero pretendes que tu ensayo esté bien organizado y que esté compuesto de oraciones bien escritas, pero no puedes pensar en dos cosas –organización lógica y oraciones claras– a la vez. Así pues, escribe un esquema que organice tus pensamientos.

Piensa en la secuencia de tus ideas: ¿Cómo harás la transición de una idea a la siguiente? El esquema también te ayudará a detectar agujeros en tu lógica y puntos en los que necesitas más detalles. También te obligará a pensar en tu conclusión. **No empieces a escribir hasta que sepas cómo terminará el ensayo.**

Paso 3: Escribe. Si escribes un esquema con el que te sientes satisfecho, ya no tienes que pensar en la respuesta a la pregunta; ya está en tú esquema. Ahora puedes concentrarte en hacer que tu redacción sea lo más clara posible. Puedes pensar en elegir las palabras más adecuadas, hacer que tus párrafos sean coherentes y variar la longitud de tus frases.

Los profesores a veces te dirán que sólo importa la calidad de tu pensamiento, no la calidad de tu redacción. Tal vez otros profesores son mejores que yo a la hora de poner notas, porque me resulta muy difícil separar ambos conceptos. Cuando estoy leyendo algo y me siento confundido, tengo que juzgar si las ideas son incoherentes o la redacción es deficiente. Y no siempre es fácil. Incluso en el caso que te digan que redactar no cuenta, redactar lo mejor que puedas no te hará ningún daño.

En una frase: Los ensayos requieren mucho pensamiento en el acto, así que utiliza un plan de tres pasos para construir rápidamente un ensayo organizado.

Con toda la preparación que has hecho y el cuidado con el que has hecho el examen, has maximizado tus posibilidades de hacerlo bien. Pero, por supuesto, las cosas no siempre salen bien. Tal vez empezaste el curso en desventaja porque tu formación en el tema no era la más adecuada. O tal vez sencillamente has tenido mala suerte con el examen. O tal vez tu manera de estudiar y tus exámenes todavía necesitan algún ajuste. En el próximo capítulo consideraremos cómo evaluar los resultados de tu examen para determinar a dónde ir a partir de aquí.

Para los profesores

No es agradable de considerar por los profesores, pero en realidad no tenemos ni idea de si los exámenes que redactamos hacen lo que pretendemos: medir fielmente las capacidades y el conocimiento de los estudiantes. Los profesionales que desarrollan pruebas estandarizadas dedican mucho tiempo a revisar preguntas individuales en busca de ambigüedades y otros errores, pero no somos profesionales y nos falta tiempo. Aun así, pueden ir bien algunas medidas de seguridad sencillas.

Elige el formato de pregunta adecuado. Las preguntas de opción múltiple son buenas para probar distinciones detalladas entre conceptos. Las preguntas para rellenar espacios en blanco y de respuesta corta son buenas para comprobar que los estudiantes recuerdan (no sólo reconocen) ideas simples. Los desarrollos largos son buenos para evaluar la capacidad de los estudiantes para analizar y pensar críticamente. No te engañes creyendo que puedes evaluar el pensamiento crítico con preguntas de opción múltiple. Algunos de los mejores preparadores de exámenes del país que trabajan en la Evaluación Nacional del Progreso Educativo;[2] lo han intentado y han fallado.

No pruebes la capacidad de los estudiantes para leer instrucciones. Los estudiantes asumirán que tu examen debe realizarse de la misma manera que han realizado otros exámenes. Si violas esta suposición, déjalo aún más claro a los estudiantes de lo que crees que es necesario. Por ejemplo, si no quieres un párrafo largo como respuesta a una pregunta de respuesta corta, sino una lista de razones, déjalo muy claro. Si la palabra *no* es clave para entender la pregunta, ponla en negrita y subrayada.

No pongas a prueba la suerte o la intuición de los estudiantes. Diles qué esperas del examen. ¿Deben memorizar nombres? ¿Fechas? ¿Qué porcentaje de preguntas provendrá de lecturas y qué porcentaje, de las clases?

No examines conocimientos no relacionados con el contenido del curso. Ingeniosas referencias culturales —por ejemplo, «Bart Simpson es ingrávido y se mueve a 50 km por minuto»— distraen a los estudiantes que no las entienden. Además, no utilices una sintaxis complicada, preguntas innecesariamente largas u opciones de opción múltiple como «A y B» o «Ninguna de las anteriores»; examinan la capacidad de los estudiantes de tener en cuenta mucha información a la vez.

---

2. Conocida como NAEP (National Assessment of Educational Progress), la Evaluación Nacional del Progreso Educativo (NAEP, por sus siglas en inglés) fue creada en 1969 para medir el logro académico de los estudiantes de Estados Unidos. Es la principal herramienta de evaluación del nivel educativo del país. Sus resultados son utilizados por profesores, directores, padres, legisladores e investigadores para evaluar el progreso de los estudiantes y desarrollar maneras de mejorar la educación. *(N. del T.)*

No pongas a prueba la habilidad de los estudiantes para interpretar preguntas ambiguas. Dado que no puedes escribir preguntas perfectas, necesitas que de alguna forma los estudiantes puedan conseguir información aclaratoria durante el examen. Debes estar disponible durante los exámenes o permitir que los estudiantes escriban notas marginales que expliquen por qué han respondido como lo han hecho.

Mucho de lo que aconsejo aquí puede parecerte exagerado y que tal vez ofrezco demasiada ayuda para garantizar que los estudiantes entiendan lo que se les pide en un examen. Creo que es más preciso verlo como una manera de garantizar que tu examen mida lo que pretende medir.

Resumen para los profesores

- Haz coincidir el formato de la pregunta con el tipo de conocimiento a evaluar.
- Si te saltas las expectativas de los alumnos sobre las reglas básicas típicas de los exámenes, déjalo muy claro.
- Informa de antemano a los alumnos qué contenido esperas que sepan para el examen.
- No incluyas referencias culturales o, de manera más general, información superflua en las preguntas.

CAPÍTULO 9

CÓMO APRENDER DE EXÁMENES ANTERIORES

Supón que haces un examen y te va mal. Es evidente que debes cambiar algún detalle en cómo te preparas, pero ¿cuál? La mayoría de la gente concluye: «Debo estudiar más». Sin embargo, eso no es útil porque no es específico.

Considera todos los motivos por los cuales podrías haberte equivocado en una pregunta determinada:

1. No conocías el contenido que se ha preguntado en el examen porque el día que se explicó no fuiste a clase o porque no leíste un texto relevante.
2. Conocías el contenido que se ha preguntado, pero no lo entendías.
3. Entendías el contenido, pero no estaba en tus apuntes.
4. El contenido estaba en tus apuntes, pero no en tu guía de estudio.
5. El contenido estaba en tu guía de estudio, pero no lo memorizaste.
6. Memorizaste el contenido, pero fuiste incapaz de recordarlo durante el examen.
7. Podías recordar el contenido, pero entendiste mal la pregunta.
8. Tenías la respuesta correcta en mente, pero por error marcaste una opción equivocada en la hoja de examen.

Es probable que cometas algunos de estos errores a menudo y otros mucho menos frecuentemente. No es divertido analizar minuciosamente un examen que has suspendido, pero debes diagnosticar cuál es el área de mayor necesidad para saber en qué esforzarte más en un futuro.

· CUANDO EVALÚAS EN DÓNDE HAS FALLADO ·
EN UN EXAMEN

Que hará tu cerebro: Hará un diagnóstico instantáneo sobre el por qué has fallado: «Necesitaba estudiar más».

Cómo ser más listo que tu cerebro: Supera el impulso de distanciarte del examen suspendido y analiza qué ha ido mal. Este análisis puede orientar tu esfuerzo para el próximo examen.

Los consejos de este capítulo te indican cómo utilizar los exámenes completados para identificar posibles problemas en tu preparación. También abordará un par de problemas comunes con los que los estudiantes se encuentran cuando hacen este análisis.

CONSEJO 56

Clasifica tus errores

Averiguar qué ha ido mal en un examen significa analizar las preguntas que no pudiste responder. Comienza marcándolas, pero **también marca aquellas en las que respondiste sin estar seguro y tuviste suerte.** En realidad, tampoco las podías responder.

Ahora bien, ¿cómo deberías analizarlas? A continuación, cubriré las preguntas del examen para las cuales el redactor del examen tenía en mente una respuesta específica, como preguntas de opción múltiple, preguntas para rellenar espacios en blanco y problemas de cálculo que podrías encontrar en exámenes de matemáticas o de ciencias. Hay dos maneras de evaluar tus errores.

En primer lugar, puedes **analizar el contenido** de las preguntas que respondiste mal. La forma más evidente de hacerlo es por tema.

¿Fallaste muchas preguntas que se basaban en un tema concreto? ¿La mayoría de las preguntas que fallaste eran basadas en lecturas o bien en clases? ¿Las preguntas que fallaste se referían a datos y detalles concretos, o bien a temas más generales? Si puedes identificar un patrón en el contenido de las preguntas que fallaste, debes prestar atención a la exhaustividad de tus apuntes y de tu guía de estudio antes del próximo examen. Consulta con tu grupo de estudio para asegurarte de que tienes todo el contenido.

Verifica si el contenido que fallaste estaba tanto en tus apuntes como en tu guía de estudio. Si no es así, estás racaneando en tu guía de estudio. La próxima vez, asegúrate de que en ella lo tienes *todo*.

¿Las preguntas que fallaste exigían que recordaras una información concreta, o se te pedía que aplicaras los conocimientos de una manera nueva? La aplicación de los conocimientos siempre es más difícil, pero puedes mejorar respondiendo algunas preguntas (*véase* el capítulo 6).

En segundo lugar, **analiza lo que pasó por tu cabeza cuando viste cada una de las preguntas que respondiste mal en el examen.** A continuación, te comento ocho pensamientos comunes que las personas tienen cuando revisan las preguntas que respondieron mal, junto con lo que probablemente significa cada pensamiento.

1. **Me sorprendió que esta pregunta entrara en el examen.** Esto significa que o bien te perdiste todo el contenido (es decir, no está en tus apuntes) o bien juzgaste que no era importante y, por lo tanto, no lo pusiste en tu guía de estudio. Omitir una o dos preguntas por este motivo es bastante común, pero si te perdiste varias preguntas por este motivo, la solución es evidente: debes tener más cuidado para asegurarte de que tu guía de estudio esté completa.

2. **Ninguna de las respuestas me pareció correcta (en una pregunta de opción múltiple).** Posiblemente entendiste el concepto, pero no lo incluiste en tu guía de estudio, o bien no entiendes el concepto, aunque creas que sí. Sin embargo, el escenario más probable es que lo que hay en tus apuntes o en tu guía de estudio no sea del todo correcto. Comparar tu

183

comprensión del material con la de otras personas puede ayudar (*véase* el consejo 23).

3. **La respuesta me parece lo suficientemente clara ahora, pero no podía recordarla durante el examen.** No estudiaste lo suficiente tu guía de estudio. Probablemente necesitabas hacer algo de sobreaprendizaje (*véase* el consejo 50). También puedes revisar los consejos sobre recuperación de recuerdos en el capítulo 8.

4. **Me dijeron que esta pregunta demostraba un concepto en particular y estudié ese concepto, pero no vi cómo se relacionaba.** He mencionado el recuerdo directo de información frente a la aplicación de ideas; no ver que un concepto es relevante es un problema de aplicación. Puedes estudiar cómo el perro de Pavlov aprendió a salivar al oír una campana y estudiar ese tipo de aprendizaje en algunos otros contextos (por ejemplo, un niño es arañado por un gato y luego teme a los gatos), pero no ver que una situación descrita en una pregunta de examen (por ejemplo, que te llegue a gustar un perfume porque una mujer atractiva se lo pone) es el mismo tipo de aprendizaje. Éstas son algunas de las preguntas más difíciles y el capítulo 6 describe cómo prepararse para ellas.

5. **Cometí un error estúpido.** Comenzaste a leer la pregunta, reconociste algunos términos clave y estabas seguro de que sabías de qué iba, por lo que escribiste tu respuesta corta, pero no te fijaste en la palabra *no* en la pregunta. O en un examen de matemáticas en la que debías aplicar $(x + y)^2$ te olvidaste de elevar al cuadrado. Seguramente estos errores son los más frustrantes, pero por fortuna no reflejan un problema profundo. Sólo necesitas tomarte más en serio el consejo de comprobar tus respuestas que se explica en el capítulo 8.

6. **Todavía no entiendo por qué mi respuesta es incorrecta.** Lo más probable es que tus apuntes o tu guía de estudio no sean lo suficientemente detallados. Hay un concepto que comprendes parcialmente, pero te falta un detalle importan-

te que te impide ver por qué tu respuesta está algo equivocada. Consulta con el profesor para tener más información.

7. **Pensé demasiado.** Pensar demasiado se da cuando empleas
una estrategia para hacer exámenes. O te convenciste de una
respuesta incorrecta o te convenciste de una interpretación
extraña de lo que se preguntaba (*véase* el consejo 54).

8. **Era una pregunta capciosa.** Consideras que conocías el
contenido y, si se hubiera planteado una pregunta directa al
respecto, la habrías respondido bien. Sin embargo, la pregunta te llevó por un camino mental equivocado porque la
redacción era engañosa. Abordaremos las preguntas capciosas más adelante en este mismo capítulo.

Si tus errores tienden a pertenecer a una o dos de estas categorías,
genial; tienes una buena idea de qué trabajar. Lee los consejos que te
ofrezco en los capítulos correspondientes de este libro y comprueba si
seguirlos te ayuda en el próximo examen.

Si por el contrario tu análisis te indica que no se trata únicamente de
uno o dos problemas –es decir, que estás fallando en muchos problemas
por muchas razones–, es posible que tus problemas de raíz sean la planificación y la organización. Consideramos esos desafíos en el capítulo 10.

En una frase: Analiza las razones por las que te equivocaste en las
preguntas considerando qué estabas pensando cuando tratabas
de responderlas; esto te dirá qué paso salió mal cuando te estabas preparando para hacer el examen.

CONSEJO 57

Analiza en qué te equivocaste en las preguntas de desarrollo

Uno pensaría que sería fácil analizar en qué fallaste en las preguntas de
desarrollo de un examen. Las preguntas de opción múltiple, de verda-

dero o falso, o de rellenar los espacios en blanco requieren un *feedback* mínimo, pero para las preguntas de desarrollo esperas más información. Pero, por supuesto, no siempre la consigues. Aportar este tipo de *feedback* requiere mucho tiempo para el profesor. Cuando corrijo, puedo tener toda la buena intención de escribir comentarios claros y detallados sobre cada examen, pero cuando me enfrento a ochenta exámenes y tengo el tiempo limitado, termino escribiendo comentarios fútiles del estilo «Incompleto» al lado de una enorme parrafada. (Todavía recuerdo un comentario que mi profesor escribió en mi examen final de un curso de literatura estadounidense del siglo xx. Toda la respuesta del profesor consistió en «No. C+»).

Si los comentarios son mínimos, siempre puedes pedirle más información al profesor. Si no es una opción, al menos comprueba si alguien más en tu grupo de estudio ha sacado la máxima nota con las preguntas que te resultaron difíciles. Ver lo que se considera una buena respuesta puede ayudarte a identificar lo que le faltaba a tu respuesta. Por ejemplo, puedes comprobar que tu compañero de clase puso ejemplos más detallados o reunió evidencias de más temas de la asignatura. Luego puedes hacer el trabajo a la inversa para descubrir cómo prepararte de manera más efectiva. (En el caso de algunos exámenes estandarizados –por ejemplo, exámenes de Ubicación Avanzada–,[1] puedes ver exámenes de muestra con explicaciones de cómo se puntuarían).

También debes **considerar qué tipo de ensayos se te pidió que escribieras.** Dos tipos de preguntas dominan los exámenes de desarrollo. Algunos profesores te piden que elabores y expliques el contenido. Quizás te pasaste todo un día en tu clase de microeconomía hablando sobre la elasticidad de las variables económicas. Una pregunta de desarrollo podría ser «Define *elasticidad* y nombra tres formas de medirla, con las ventajas y las desventajas de cada una de ellas». Esta pregunta

---

1. La Ubicación Avanzada (AP, por *Advanced Placement*) es un programa creado por el College Board que se aplica en Estados Unidos y Canadá, que ofrece planes de estudio y exámenes de nivel universitario a estudiantes de instituto. *(N. del T.)*

exige el recuerdo directo del contenido, contenido que debería estar en tu guía de estudio y memorizado. Por cierto, también se trata de un tipo de pregunta fácil de puntuar. El examinador sabe exactamente lo que está buscando y puede establecer un valor en puntos para cada parte esperada de la respuesta (una definición, tres medidas y las ventajas y desventajas de cada medida).

Por lo tanto, en este caso es fácil para ti evaluar en qué te equivocaste si no sacaste la nota máxima. Tal como hiciste con las preguntas de opción múltiple y de respuesta corta, debes evaluar si no incluiste el contenido en tus apuntes, si no lo incluiste en tu guía de estudio, si no lo memorizaste, etc.

En el segundo tipo de pregunta de desarrollo, se te pide que evalúes algo nuevo: una conclusión, tal vez, o una situación hipotética. Hay algunos motivos por los que tu respuesta a este tipo de pregunta puede estar equivocada.

En primer lugar, **el profesor puede tener una respuesta particular en mente y tú sencillamente no la ves.** Imagina que te estés preparando para ser maestro, estás matriculado en una asignatura de enseñanza de la lectura y en el examen final se te plantea esta pregunta: «¿Sería una buena o una mala idea ofrecerle a una niña de ocho años un dólar por cada libro que lea durante las vacaciones de verano?». No puedes pensar en nada de lo que hayas estudiado que aborde esta pregunta, así que sencillamente escribes lo que esperas que sea una respuesta coherente, añadiendo ideas que parezcan relevantes a medida que se te ocurren. Dado que la pregunta no incluía las palabras «recompensa» o «motivación», olvidaste que la mitad de una clase se dedicó a la relación entre recompensa y motivación, más específicamente, la idea de que recompensar a las personas por hacer algo puede resultar contraproducente y hacer que se sientan menos motivadas para llevar a cabo la actividad recompensada.

Este problema es similar al descrito en el capítulo 6: la pregunta requiere que mires más allá de las circunstancias particulares (lectura, dinero) a los principios subyacentes (motivación, recompensa). Si esperas preguntas profundas como ésta en el próximo examen, revisa los consejos que se ofrecen en el capítulo 6.

Veamos ahora la segunda forma en que este tipo de respuesta de desarrollo puede estar equivocada. Es posible que te encuentres en el camino mental correcto, pero terminas escribiendo un ensayo pobre porque no presentas un argumento, está desorganizado o no utilizas bien las transiciones, por lo que el profesor no puede ver cómo encaja todo. **Tienes muchos datos correctos en tu desarrollo, pero no los ensamblas para que construyan algo más grande.** La pregunta de ejemplo sobre pagarle a una niña de ocho años exige explícitamente que saques una conclusión sobre la idea. Probablemente deberías señalar tanto las ventajas como las desventajas del pago de dinero, pero al final deben sopesar las evidencias y concluir que es «buena idea» o «mala idea». Si falta esa conclusión o no parece justificada, tu ensayo podría haber sido mejor.

Una tercera posibilidad es que recuerdes el contenido relevante y lo incluyas, pero **llenas tu ensayo con un montón de cosas irrelevantes.** Estás bastante seguro de que se supone que debes comentar las recompensas y la motivación, pero crees que siempre existe la posibilidad de que el profesor tenga algo más en mente, por lo que parece que no está de más añadir otras cosas a tu ensayo. Así pues, escribes sobre por qué la lectura es importante para tener éxito en la escuela, resumes cosas que recuerdas de una clase de psicología del desarrollo sobre cómo son los niños de ocho años y analizas cómo los psicólogos conductistas utilizan las recompensas en sus teorías.

Los estudiantes a menudo piensan: «Cuanto más demuestre lo que sé, mejor». Puede ser, pero por lo general, no. Algunos profesores te dicen específicamente que te bajarán la nota si cargas tu ensayo con cosas irrelevantes con la esperanza de puntuar. Aunque no sea una norma, cuando estoy corrigiendo un examen, me resulta difícil pasar por alto que tienes tres puntos buenos en tu ensayo y cuatro datos que son ciertos, pero ninguno de ellos está relacionado con la pregunta. Es como si alguien me sirviera helado con salsa de carne: «¿Qué pasa? ¿No te gusta la salsa de carne?». «Sí, pero no con el helado».

La manera de evitar este problema es ser más crítico con lo que se debe incluir en el ensayo cuando escribes el resumen.

Una cuarta posibilidad es que **tu ensayo sea bueno, pero se ajuste de manera muy mediocre a lo que se pedía en la pregunta.** Por ejemplo, supón que una pregunta de examen final en un tema sobre Shakespeare te pide que compares la visión del amor en las obras de Shakespeare y en el drama griego. El profesor espera que te centres en *Romeo y Julieta*, pero por alguna razón apenas mencionas esa obra y basas tu respuesta en *Hamlet*, la otra obra de Shakespeare que leíste. No es un mal ensayo, pero fuiste por un camino mental equivocado desde el principio. Lo que tenías que hacer era un *brainstorming* más largo antes de comenzar a escribir, incluso antes de comenzar a hacer un esquema. Es probable que pensaras primero en *Hamlet* y, nervioso, te abalanzaras hacia esa respuesta.

Finalmente, consideremos la mala redacción. La mayoría de los examinadores no te bajarán la nota por errores gramaticales, faltas de ortografía, errores de uso y similares. Te *podrían* quitar uno o dos puntos si adoptas un lenguaje muy informal e inapropiado en la respuesta, como, por ejemplo, «La gente piensa que Kant es profundo y todo eso, pero muchas veces cuando lo lees, sencillamente parece chiflado».

Ahora bien, la política podría ser «sin penalización por la gramática», pero si tu ensayo está lleno de errores gramaticales y está en el límite entre dos notas, es posible que un examinador no te dé el beneficio de la duda. Dicho esto, si sacas una mala nota en un ensayo, no concluyas: «Supongo que al profesor sencillamente no le gusta mi escritura». Los profesores tienen experiencia y están acostumbrados a muchos estilos de escritura diferentes. Dedica un poco más de tiempo a una revisión final antes de entregar el examen.

En una frase: Incluso aunque el examinador aporte muy poco *feedback* sobre por qué te ha puesto la nota que has sacado en una pregunta de desarrollo, si conoces las formas típicas en que las preguntas de desarrollo salen mal, puedes entender por qué has sacado una nota baja y sabrás cómo mejorarla en el próximo examen.

Consejo 58

Contempla las preguntas capciosas por lo que son

He aquí un acertijo: Imagina que estás en un bote de remos que se está hundiendo. No hay tierra a la vista y estás rodeado de tiburones hambrientos. ¿Qué debes hacer?

Respuesta: Deja de imaginar.

¿Por qué la gente se queja cuando oye un acertijo como éste? Porque esperan que la respuesta requiera algo de inteligencia, alguna habilidad para resolver problemas. En cambio, pillarlo requiere que asuman mala fe por parte del narrador, mala fe porque cuando te digo una adivinanza, te invito a imaginar, a fingir que este mundo inventado es real y que las cosas se comportan de la misma manera en el mundo de las adivinanzas como lo hacen en el mundo real. Sin esta regla, las adivinanzas no tienen sentido; cuando planteas la adivinanza del bote de remos que se hunde, sencillamente podrías responder: «Saco un helicóptero de mi bolsillo y me voy volando».

Las preguntas capciosas en los exámenes se asemejan a una adivinanza de mala fe. Alguien que conoce el contenido respondería la pregunta capciosa de esta manera, pero el profesor tiene una explicación retorcida para otra respuesta. El estudiante ve «2 + 3 = ?» y escribe «5», sólo para que le digan: «No, no, eso no era un signo más, era un signo de multiplicación girado. La respuesta correcta es 6».

Creo que **las preguntas capciosas en los exámenes son bastante raras.** Las personas que escriben los exámenes quieren saber qué saben los examinados. Si son profesores, también quieren que los estudiantes disfruten de la asignatura y aprecien la materia. Ambos objetivos se ven socavados con las preguntas capciosas.

Si crees que tu profesor plantea preguntas que requieren mucha interpretación sutil, háblalo con las otras personas en tu grupo de estudio. Apostaría a que piensan que la pregunta que tú consideras que es capciosa en realidad es bastante clara…, pero cada uno de ellos tiene una o dos preguntas diferentes que *ellos* consideran capciosas.

Cuando una pregunta parece capciosa, **por lo general el problema radica en el conocimiento del contenido por parte del estudiante, no en la redacción de la pregunta.** Por ejemplo, supón que te plantean esta pregunta:

Las pinturas del Romanticismo en la Europa occidental:

- Están centradas en los paisajes y rara vez incluyen figuras humanas.
- A menudo muestran fuerzas de la naturaleza en acción e incluyen figuras humanas.
- Están centradas en temas de la mitología griega.
- Eran totalmente religiosas.

Sabes que a los románticos no les gustaba el período clásico y no eran religiosos en el sentido tradicional, por lo que C y D no son correctas. También sabes que los románticos se centraron en la naturaleza, pero te cuesta elegir entre A y B. Finalmente te decides por la respuesta A porque parece que no haber seres humanos significa que hay un mayor énfasis en la naturaleza. Sin embargo, la respuesta correcta resulta ser B. Estás enfadado porque ambas respuestas parecen muy similares y la respuesta correcta parece inconsistente con lo que creías entender sobre el Romanticismo. La principal diferencia entre las respuestas A y B parece radicar en si se incluyen las figuras humanas o si éstas sólo se incluyen rara vez. Así que todo parece reducirse a la definición de *rara vez*, lo que parece realmente subjetivo.

Pero tu interpretación no ha sido del todo correcta, porque tu conocimiento de la materia no es lo suficientemente profundo. Sabes que los pintores románticos buscaban retratar la naturaleza, pero no sabes que se centraban especialmente en su poder imponente. Las personas aparecían en sus pinturas como espectadores del esplendor de la naturaleza; es importante que las figuras fueran a menudo diminutas, porque eso resaltaba su insignificancia.

Las preguntas también pueden parecer capciosas porque el «conocimiento chas» no funciona. Por ejemplo, supón que el profesor ha utilizado «Cayó el telón de la noche» como ejemplo de una metáfora. La mayoría de los estudiantes tienen ese ejemplo en sus apuntes y lo estudian como tal. Pero en el examen aparece este ejemplo:

«La noche cayó como una suave nieve» es un ejemplo de:

- Un símil.
- Una metáfora.
- Una analogía.
- Ninguna de las anteriores es correcta.

Haber estudiado «Cayó el telón de la noche» como un ejemplo de metáfora significa que tu memoria tendrá esos conceptos agrupados. Cuando lees «Cayó la noche» en la pregunta del examen, «metáfora» aparece en tu mente. Pero, por supuesto, el uso de la palabra «como» significa que es un símil, no una metáfora. Evito escribir preguntas para las que el «conocimiento pop» te conduce a una respuesta incorrecta, pero las verás en los exámenes (*véase* el consejo 52).

Es cierto que a veces los profesores incluyen sin darse cuenta preguntas de opción múltiple con dos respuestas que son defendibles o con una pregunta cuya redacción es confusa. Los buenos profesores admitirán que es así y puntuarán ambas respuestas. Pero no asumas que debe ser así si tu respuesta te parece correcta, pero en cambio está marcada como incorrecta. Lo más probable es que entendieras el contenido lo suficientemente bien como para elegir una respuesta parecida, pero no lo suficientemente bien como para elegir la correcta.

En una frase: La mayoría de las veces que te encuentras con una pregunta capciosa o confusa, es porque tu conocimiento del contenido no es lo suficientemente profundo.

CONSEJO 59

Piensa en lo que has respondido bien

El hecho de que busques información sobre lo que has fallado en un examen no debe significar que no reconozcas y aprecies lo que has respondido bien. Has aprendido algo, aunque eres consciente de que lo podrías haber hecho mejor y te sientes decepcionado con tu nota. **Date crédito por el trabajo realizado.** Las personas que están desanimadas y desesperanzadas con respecto a su trabajo: (1) no son realistas, (2) es probable que se sientan menos motivadas para el trabajo futuro y (3) son una compañía realmente aburrida. Espabila.

Pero esto no va sólo del estado de ánimo y la motivación. Has analizado las preguntas que has fallado para saber qué no hacer. **También debes analizar las preguntas que has respondido correctamente, para averiguar qué debes seguir haciendo.** ¿Estás reteniendo los datos? ¿Eres bueno con las lecturas? ¿Eres astuto para no dejarte engañar por el «conocimiento chas»? Sea lo que sea, haz una reverencia y sigue así, sobre todo si tu éxito es el resultado de probar algo nuevo en tus estudios.

Analizar las preguntas que has respondido correctamente también puede **refinar tu sentido de lo que necesitas trabajar.** Por ejemplo, cuando has revisado las preguntas que has respondido mal, es posible que hayas observado que muchas de ellas te pedían que integraras ideas de diferentes clases. Pero luego, cuando analizas las que has acertado, observas que hay una serie de preguntas de integración de varias clases. Así que ahora te puedes preguntar: «¿Hay algo diferente entre las que he acertado y las que he fallado?». Tal vez veas que eras bastante bueno en estas preguntas al principio del período de evaluación, pero a medida que ha ido avanzando el curso ya no has tenido tiempo de integrar las ideas al reorganizar tus apuntes. Evaluar tus puntos fuertes puede ayudar a agudizar tu comprensión de tus debilidades.

Saber qué cambiar en tu trabajo futuro requiere reconocer tanto los aciertos como los errores.

En una frase: Presta atención a lo que has hecho bien, porque te hará sentir más animado y porque te ayudará a refinar tu comprensión de aquello que necesitas trabajar.

Consejo 60

No te avergüences

De vez en cuando me encuentro metido en una conversación en la que alguien describe cuál sería su experiencia personal del infierno. Durante años, explicaba que mi visión era que el diablo me llevaba a una habitación pequeña con un único taburete bajo, en el que me sentaba mientras alguien me leía en voz alta mi trabajo de último año de la universidad durante toda la eternidad. Así pues, si estás desanimado por la perspectiva de diseccionar un examen que has suspendido, te entiendo.

Norman Vincent Peale[2] dijo que la mayoría de nosotros preferiríamos «ser arruinados por los elogios que salvados por las críticas». Aun así, *puedes* superar tu reticencia a repasar lo que ha salido mal en un examen.

Algunas personas sacan la conclusión equivocada acerca de lo que dice, sobre ellas un examen suspendido porque tienen una perspectiva distorsionada sobre la educación y la inteligencia. Creen que:

1. Naces inteligente o no inteligente, y eso no se puede cambiar.
2. La gente inteligente no comete errores.

---

2. Norman Vincent Peale (Bowersville, Ohio–Pawling, Nueva York) fue un líder religioso estadounidense influyente e inspirador que, después de la Segunda Guerra Mundial, trató de inculcar una renovación espiritual en Estados Unidos con sus sermones, columnas de periódicos y libros. Defendía que una actitud mental positiva y la creencia en uno mismo son tan necesarias como la creencia en Dios, ideas que recoge su superventas *El poder del pensamiento positivo. (N. del T.)*

Si estas afirmaciones son ciertas, implica que, si cometes errores, le estás mostrando al mundo que no eres inteligente, y no se puede hacer nada para cambiar eso porque la inteligencia es innata. Puedes ver por qué estudiar detenidamente los errores sería bastante amenazante para tu sentido de identidad. Afortunadamente, estas premisas no son ciertas.

Veamos lo que dice la investigación sobre la variabilidad de la inteligencia. La inteligencia tiene dos componentes: la cantidad de cosas que sabes y la facilidad y la velocidad con las que puedes mover la información en tu mente. Este segundo factor –que podríamos llamar «velocidad mental»–, probablemente no se pueda cambiar. La gente ha tratado de desarrollar programas de entrenamiento para mejorarlo, pero nadie lo ha logrado, al menos hasta ahora.

Sin embargo, el otro factor –lo que sabes– es fácilmente modificable. **Aprender más información te hace más inteligente.** No obstante, aprender puede ser desincentivador porque las personas que son buenas en la parte de la velocidad mental son mejores que el resto de nosotros cuando realizamos una nueva tarea. En otras palabras, si dos personas aprenden a jugar al ajedrez, la persona con una buena velocidad mental aprenderá el juego más rápido y vencerá a la persona con una velocidad mental más lenta. Pero si la segunda persona practica, ganará conocimientos de ajedrez –de aperturas estándar, por ejemplo– y pronto derrotará a su oponente de velocidad mental elevada pero que carece de ese conocimiento.

Puedes ganar en inteligencia en cualquier materia que quieras. Sólo necesitas aprender la materia.

La segunda premisa –que las personas inteligentes no cometen errores– también es obviamente falsa. ¿Quién no comete errores? Probablemente sea cierto que las personas que consideras inteligentes no cometen tantos errores, pero eso se debe a que trabajan duro.

En la escuela, a los alumnos a veces les gusta afirmar que no han leído los textos recomendados, que no han estudiado para los exámenes, etc. Hacen esta afirmación porque se ajusta a la creencia de que las personas inteligentes son inteligentes por naturaleza y no necesitan esforzarse. He estado en escuelas como estudiante o como profesor, literalmente, toda mi vida, y puedo afirmar con rotundidad que los estudiantes a los que les va bien en la escuela trabajan duro, con excepciones extremadamente raras.

Parte de trabajar duro en la escuela es descubrir lo que no haces bien para poder concentrar tu energía allí donde es necesaria. La persona que saca excelentes en todo es la persona que no tiene miedo de aprender de sus errores. **Repasar los errores del examen puede hacerte *sentir* tonto, pero en realidad estás haciendo lo que hace la gente inteligente.** Deberías recordártelo a ti mismo.

Hay otras cosas que también deberías decirte a ti mismo. Recuerda lo lejos que has llegado. De acuerdo, tal vez has subestimado lo que se necesitaba para alcanzar tu objetivo, pero eso no niega lo que has logrado. ¿Qué hubiera pasado si no hubieras trabajado tan duro como lo has hecho? También es posible que quieras recordarte por qué aprobar esta asignatura, el examen de certificación o lo que sea que te importe. Tu sueño no era sacar un excelente en este cuestionario; tienes un objetivo más grande a largo plazo. Sigues teniendo este objetivo, y un contratiempo no debería disuadirte de continuar esforzándote para lograrlo.

Si todavía sientes que supone una carga terrible revisar el examen que has suspendido, a continuación te comento un método que te podría ser de gran ayuda las primeras veces.

Para superar tus reticencias iniciales, prométete que, como primer paso, *lo único* que harás es clasificar tus errores (*véase* el consejo 56). No correrás para buscar la respuesta correcta ni defenderás mentalmente la respuesta que diste. Simplemente ordenarás las preguntas que fallaste. Si comienzas a criticarte por fallar preguntas, dirás en voz alta: «Estoy haciendo lo que hace la gente inteligente después de un examen. Esto parece patético, pero es lo correcto». Algún tiempo después, retómalo y mira el material de las lecturas y tus apuntes (según sea necesario) para tener una mejor idea de lo que ha pasado exactamente en cada pregunta que respondiste mal; puedes cambiar de opinión acerca de a qué categoría pertenecen algunos errores. Algún tiempo después, evalúa la consistencia de los errores que cometiste. Dividir el trabajo en diferentes sesiones puede parecer contradictorio, porque estás ansioso por terminar de una vez. Sin embargo, dividir el trabajo en partes más pequeñas hará que los sientas menos intimidatorio.

En una frase: Quizás pienses que los estudiantes competentes no cometen muchos errores; los cometen, pero lo que los diferencia de los estudiantes que no tienen éxito es su voluntad de enfrentarse a sus errores y aprender de ellos.

Para los profesores

Creo que es valioso repasar un examen evaluado en clase, pero no explicar por qué una respuesta es correcta y otra incorrecta. Creo que deberías ayudar a los estudiantes a analizar los tipos de errores que han cometido, como he hecho en los consejos 56 y 57. Este tipo de análisis no será familiar para muchos estudiantes y es una herramienta que pueden utilizar en otras clases.

Por supuesto, los estudiantes siguen necesitando alguna forma de conseguir explicaciones sobre por qué las respuestas son correctas o incorrectas. Este mecanismo puede consistir en reuniones individuales, maneras de contactar online o una clave de respuesta con comentarios escritos. Me gusta reunirme individualmente con aquellos estudiantes que desean comentar las respuestas de los exámenes, porque para mí supone una oportunidad de mantener una conversación más profunda sobre los obstáculos para su aprendizaje y hablar sobre técnicas de estudio, toma de apuntes y todo lo demás.

Un aspecto de estas reuniones que algunos profesores —especialmente en la educación superior— no disfrutan es que pueden ser conmovedoras. Los estudiantes que buscan *feedback* suelen ser los que han suspendido. De hecho, a menudo quieren verte menos por consejos abstractos sobre el aprendizaje y más porque ven inminente un desastre académico. Estos estudiantes están molestos.

De hecho, a veces el deseo de reunirse contigo tiene más que ver con la emoción que con cualquier otra cosa. El estudiante quiere ser escuchado. Está sobre todo enfadado consigo mismo y no espera que hagas nada. Sólo quiere que sepas que está decepcionado con su actuación.

Otras veces el examen es una excusa. El estudiante se acerca al profesor porque tiene un problema vital grave. Enseño en una universidad en la que la mayoría de los estudiantes provienen de familias acomodadas, pero en los últimos años he tenido en mis clases: (1) un estudiante cuyos padres se habían distanciado de él y trabajaba toda la noche como camarero para ganar lo suficiente y poder seguir yendo a la universidad; (2) un estudiante que tuvo que acoger a su sobrina porque su hermana tenía problemas con las drogas; (3) un estudiante que vivía en la estación de autobuses de Charlottesville, y (4) muchísimos estudiantes con depresión o ansiedad incipientes o completamente desarrolladas.

A veces, una nota baja en un examen sirve como un desencadenante para que un estudiante que está atravesando una situación difícil se dé cuenta. Pero, a veces, estos estudiantes también buscan ayuda con sus estudios, aunque no revelan nada sobre sus circunstancias. Los educadores deben mantener sus ojos y sus oídos (y sus corazones) abiertos para discernir por qué un estudiante los ha ido a buscar.

Y cuando un estudiante te busque, no subestimes el poder de tus palabras. Si llevas tiempo ejerciendo de profesor, es probable que un antiguo estudiante regrese y te cuente en detalle una conversación que tal vez ni siquiera recuerdes, pero que resultó ser muy importante para él. Nos encantan esas historias porque somos el héroe. A veces me pregunto cuántas veces dije algo negativo o impaciente y por eso creé un momento memorable por la razón equivocada. Ten en cuenta lo vulnerables que son muchos de tus estudiantes.

Resumen para los profesores

- Utiliza las horas de clase para diseccionar un examen.
- Ofrece un mecanismo alternativo mediante el cual los estudiantes puedan conseguir detalles sobre el contenido fáctico

de las preguntas y las respuestas, es decir, por qué determinadas respuestas son correctas o incorrectas.

- Reunirte individualmente con los estudiantes para tratar su desempeño en el examen lleva mucho tiempo, pero es una manera efectiva de tener conversaciones profundas sobre los obstáculos que surgen para su aprendizaje.

- Recuerda que los estudiantes pueden tener dificultades en tu asignatura porque están experimentando problemas vitales serios que son reticentes a compartir.

- Recuerda que tus palabras tienen más poder sobre los estudiantes de lo que te imaginas.

CAPÍTULO 10

CÓMO PLANIFICAR TU TRABAJO

E ste capítulo está escrito para personas que nunca se han acostumbrado a planificar su trabajo. Sorprendentemente, esto incluye a la mayoría de los estudiantes universitarios. Cuando son encuestados, la respuesta más frecuente a la pregunta: «Cuando estás estudiando, ¿cómo eliges en qué trabajar?» es: «Hago lo que viene a continuación».

Nos ocuparemos de dos aspectos de la planificación: recordar llevar a cabo las tareas en el momento adecuado y asegurarte de que tienes suficiente tiempo para completarlas. Recordar hacer cosas apela a la **memoria prospectiva**; así se llama cuando tienes la intención de hacer algo en el futuro y más adelante recuerdas hacerlo. Es el tipo de memoria en la que confías cuando notas que tienes poca gasolina por la mañana y piensas: «Debería poner gasolina de camino a casa esta noche». Otro ejemplo de memoria prospectiva es tomar medicamentos: recoges tus pastillas en la farmacia sabiendo que debes acordarte de tomar una pastilla tres veces al día durante los próximos cinco días.

Evidentemente, la memoria prospectiva puede fallar –te olvidas de poner gasolina o de tomar tu pastilla cuando toca–, pero la solución parece evidente: no confíes en la memoria. En vez de ello, **establece un recordatorio para refrescar la memoria en el momento adecuado**: puedes dejar una nota en el volante para que la veas cuando comiences a conducir hacia casa o programa una alarma en tu teléfono móvil para saber la hora a la que debes tomarte el medicamento. Es una buena estrategia, pero configurar algo para hacerte recordar una cosa debe ser algo constante si vas a confiar en tales recordatorios.

El segundo aspecto de la planificación es juzgar cuánto tiempo llevará completar la actividad. **La gente subestima constantemente cuánto tiempo llevará hacer las cosas.** Esto se llama la «falacia de la planificación». Sólo tienes que pensar en la última vez que te informaste sobre algún trabajo importante de construcción pública; siempre parece que van con retraso y sobrepasan el presupuesto. Por ejemplo, se suponía que la Ópera de Sídney abriría en 1963 con un coste de 7 millones de dólares australianos, pero se terminó con diez años de retraso y costó nada menos que ¡102 millones de dólares australianos!

Los planificadores de proyectos no son estúpidos, pero confían demasiado en que sus soluciones a problemas difíciles acaben funcionando. Por ejemplo, un obstáculo en la construcción de la Ópera de Sídney fue el fracaso del sistema diseñado para desviar las aguas pluviales. Además, las personas tienden a ignorar por completo un potencial problema si suponen que es poco probable que ocurra. Eso suena lógico: ¿por qué preocuparse por algo que probablemente no ocurrirá? El problema es que hay *muchísimas* maneras de retrasar un proyecto complicado. Cada uno de los problemas es, por sí solo, muy improbable, por lo que los ignoramos todos, pero en conjunto es bastante probable que ocurra uno de ellos.

La falacia es fácil de abordar: una vez que aceptas que es real, sólo necesitas dedicar más tiempo al trabajo del que crees que necesitarás. En cambio, protegerse frente a posibles fallos de la memoria es más complicado. El remedio es bastante fácil de describir: debes adquirir el hábito de escribir lo que se supone que debes hacer *y* el hábito de revisar tu lista de tareas pendientes. Pero desarrollar los hábitos requiere algo de perseverancia.

• CUANDO PLANIFICAS TU TRABAJO •

Qué hará tu cerebro: No asignará suficiente tiempo para completar el trabajo programado y olvidará que has planificado ese trabajo.

> **Cómo ser más listo que tu cerebro:** Establece una pequeña serie de hábitos sencillos para asegurarte de saber qué trabajo se espera que termines y cuándo.

En este capítulo sugeriré una especie de solución al problema de la planificación. La programación se simplifica enormemente cuando, en lugar de planificar el tiempo para trabajar en cada proyecto, **planificas trabajar una cantidad constante de tiempo cada día.**

CONSEJO 61

Duerme lo suficiente

Las personas, y en especial los estudiantes, tienden a tratar el sueño como una actividad opcional, asumiendo de forma extraña que de alguna manera el sueño se las apañará o que recuperarán el sueño durante el fin de semana. Es frecuente que las personas experimenten con el sueño de maneras que no experimentarían con otras necesidades básicas, como la comida o la respiración.

Sin embargo, el sueño tiene un efecto directo en tu rendimiento cognitivo. Es fácil darse cuenta de que **la falta de sueño hace que sea más difícil pensar y prestar atención** al día siguiente. También hace que el estado de ánimo de las personas sea más errático, por lo que no es muy divertido estar cerca de ellas. Lo que es más sorprendente es que la pérdida de sueño también echa a perder el aprendizaje del día anterior. Lo que aprendes hoy pasa a la memoria hoy, pero hay otro proceso por el cual la memoria se «consolida», volviéndose más definitiva y resistente a la pérdida. Este proceso depende del sueño. Por lo tanto, **la pérdida el sueño interrumpe lo aprendido el día anterior.**

Según los Centros para el Control y la Prevención de Enfermedades de Estados Unidos,[1] los adolescentes deben dormir entre ocho y

---

1. Conocidos como CDC (Centers for Disease Control and Prevention), son la agencia nacional de salud pública de Estados Unidos. *(N. del T.)*

diez horas cada noche y los adultos, entre siete y nueve horas. El porcentaje estimado de personas que realmente duermen tanto varía en función del estudio, pero es probable que sea inferior al 50 %.

La mayoría de nosotros no dormimos lo suficiente porque nos acostamos demasiado tarde; es decir, el problema no es que nos despertemos temprano por la mañana, antes de que suene la alarma. Aunque a veces te mantienes despierto hasta más tarde de lo que deseas, muchas veces sencillamente no tienes sueño cuando es hora de ir a la cama. ¿Por qué?

Tu cuerpo es sensible a dos señales que indican «Es hora de dormir». Uno es el reloj interno del cuerpo, especialmente la producción de una hormona llamada «cortisol». El cortisol es como una alarma. Tu cuerpo produce mucho cortisol por la mañana y menos por la noche. El reloj interno de tu cuerpo se nota más cuando se desvincula de la hora del día; cuando un londinense viaja a Toronto, puede tener sueño a las seis de la tarde porque su cuerpo piensa que son las once de la noche. Durante la adolescencia, los picos y los valles de la producción de cortisol se aplanan un poco, lo cual es una de las razones por las que los adolescentes no tienen sueño por la noche y tienen dificultades para despertarse por la mañana.

Tu cuerpo también presta atención a las señales del exterior. Por ejemplo, si tienes una rutina nocturna –cepillarte los dientes, lavarte la cara, ponerte el pijama, apagar la mayoría de las luces y leer unos minutos–, tu cuerpo aprende tu rutina y, después de hacer las primeras cinco cosas, sabe que es hora de dormir.

La investigación que acabo de mencionar apunta a pasos concretos que puedes seguir para dormir mejor. La hora a la que te levantas por la mañana probablemente quede fuera de tu control, por lo que dormir más significa ir a dormir más temprano. Puedes cambiar las señales externas con relativa facilidad. Tus señales internas se quedarán atrás, pero acabarán ajustándose a las señales externas; eso es lo que sucede cuando te recuperas del *jet lag*. A continuación, te comento algunos métodos para cambiar las señales externas.

1. **Sigue una rutina constante.** Puede que te sientas un poco estúpido creando un ritual antes de ir a dormir y tu cuerpo tardará en aprenderlo, pero te ayudará a dormirte más rápido. Parte de esta rutina consiste en ir a dormir siempre a la misma hora. Con la práctica, tu reloj interno se sincronizará para que tu cuerpo sepa cuándo adormilarte.

2. **Evita mirar pantallas al menos una o dos horas antes de ir a dormir.** La luz de una pantalla es una señal para tu cerebro de que está más cerca de la mitad del día de lo que realmente está, por lo que confunde tu reloj interno. Cuando alguien tiene dificultades para dormir, a menudo recurre a su teléfono móvil y piensa: «Miro el móvil porque no puedo dormir». Pero lo contrario puede ser cierto: no puede dormir porque está mirando su móvil.

3. **Simplemente acuéstate.** Sé que suena extraño, pero no quieres enviarle mensajes contradictorios a tu cuerpo. Cuando elijas una hora para ir a dormir, mantenla; no te quedes tumbado en la cama cinco minutos, concluyas que no tiene sentido y te levantes. Limítate a quedarte tumbado en silencio con los ojos cerrados y piensa que al menos está descansando.

4. **Dicho esto, utiliza el sentido común cuando elijas tu tiempo de sueño objetivo.** Supón que se ha estado yendo a dormir todas las noches aproximadamente a las dos de la madrugada y te gustaría comenzar a dormir a las once de la noche. No te metas en la cama un minuto antes de las once y te quedes acostado. Ten como objetivo ir a dormir treinta o incluso quince minutos antes. Asegúrate de que te metes en la cama a la una y cuarenta y cinco durante una semana o el tiempo que sea necesario hasta que te duermas bastante rápido a esa hora. Entonces, acuéstate a la una y media, y así sucesivamente.

5. **Si puedes, haz una siesta durante el día.** Algunas personas tienen enormes dificultades para dormir la siesta, lo sé. Su cuerpo sencillamente no cooperará. Pero otras sí pueden, y es

una buena manera de lograr más tiempo de sueño si descubres que a menudo tiene cosas interesantes que quieres hacer tarde por la noche. Si te das cuenta de que estás extremadamente atontado cuando te despiertas de una siesta, es una señal de que has estado profundamente dormido. Intenta que la siesta no dure más de veinte minutos y hazla en una posición que no te resulte demasiado cómoda, por ejemplo, en un sillón. Eso podría evitar que te quedes profundamente dormido demasiado tiempo.

En una frase: El sueño afecta directamente el aprendizaje y, aunque muchas personas se sienten frustradas por su incapacidad para dormir todo el tiempo que quieren, puedes seguir unos pasos que te ayudarán a dormir más.

CONSEJO 62

Planifica un bloque de tiempo constante y concentrado en el aprendizaje

Cuando un estudiante se sienta a trabajar, no suele seguir una estrategia para decidir qué hacer; trabaja en lo que sea que toque a continuación. Esta estrategia difícilmente puede llamarse planificación; es control de daños y conduce a tres resultados indeseables.

En primer lugar, conduce a empollar. Si dedicas el martes a estudiar la materia para el miércoles y el miércoles lo dedicas a estudiar la materia para el jueves, no puedes comenzar a estudiar para el examen del viernes hasta el jueves por la noche.

En segundo lugar, si tienes la costumbre de preguntarte: «¿Qué hay para mañana?», en los días en que la respuesta es «Nada», es natural pensar: «Esto significa que tengo el día libre», y terminas estudiando menos de lo que dirías que deberías estudiar en un momento más reflexivo.

Y en tercer lugar, contar con fechas límite externas (tales como exámenes) como guías para estudiar se convierte en un hábito que es difícil de romper una vez que estás fuera de la escuela. Seguirás viendo las fechas límite en el trabajo como motivación. Aprender a planificar por ti mismo te ayudaría en tus perspectivas profesionales a largo plazo. Toda una vida de que te recuerden que debes estudiar sólo cuando se acerca un examen significa que es poco probable que hagas un hueco para aprender cuando no hay urgencias.

Una mejor estrategia consiste en **planificar tu aprendizaje por tiempo, no por tarea.** En otras palabras, planifica un bloque de tiempo cada día que te dediques al aprendizaje. Si no hay nada para mañana o incluso para los próximos días, trabaja en las tareas que vencen más tarde.

Trata este bloque de tiempo como inmodificable; no programes citas a esa hora ni te saltes un día si surge algo que consideres más importante. Piensa en esta tarea como un trabajo que no puedes obviar. Por consiguiente, reserva unas horas que sepas que podrás cumplir sin problemas.

La planificación por tiempo y no por tareas comporta importantes ventajas:

- Tu memoria para cualquier cosa que estudies será mucho mejor si tu estudio se prolonga a lo largo de los días. Es el resultado del efecto positivo del sueño del que acabamos de hablar y del efecto de espaciarlo (*véase* el consejo 39). De hecho, harás más cosas en la misma cantidad de tiempo si distribuyes el trabajo.

- Espaciar tu trabajo te aporta más flexibilidad si calculas mal cuánto tiempo te llevará hacer algo o si algo que *no debería pasar*, pasa; por ejemplo, tu compañero de habitación se lleva las llaves de la habitación por unos días y no puedes entrar. Si esperas hasta el último momento para hacer un trabajo, el tiempo de más que necesitas o un imprevisto supondrán un verdadero problema; en cambio, si aún faltan unos días para la fecha, puedes amoldarte.

Una garantía frente a la falacia de la planificación es estar dispuesto a trabajar en las tareas mucho antes de las fechas de entrega si has terminado los demás trabajos. Obviamente, este método sólo funciona si reservas un bloque de tiempo suficiente para aprender cada día, pero afortunadamente hay un mecanismo inherente que te permite saber si estás dedicando suficiente tiempo. Supón que ves en tu calendario que dentro de dos días tienes un examen de matemáticas. Hoy no has hecho nada para prepararte para ese examen y ha concluido el tiempo de trabajo que habías designado. ¿Qué deberías hacer?

Deberías estudiar un poco para el examen, aunque se suponga que tu tiempo de trabajo haya finalizado. Más importante aún, debes incrementar tu tiempo de estudio diario, tal vez en quince o incluso en treinta minutos. Sí, aunque sólo haya sido insuficiente esta vez. **Nunca te arrepentirás de anticiparte a tu trabajo. Es tu póliza de seguro frente a la falacia de la planificación.** Tenlo por seguro, el destino te arrebatará la ventaja haciendo que tu ordenador se cuelgue o provocando algún otro imprevisto.

De acuerdo, has adoptado la rutina de trabajar aproximadamente el mismo tiempo todos los días a la misma hora del día. ¿Cómo debes decidir en qué trabajar?

En una frase: En lugar de planificar tu trabajo tarea por tarea, acostúmbrate a trabajar un número determinado de horas cada día.

Consejo 63

Utiliza una agenda

Te he sugerido que planificaras tu aprendizaje por tiempo, no por tarea; dedica una cantidad determinada de tiempo cada día al aprendizaje. Así pues, te sientas en tu escritorio a las siete y media de la tarde, por ejemplo, preparado para trabajar durante dos horas, y te preguntas: «¿A qué tareas de aprendizaje me tengo que enfrentar hoy?».

Para responder a esta pregunta, necesitas saber qué tareas te han asignado (o cuáles te has marcado tú mismo) y cuándo deberían estar terminadas. Necesitas esa información por escrito en un único lugar para poder ver todo lo que debes hacer simultáneamente, sobre todo porque tienes que hacer muchas cosas: leer, reorganizar apuntes, prepararte para los exámenes, etc.

Si buscas información en Internet sobre cómo utilizar una agenda, encontrarás pautas escritas por el tipo de personas a las que realmente les encanta utilizar una agenda. Sus vídeos te muestran cómo utilizar cuatro marcadores fluorescentes de colores diferentes para destacar diferentes tipos de actividades. Muestran cómo dibujar flechas y bordes para enfatizar y cómo dibujar sombras en letras mayúsculas, y sugieren que mantengas varias listas (lista de tareas diarias, lista de tareas semanales, planificación mensual, cumpleaños, diario de lectura, recomendaciones, ideas para regalos, ideas para compras, etc).. Si te gusta planificar, este tipo de cosas te satisfará.

Mi padre era así, así que he vivido los beneficios de una planificación y de una organización exigentes. Sin embargo, yo no soy así. Mi inclinación natural es hacia el desorden y el caos. Hasta la universidad, mi sistema de gestión del tiempo era una mezcla de escribir cosas en mi mano, justificaciones y excusas.

El ritmo acelerado de la universidad me obligó a ser más sistemático y descubrí que utilizar una sencilla agenda me aportaba un enorme beneficio en la productividad en comparación con tratar de mantener todas mis responsabilidades en mi cabeza. Me sentía tan complacido que experimenté con hacer que mi sistema fuera algo más sofisticado. Pero el incremento de la recompensa fue pequeño y pronto volví a mi agenda elemental.

Hay dos principios obligatorios en el empleo de una agenda. Debes hacer estas dos cosas, pero si las haces, no necesitas hacer mucho más.

Principio 1: Ten tu agenda contigo todo el tiempo. No sabes cuándo tendrás que programar una tarea, un evento social, una recogida en el aeropuerto o lo que sea, por lo que debe estar siempre a tu lado. Así pues, mantener una agenda en tu teléfono móvil es una buena opción porque ya tienes el hábito de llevarla contigo. Algunas personas prefieren una agenda de papel por el formato más grande o porque hay algo que les gusta del tacto del papel. Algunos estudiantes tienen clases que prohíben los dispositivos electrónicos, por lo que las agendas basadas en teléfonos móviles no son una buena opción. Utiliza cualquiera de las dos, siempre y cuando te acostumbres a llevarla encima. Si quieres llevar una agenda de papel, pero siempre te olvidas de llevarla contigo, déjala junto a la puerta de entrada por la noche (*véase* el consejo 6).

Principio 2: Anota inmediatamente los compromisos en tu agenda. No puedes confiar en que más adelante recordarás algo, por lo que debes anotarlo en el momento en que lo sepas. Si te resulta difícil recordarlo, intenta programar una alarma en tu teléfono móvil dos minutos después de que termine cada clase; eso te recordará que consideres si hay tareas nuevas que deban incluirse en tu agenda, para que al menos puedas incluir las tareas de clase.

Puedes apañártelas con una única agenda (en lugar de añadir una agenda semanal o mensual) añadiendo *inmediatamente* recordatorios a tu agenda diaria para compromisos que requieren preparación durante más de un día. En otras palabras, si un profesor anuncia un examen de matemáticas para el 28 de septiembre, anótalo en tu agenda y también escribe: «Examen de matemáticas dentro de cinco días» el 23 de septiembre y «Examen de matemáticas dentro de tres días» el 25 de septiembre. Los plazos son cruciales; te ayudarán a evitar la falacia de la planificación. **Estos recordatorios de las fechas venideras son fundamentales; te ayudarán a evitar la falacia de la planificación.**

Ten en cuenta que no escribes estas notas en una lista de tareas por separado, sino que las escribes en la entrada de la agenda para cuando haya clase. No tiene sentido separar las tareas de las fechas de entrega. Cuando te sientas a trabajar, debes decidir: «¿Cuál es mi mayor prioridad?»; obviamente, la fecha límite de cada tarea es un factor crucial en esta estimación. Así pues, ¿por qué separar lo que se debe hacer de para cuándo se debe hacer?

Si te ponen muchísimas tareas al principio del trimestre, anótalas en tu agenda tan pronto como te las pongan. Añade entradas para las lecturas asignadas y para los apuntes de clase que debes reorganizar (*véase* el capítulo 4). Hazte con un calendario escolar y anota los días de vacaciones, los acontecimientos escolares importantes, etc. Marca el tiempo que has designado para estudiar cada día (*véase* el consejo 62).

No te olvides de **marcar los eventos sociales programados en tu agenda.** Esto no es aplicable sólo a cosas formales como fiestas o planes para quedar con tus amigos. Reserva tiempo si hay un partido de fútbol que sabes que querrás ver o si tu artista favorito acaba de lanzar un disco y sabes que querrás descargarlo o comprarlo y escucharlo de inmediato. Necesitas poder ver todas las concesiones de tiempo libre.

Si puedes desarrollar estos dos hábitos –llevar siempre tu agenda contigo y anotar siempre las nuevas obligaciones a medida que van surgiendo–, sabrás lo que se supone que debes hacer y cuándo se supone que debes hacerlo. Entonces, el problema que hemos planteado al principio –sentarte a trabajar y decidir qué hacer– quedará resuelto en su mayor parte. Pero podemos trabajar un poco más cómo pasar de lo que está anotado en tu agenda a cómo planificar tu día.

En una frase: Si aún no utilizas una agenda, debes comenzar a utilizarla; es esencial para gestionar tu tiempo y establecer prioridades para el aprendizaje.

Consejo 64

Haz una lista de tareas pendientes en cada sesión de estudio

Puede que te resulte útil redactar una lista de tareas diarias para todas tus actividades. Nunca las he utilizado, pero ya te dije que no soy tan organizado. Me acuerdo de lavar la ropa porque me doy cuenta de que no tengo calcetines, no porque esté en mi lista de tareas pendientes.

Pero: Para cada sesión de estudio, debes hacer una lista de tareas pendientes, una lista de tareas en las que trabajarás ese día. Comienza cada sesión de estudio redactando tu lista de tareas pendientes. Considéralo un ritual. Si no tienes el hábito de redactar una lista de tareas pendientes, a continuación te muestro cómo comenzar.

1. El primer elemento de tu lista de tareas pendientes siempre es «Redactar la lista de tareas pendientes de hoy». Es una tarea que debe ser completada.

2. Revisa la lista de tareas pendientes de ayer y añade elementos que no hayas terminado a la lista de hoy.

3. Mira las tareas de tu agenda y añade cosas a tu lista de tareas pendientes. Si tienes la agenda al día, la entrada para la fecha actual debe incluir recordatorios para el próximo trabajo, como, por ejemplo, «Examen de ciencias políticas dentro de una semana. Capítulos 7-11». Éste es un buen momento para volver a comprobar que hayas marcado las próximas tareas. Repasa las próximas dos semanas para estar seguro.

4. Divide las tareas más grandes en partes más pequeñas (puedes leer más sobre esto en el capítulo 11).

5. Echa un vistazo a tu lista de tareas pendientes y decide el orden en el que deseas realizar las tareas que aparecen en ella.

6. Si trabajando te das cuenta de que debes hacer una nueva tarea, añádela a la lista. Por ejemplo, si estás intentando escribir parte de tu guía de estudio como preparación para un examen y ves que te has olvidado reorganizar los apuntes de una lección, añádelo a tu lista de tareas pendientes.

Esta serie de pasos hace que escribir una lista de tareas pendientes parezca un asunto más largo de lo que realmente es. No debería llevarte más de diez minutos y, al final, **te ahorrará tiempo** porque siempre sabrás lo que debes hacer a continuación. Sin la lista de cosas pendientes, cada vez que terminas una tarea, debes preguntarte: «Está bien, ¿y ahora qué?». En lugar de tener que tomar esta decisión muchas veces, es más eficiente decidirlo una única vez: *estas* tareas, en *este* orden.

Ésta no es una lista de «cosas para hacer hoy». **Es una clasificación, por importancia, de las tareas.** Por lo general, no terminarás todas las tareas de la lista. Y si las terminas, esto no significa que la sesión haya terminado. Sencillamente significa que debes revisar tu agenda para saber qué hacer a continuación.

Utilizar una lista de cosas por hacer eliminará una posible fuente de estrés durante el estudio. Cuando trabajes en una tarea, no te estarás preguntando si hay algo más importante que hayas olvidado. Sabrás que has evaluado todas tus tareas a corto plazo y que estás trabajando en la más importante.

Las listas de tareas pendientes también ayudan a combatir un problema de motivación. Si eres como yo, a veces terminas una sesión de trabajo y consideras que no has llegado a ninguna parte. Tal vez hayan surgido una serie de pequeños problemas inesperados y has tenido que dedicar mucho tiempo a resolverlos. O una tarea que pensabas que estaba terminada en realidad ha necesitado más trabajo. En otras palabras, has tenido algún contratiempo que ha significado que, a pesar de que has trabajado duro, has terminado la sesión más o menos donde la has comenzado. Una lista de cosas por hacer no pondrá fin mágicamente a ese tipo de cosas, pero al menos puedes mirar tu lista después y decir: «No estoy donde pensaba que estaría, pero he tenido que hacer todas estas cosas». Una lista de tareas pendientes te anima al mostrarte todo lo que has conseguido. Por este motivo, **revisa tu lista de tareas pendientes al final de cada sesión de trabajo.** Conviértelo en un pequeño ritual para sentirte merecidamente orgulloso de todo lo que has conseguido.

La última forma en que una lista de cosas pendientes puede resultar útil es venciendo tu tendencia a procrastinar. Pero para este propósito debes escribir la lista de una manera concreta, así que dejaré esta exposición para el capítulo 11.

En una frase: Confeccionar una lista de tareas pendientes para cada sesión de trabajo te ayudará a mantenerte concentrado, te asegurará que estás trabajando en lo más importante y te mostrará lo que has conseguido.

Consejo 65

Establece y revisa tus objetivos de aprendizaje

La mayor parte de este libro se refiere al aprendizaje efectivo en el transcurso de semanas, pero parte de la planificación es la selección inteligente de qué aprender en el transcurso de años. A algunos estudiantes, esta elección les coge por sorpresa porque no reconocen su creciente responsabilidad en su propia educación.

Sin embargo, **sin reflexión y planificación, puedes perderte importantes oportunidades.** Un estudiante de secundaria al que no le gustan las matemáticas puede dejar de estudiarlas tan pronto como apruebe las matemáticas básicas para todos los estudiantes, para descubrir, al explorar las opciones universitarias, que las escuelas de diseño que tanto le interesan exigen una sólida formación en matemáticas.

Así pues, **mantén una lista de tus objetivos a largo plazo.** ¿En qué esperas estar trabajando dentro de diez años? No es necesario que seas específico si no tienes ni idea, pero piensa en términos de categorías amplias: ¿negocios, algo mecánico, algo artístico? ¿El campo que te interesa es compatible con tu vida familiar ideal? ¿Puedes desempeñar la profesión que te gusta en cualquier lugar o, por el contrario, deberías desplazarte a donde sea que se concentren esos trabajos?

Además de tus objetivos, **apunta lo que necesitas aprender** para alcanzarlos. La idea es planificar hacia atrás: quiero llegar *allí*, y para llegar *allí* necesito hacer *esto*, y para prepararme para *esto*, primero necesito hacer *aquello*, y así sucesivamente. A continuación, **escribe uno o dos pasos específicos** que podrías hacer para acercarte más a tus objetivos: tal vez hablar con un experto, leer un libro relevante o hacer un curso online.

No estoy sugiriendo que elabores un plan de vida rígido. Creo que Winston Churchill tenía razón cuando dijo «Los planes son de poca importancia, pero la planificación es esencial». Churchill quería decir que los planes específicos que elabores seguramente tendrán que cambiar porque las circunstancias cambiarán. Pero aun así, te beneficiarás de la planificación porque habrás pensado en tus objetivos, tus capacidades y los recursos de que dispones.

Este consejo –planificar, pero ser flexible– se aplica no sólo a los objetivos por los que estás luchando, sino también a los pasos que debes seguir para lograrlos. Los estudiantes universitarios que se meten en los peores líos académicos son aquellos que confeccionan un plan y se apegan obstinadamente a él cuando resulta evidente que no está funcionando. Por ejemplo, un estudiante tiene una carga excesiva de asignaturas, por lo que termina suspendiendo una. Su respuesta es pensar: «¡Oh, no, me estoy quedando atrás!». Entonces, el próximo semestre se matricula a más créditos aún en un esfuerzo por ponerse al día, pensando: «Voy a aguantar hasta el final. ¡Sólo tengo que esforzarme más!». Ya puedes imaginar qué pasará.

Además de flexibilidad, añade una buena pizca de escepticismo en tu planificación. Internet es maravilloso, pero sabes que no es del todo fiable. Si buscas en Google: «¿Qué tengo que hacer para ser ingeniero de software?» –o jugador de béisbol profesional o profesor de psicología–, es poco probable que el sitio web al que llegarás haya sido escrito por algún profesional de ese sector, sino por alguien que intenta ganar dinero. **Complementa lo que encuentres online hablando con personas que realmente desempeñan el trabajo que estás buscando.** Los estudiantes pueden sentirse incómodos pidiendo esto a alguien que no conocen, pero no debería ser así. Por lo general, a las personas les gusta hablar de sí mismas y quieren ayudar. Dicho esto, las personas también están ocupadas, y algunos de nosotros recibimos más solicitudes de este tipo de cosas de las que posiblemente podamos satisfacer. Estate preparado para que las primeras personas te digan que no antes de obtener un sí, pero ten la seguridad de que no estás haciendo una petición inapropiada o extraña.

Revisa tu lista de objetivos cada seis meses, más o menos. ¿Aún tienen sentido? Hace seis meses, ¿qué pasos dijiste que darías a continuación? ¿Cómo funcionaron? ¿Es hora de repensarte tu camino o de recopilar más información sobre lo que debes hacer ahora? Las investigaciones muestran que **las personas que supervisan su progreso tienen más probabilidades de lograr sus objetivos** que las que no lo hacen. Éste es uno de los motivos por los que es importante escribir los pasos específicos que planeas seguir; hace que sea fácil evaluar si estás haciendo algo con respecto a tus objetivos.

Los años pasan más rápido de lo que prevemos. Aprovéchalos al máximo invirtiendo algo de tiempo en la planificación a largo plazo de tus objetivos de aprendizaje y profesionales.

En una frase: Establece objetivos de aprendizaje a largo plazo relacionados con tus aspiraciones profesionales y revísalos cada seis meses para ver cómo estás progresando y si debes ajustarlos.

Consejo 66

Establece objetivos con los factores ocultos en mente

¿Cómo se deben establecer los objetivos profesionales a largo plazo? Esperarías que se tuvieran en cuenta tres factores: (1) lo que encontrarás satisfactorio a largo plazo, (2) tus capacidades y (3) el mercado. Parece evidente que los tres importan. Por ejemplo, puedes pensar que una carrera como músico sería bastante gratificante, y puede que seas bastante competente (pongamos el 5 % superior), pero el mercado laboral para músicos profesionales es muy reducido.

El consejo común es «seguir tu pasión», es decir, poner el mayor peso en lo que encontrarás satisfactorio. Este consejo a menudo reconoce el factor de mercado al sugerirte que canalices tu pasión hacia un trabajo con un buen número de puestos. Si te gusta la música, por ejemplo, podrías pensar en planificar eventos o trabajar como musicoterapeuta.

Quienes ofrecen el consejo común admiten que es complicado calcular el equilibrio entre estos tres factores, pero éste no es el único desafío. Otras influencias pueden torcer tu planificación. Hagámoslas explícitas y averigüemos cómo afrontarlas.

En primer lugar, «sigue tu pasión» no es del todo correcto. **«Sigue tu propósito» sería una expresión mejor.** Las investigaciones indican que las personas más felices son aquellas que encuentran un propósito en su trabajo, lo que significa que perciben que su trabajo tiene un efecto positivo sobre la vida de los demás. La pasión puede contribuir al propósito, en el sentido de que es más probable que sientas que tu trabajo tiene un propósito cuando te apasiona lo que estás haciendo: es algo que te importa y que sientes que debería importarle a los demás. Aun así, es el propósito lo que debe ser lo más importante en tu mente.

Otro inconveniente de centrarte en tu pasión es que te incentiva a ignorar tus defectos y pueden ser informativos. Las actividades que consumen tu tiempo te dicen lo que te gusta hacer, la cual cosa que puede ser la forma de dirigir tu búsqueda de un propósito. Si crees que hablas mucho, tal vez deberías tener un trabajo que requiera hablar mucho, como la enseñanza. Si siempre tienes que ser el centro de atención, tal vez deberías hacer presentaciones de ventas a grupos grandes. Si ves las posibilidades negativas en cada situación, tal vez deberías trabajar en la evaluación de riesgos. La gente a menudo quiere eliminar sus defectos, pero a veces nuestros defectos están profundamente arraigados en lo que somos. Tiene más sentido redirigirlos.

La segunda limitación de la fórmula habitual de pensar en tus objetivos es que ignora tu entorno. Tus objetivos son personales, pero eso no significa que la probabilidad de que los cumplas no se verá afectada por otras personas. Es más probable que te hagas amigo de las personas con las que trabajas o acudes a la universidad. Son los medios por los cuales aprenderás cosas nuevas y encontrarás nuevos recursos. En resumen, **tu entorno puede ser de apoyo, neutral o tóxico para tus objetivos,** incluso aunque las personas que te rodean desconozcan tus planes.

Por ejemplo, cuando estaba de profesor en el Williams College a principios de la década de 1990, un porcentaje muy alto de estudiantes salía a correr. Muchos con los que hablé me dijeron que no corrían en la escuela de secundaria, pero, cuando llegaron al Williams College, descubrieron que todo el mundo corría, así que ellos también empezaron a hacerlo. Seguramente la presión social era parte del motivo, pero, además, correr en el Williams College era *fácil*. Era fácil encontrar a alguien con quien correr, a alguien de quien recibir consejos sobre buenas rutas y materiales, y a alguien a quien unirte para formar un club de corredores.

Cuando estés seleccionando un entorno (eligiendo una universidad, por ejemplo, o considerando una oferta de trabajo), debes pensar en el entorno al que te unirás. ¿La gente de allí parece compartir tus objetivos? ¿La institución los comparte? Y lo más importante, ¿hay evidencias reales de que lo hacen, o es sólo algo que dicen? Por ejemplo, muchas empresas dicen que apoyan el crecimiento individual e incentivan a los empleados a aprender nuevas habilidades y adaptarse a nuevos trabajos. ¿Ha habido ejemplos de este aprendizaje y de esta adaptación durante los últimos años en la división a la que te unirás? ¿Existen políticas de empresa que respalden el aprendizaje, como matrícula pagada para cursos relevantes o días libres pagados para desarrollo profesional?

En tercer lugar, **la gente tiende a subestimar cuánto pueden nublar sus cálculos sus emociones.** Aun en el caso de que creas que la pasión debería tener más importancia de lo que he admitido, sigues deseando que tu establecimiento de objetivos sea realista. Tu pasión por la filatelia, por ejemplo, no debería hacerte irracionalmente optimista sobre el dinero que ganarás si inicias un negocio vendiendo material a coleccionistas.

Hay una manera sorprendentemente sencilla y efectiva de hacer frente a este problema. Cada uno de nosotros es mucho más lúcido cuando ofrece consejos a otras personas. Piensa cuán frecuentemente un amigo te describe una elección de vida que lo tiene preocupado y confundido, pero para la cual crees que la respuesta es obvia: «No, ciertamente, no deberías casarte con tu prometida que te ha puesto los cuernos tres veces». Puedes ser objetivo porque no tienes emociones con respecto a la elección. No estás enamorado de ella.

Para estar seguro de que las emociones no te impiden pensar claramente en tus propios objetivos vitales, **intenta darte consejos como si fueras otra persona.** Habla sobre ti en tercera persona y describe en voz alta la situación que estás atravesando: «Bueno, Dan, te gustaría enviar una solicitud para pasar de la Facultad de Ingeniería a la Facultad de Educación y poder convertirte así en un profesor de física de secundaria. Comencemos enumerando lo que has hecho para resultarle interesante al comité de admisiones de la Facultad de Educación y luego consideraremos cuán selectiva es la Facultad de Educación y cuáles podrían ser tus perspectivas laborales con este título. Y finalmente hablaremos sobre de las ventajas y las desventajas de su programa actual de grado».

Establecer objetivos es complejo y está sujeto a influencias que quizás no reconozcas. La importancia de las consecuencias significa que vale la pena ser lo más reflexivo posible sobre el proceso.

En una frase: Cuando consideres objetivos profesionales a largo plazo, asegúrate de que contribuirán a un sentido de propósito, reconoce cómo tu entorno afectará a tu capacidad para alcanzarlos y asegúrate de que las emociones no hayan influido en los objetivos que te has marcado.

CONSEJO 67

Desarrolla un plan

Te he sugerido que hicieras tu objetivo específico y planificaras los primeros pasos. Pero ¿cómo puedes maximizar las posibilidades de que realmente sigas hasta el final y apliques estos pasos? Este tipo de objetivos son difíciles de cumplir porque se sienten como un complemento, algo adicional que sería genial hacer, pero que no forma parte de tus responsabilidades actuales. No pasará nada malo si no lo logras.

De todos modos, los investigadores han descubierto un par de maneras que puedes hacer que sea más probable seguir hasta el final.

Para empezar, **haz tu plan aún más específico.** En lugar de decir: «Quiero hablar con los dueños de las tiendas de antigüedades en los próximos seis meses», puedes especificar una agenda más detallada para este trabajo, comenzando con la idea de que en el próximo mes programarás una entrevista y planificarás conseguir el nombre de la siguiente persona con la que entrevistarte a partir de la primera. Si soy un aspirante a agente inmobiliario, podría planificar que en el próximo mes invitaré a comer a un conocido que se esté iniciando como agente inmobiliario. El mes siguiente buscaré tres cursos introductorios online sobre la materia.

Aparte, **ten un plan B.** Si tengo dificultades para encontrar un anticuario que esté dispuesto a hablar conmigo, me pondré en contacto con mi tía, que participa activamente en la comunidad empresarial de su ciudad, para ver si puede echarme una mano. Si mi conocido agente inmobiliario no es de mucha ayuda, le diré que estoy intentando conseguir la mayor cantidad de información posible y le preguntaré si alguno de sus compañeros de trabajo podría dedicarme quince minutos para mantener una conversación.

Estos planes de contingencia son para obstáculos externos, pero todavía es más importante **planificar para obstáculos internos,** cosas referentes a persona que pueden impedirte seguir progresando. Por ejemplo, supongamos que no te resultaría difícil invitar a comer a tu conocido agente inmobiliario, pero nunca sabes cómo encaminar una conversación hacia el tema que realmente te interesa. Una vez más, la solución es formular un plan por adelantado. Las investigaciones indican que **es útil diseñar tu plan en forma de si-entonces.** Por ejemplo, podrías pensar: «Habrá una pausa natural en la conversación cuando el camarero venga a pedirnos qué queremos. Si aún no le he mencionado mi plan, lo haré justo cuando el camarero se vaya».

¿Por qué ayuda la especificidad, tanto la especificidad del plan como la de la contingencia? Es otro ejemplo de la fuerza de la memoria y la debilidad comparativa de nuestra capacidad para resolver problemas. En el momento en el que decido: «Éste es mi objetivo», tengo mucha energía y espacio mental para pensar en los pasos para llegar allí. Más tarde, cuando recuerdo que me marqué este objetivo, es posible que me encuentre cansado o esté menos motivado, y en ese estado estoy menos capacitado para resolver problemas. Pero la memoria no se ve muy afectada por el estado de ánimo o el nivel de energía. Así pues, si he planificado algo, lo recuerdo y sé lo que se supone que debo hacer. La diferencia entre la resolución de problemas y la memoria es aún más importante cuando surgen obstáculos. Si estás comiendo con tu conocido agente inmobiliario y no te atreves a plantearle el tema que en realidad es el verdadero motivo de la comida, no podrás concebir un plan: estarás demasiado nervioso. En cambio, a pesar de tus nervios, puedes recordar un plan que has concebido antes.

En una frase: Puedes incrementar las posibilidades de perseguir tus objetivos planificando los siguientes pasos específicos a seguir, anticipándote a los obstáculos (internos o externos) que podrían impedirte dar esos pasos y creando un plan de acción a seguir si surge un problema.

Para los profesores

La mayoría de los profesores ya ayudan a los estudiantes con el trabajo de recordar las tareas asignadas incentivándolos a utilizar una agenda. Son menos los que preguntan a los estudiantes: «¿Cuánto tiempo crees que te ocupará esta tarea?». Si no les pides a tus alumnos que planifiquen ese aspecto, podrías considerar añadirlo y servir de ejemplo con tu razonamiento para la estimación.

Eso aún deja a tus estudiantes el importante trabajo de reunir las tareas de diferentes clases, tomar decisiones sobre la importancia relativa de las diferentes exigencias que compiten por su tiempo y escribir una lista de tareas pendientes. Todo ello requiere coordinación entre clases, por lo que una sesión en la sala de estudios o en el aula puede suponer una oportunidad para que los estudiantes de secundaria practiquen y se instruyan en este proceso.

Es probable que no trates el establecimiento de objetivos a largo plazo en tu aula, pero es bastante probable que el tema surja en reuniones individuales con los estudiantes. Eso es especialmente cierto cuando ellos se enfrentan a transiciones: estudiantes de un centro de formación profesional que se preguntan si deberían continuar formándose cuatro años más, por ejemplo, o un estudiante de segundo año de universidad que se pregunta si una B en química orgánica es una señal de que debería renunciar a la facultad de medicina.

Cuando crees que el objetivo de un estudiante es acorde con su historial y sus perspectivas, estas conversaciones resultan sencillas, e incluso divertidas: juegas el papel de animador y le ofreces algún consejo. Pero si el objetivo parece poco realista, resulta incómodo. Pretendes ser honesto con él, pero también deseas brindar apoyo. Así pues, ¿cuál es el grado de seguridad que debes tener para decirle a un estudiante que no podrá cumplir sus sueños porque no cumple con los objetivos? ¿Y cómo se lo deberías decir?

He resuelto este dilema no proporcionando *feedback* en estas condiciones. Hago hincapié en lo que ha hecho en relación con lo que necesita hacer. Yo le diría: «Por lo general, los estudiantes que son admitidos en la facultad de medicina han hecho X, Y y Z. Tú has hecho algo hasta cierto punto X y sin duda has hecho Y, pero no has hecho Z». A continuación, hablamos sobre lo que se necesitaría para hacer Z y, si no puede hacerlo, sobre las posibles formas de evitar el requisito, si las hay. Por ejemplo, si se encuentra en el último semestre de la universidad, es demasiado tarde para poner solución a una media de notas baja. Pero un par de años como ayudante de investigación en un laboratorio científico le aportaría una gran experiencia, lo distanciaría algo de la nota media baja y le permitiría obtener una carta de recomendación del jefe del laboratorio.

Resumen para los profesores

- Ayuda a los estudiantes a desarrollar el hábito de llevar una agenda actualizada.
- La mayoría de los estudiantes se beneficiarían de los consejos sobre cómo establecer prioridades de trabajo y gestionar su tiempo.
- Cuando hables sobre sus objetivos a largo plazo, céntrate en lo que necesitarían para alcanzarlos y lo que han conseguido hasta el momento, en lugar de hacer un juicio global sobre su talento o sus capacidades.

CAPÍTULO 11

CÓMO VENCER LA PROCRASTINACIÓN

La procrastinación es difícil de evitar, pero la psicología que hay detrás de ella no es complicada. **Procrastinamos para sentirnos mejor**; posponemos una actividad desagradable (por ejemplo, hacer unos problemas de matemáticas) para hacer una actividad agradable (por ejemplo, jugar un videojuego). Como era de esperar, cuanto más nos desagrada la tarea o cuanto más atractiva es la actividad alternativa, más probable es que psrocrastinemos.

Pero el problema es algo más serio de lo que parece porque el placer o el dolor que contemplamos en el futuro no tiene el mismo poder que el placer o el dolor *ahora*. Por ejemplo, supón que tu médico te dice que debes vigilar el consumo de azúcar y yo te pregunto: «¿Te gustaría que la semana que viene te diera una porción de pastel de queso como postre?». Sería bastante fácil responder: «No. Se supone que debo limitar mi consumo de azúcar». El placer del pastel de queso no te tienta mucho porque está a toda una semana de distancia. Pero piensa cuánto más difícil será rechazar el pastel de queso si te ofrezco la porción *ahora*. De la misma manera, las cosas dolorosas no parecen tan aterradoras cuando se encuentran en un futuro lejano. Incluso si ir al dentista te aterra, es posible que te convenzan de hacer una visita para una revisión si es para dentro de seis meses. Pero ¿qué pasaría si la recepcionista te dijera: «Has tenido suerte, ha habido una cancelación… ¿Podrías venir ahora mismo?».

La forma en que las consecuencias cambian de valor con el tiempo nos ayuda a entender por qué jugar con tu videojuego favorito ahora

223

(con el pensamiento de que harás tus problemas de matemáticas más tarde) resulta mucho más atractivo que hacer las matemáticas primero y jugar después. Jugar con el videojuego ahora tiene mucho valor positivo, mientras que jugar después tiene menos; cambia de valor con el tiempo, al igual que el pastel de queso. También cambian de valor los problemas de matemáticas: hacerlos ahora parece muy negativo; hacerlos en el futuro, menos.

El **control de los impulsos** también juega un papel. Un impulso es un plan que crea tu cerebro que satisface un deseo inmediato, pero tiene malas consecuencias a largo plazo. Cuando veas «Muerte por chocolate (dos porciones)» en el carrito de postres, puedes sentir el impulso de pedirlo. Si alguien te hace un adelantamiento peligroso, es posible que tengas el impulso de sacarlo de la carretera. Las personas difieren en lo bien que pueden controlar sus impulsos, y éste es un factor importante en la procrastinación.

Para reducir la procrastinación, podemos centrarnos en: (1) **hacer que el trabajo parezca más favorable en comparación con la alternativa** y/o (2) **reducir las posibilidades de que actuemos por un impulso**.

· CUANDO NOS SENTIMOS TENTADOS · A PROCRASTINAR

Qué hará tu cerebro: Juzgará que el trabajo que debe hacer será desagradable, pero lo será menos más tarde; además, hay una alternativa al trabajo que parece muy atractiva ahora, pero que lo será menos más adelante. Así que pospones el trabajo y eliges la alternativa divertida.
Cómo ser más listo que tu cerebro: Haz que el trabajo parezca menos desagradable y que las tentadoras alternativas al trabajo parezcan un poco menos divertidas; todo depende de cómo te hables a ti mismo de ellas.

Como veremos en este capítulo, **tu objetivo final es vencer la procrastinación haciendo del trabajo un hábito**. Si te sientas en tu silla a tu sesión diaria de trabajo tan automáticamente como te cepillas los dientes antes de ir a dormir, no procrastinarás: has eliminado la posibilidad de elegir no trabajar porque no estás tomando una decisión. Estás con el piloto automático puesto. La parte difícil es evitar constantemente la procrastinación hasta llegar al punto de sentir el trabajo como un hábito. Los consejos de este capítulo te ayudarán a llegar allí.

Consejo 68

No confíes en la fuerza de voluntad para reducir la procrastinación, confía en el hábito

Cuando te levantas por la mañana, no piensas detenidamente si hay una forma más eficiente de preparar tu café. No intentas cepillarte los dientes con tu mano no dominante. Durante una gran parte del día –probablemente durante la mayor parte– vas con el piloto automático. Haces las cosas como siempre.

Esto no es pereza. Cuando experimentas con algo nuevo –«Oye, ¿y si sustituyo el filtro de papel de la cafetera por una hoja de lechuga?»–, el resultado a veces es bueno, pero a menudo es un fracaso. Hacer una tarea con el piloto automático no es creativo, pero si en el pasado el resultado ha sido aceptable, ir con el piloto automático significa que nuevamente obtendrás el resultado aceptable.

Y, lo que es más importante aún, para las acciones verdaderamente habituales no sólo tenemos una forma rutinaria e irreflexiva de hacerlas, sino que a menudo no necesitamos pensar en comenzar esa rutina. No entras a la cocina por la mañana y piensas: «Mmm. ¿Debería preparar café?». Simplemente lo preparas. No procrastinas hacer las cosas rutinarias porque *no hay un acto de elección*.

Te he sugerido que elijas un período de tiempo determinado durante el cual trabajarás cada día (*véase* el consejo 62). Lo ideal es empezar tu sesión de trabajo se convierta en algo tan habitual como utilizar el hilo dental antes de ir a dormir. **Cuando sentarte a una sesión de trabajo se vuelve habitual, no hay ninguna posibilidad de procrastinar, porque no estás tomando una decisión.**

¿Cómo convertir una acción en un hábito? Como probablemente hayas adivinado, la respuesta es la repetición constante, pero si te aseguras de que la repetición tenga algunas características clave, el hábito se desarrollará más rápidamente.

En primer lugar, **es más fácil establecer un hábito como una secuencia de cosas que haces que en un momento determinado.** Los hábitos son como los recuerdos en el sentido de que están inducidos. Algo sucede en el entorno (o en tu mente) que da pie a un plan de acción mental: «Haz esto ahora». Tienes una rutina en la ducha: una secuencia en la que te enjabonas el cuerpo, te lavas y acondicionas el cabello, te afeitas, lo que sea. Terminar una acción en tu rutina de ducha da pie a la siguiente. La señal *no* es: «Son las seis y media de la mañana». **El tiempo es una mala pista** porque no controlas el tiempo con tanta precisión. En cambio, terminar una acción es una cosa evidente para ti: es difícil pasar por alto que acabas de enjuagarte el cabello.

Para desarrollar el hábito de trabajar, comienza por considerar qué podría servir como señal. Si eres un estudiante de secundaria, tal vez sea: «He acabado de quitar la mesa después de la cena» o «He acabado de merendar». Debes asegurarte de que el activador sea algo que haces todos los días. Por lo tanto, « He acabado de quitar la mesa después de la cena» no es un buen desencadenante si alternas los días de quitar la mesa con tu hermano.

Otra forma de acelerar el desarrollo de un hábito es **elegir sabiamente el contexto.** Programa tu tiempo constante para estudiar en una parte de tu día en el que *puedas* ser constante. No lo programes para «cuando llegue a casa de la escuela» si pretendes socializar con frecuencia al salir de clase. Pero, en cambio, ten en cuenta que es correcto programar tu horario de trabajo para «después de mi entrenamiento del sábado», aunque tu horario varíe. Del mismo modo que puedes despertarte a cualquier hora y meterte en la ducha con el piloto automático puesto, la rutina será la misma siempre que la señal sea constante: llegar a casa después de mi entrenamiento del sábado.

¿Cuánto tiempo se necesita para desarrollar un hábito? En un experimento, los investigadores pagaron a unos sujetos para que desarrollaran un hábito que ellos mismos eligieran relacionado con una comida o una bebida saludables o con hacer ejercicio. Los sujetos sintieron como habitual el nuevo comportamiento al cabo de unos 66 días en promedio, pero esta cifra varió mucho, entre 18 y 254 días. Probablemente, la cifra dependa del hábito particular que estés tratando de desarrollar, de tu personalidad y del encaje entre ambos.

Si eres un estudiante universitario, te sugiero que trates de pensar en la universidad como un trabajo de nueve a cinco (o de diez a seis, o lo que sea que funcione en tu caso). Trata esas cuarenta horas de lunes a viernes como tiempo de trabajo innegociable. No laves la ropa ni quedes con amigos durante ese tiempo. Estás en clase o estudiando.

Cuando mis colegas profesores y yo pensamos en a quién admitir en nuestro programa de doctorado, tenemos un ligero sesgo hacia las personas que han estado en el mundo laboral con respecto a las personas que vienen directamente de la universidad. Eso es porque tener un trabajo de nueve a cinco hace que trabajar ya sea un hábito; estás acostumbrado a llegar y ponerte a trabajar, aunque algún día no tengas muchas ganas.

Tratar tu tiempo de aprendizaje como un hábito suena bien, pero sigues necesitando una adaptación de 66 días (o de lo que sea que termine siendo) cuando tienes que confiar en la fuerza de voluntad. La fuerza de voluntad es un aliado poco fiable para asegurar que trabajes, ya que varía según tu estado de ánimo, tu estado físico y el entorno. Veamos formas de asegurar que trabajes de manera constante durante el tiempo establecido para que el hábito tenga la posibilidad de desarrollarse.

En una frase: Hacer de tu sesión de trabajo un hábito es la mejor manera de vencer la procrastinación porque elimina la necesidad de elegir trabajar.

CONSEJO **69**

Todos los elementos de la lista de tareas pendientes deben ser concretos y lleva entre 20 y 60 minutos

«Cuando te comas un elefante, dale un bocado cada vez». —Anónimo

«Un viaje de mil millas empieza con un primer paso». —Proverbio chino

«Un día a la vez». —Eslogan de Alcohólicos Anónimos

Todas estas citas tienen el mismo sentido: los objetivos ambiciosos son tan intimidatorios que no los intentaremos. El truco consiste en establecer un objetivo mucho más pequeño. No pienses en comerte el elefante entero, dale un bocado. No pienses en dejar de beber alcohol el resto de tu vida, sólo sobrevive hoy sin beber.

Ésta es la razón por la que esta estrategia funciona: cuando eliges, no sólo consideras cuánto te gusta (o cuánto odias) lo que conseguirás, sino también las probabilidades de conseguirlo. Por ejemplo, si me ofreces elegir entre una barrita de chocolate o 100 000 dólares, es bastante evidente qué elegiré. Pero supongamos que me dices que, si elijo la barrita de chocolate, me la darás con toda seguridad, pero que si elijo los 100 000 dólares, tendré sólo un 0,000036% de probabilidades de conseguirlo. En términos más cotidianos, me das un dólar con el que puedo comprar una barrita de chocolate o un billete de lotería. Me encanta la idea de conseguir ese montón de dinero, pero si tomo esa decisión, es muy poco probable que lo consiga. Prefiero tener la barrita de chocolate segura.

Es más probable procrastinar si creemos que no tendremos éxito en la tarea que debemos hacer. Si tu profesor te asigna *Casa desolada*,[1] no sólo tienes todos los motivos habituales para procrastinar,

---

1. Publicada por fascículos entre marzo de 1852 y septiembre de 1853 con el título de *Bleak House*, es una de las novelas más conocidas del escritor inglés Charles Dickens (1812-1870). *(N. del T.)*

sino que también observas que el libro tiene casi ochocientas páginas. Sentir que eres incapaz de leer un libro tan largo hace que empezarlo se perciba como si estuvieras comprando un billete de lotería. «El premio –terminar el libro– suena atractivo, pero no creo que lo consiga. Así pues, ¿por qué empezar el libro?».

Todas las citas ofrecen el mismo consejo: dividir las tareas abrumadoras en partes pequeñas y alcanzables. El título del libro clásico sobre escritura de Anne Lamott, *Pájaro a pájaro*, surgió de una tarea abrumadora. Ella misma lo explicó:

> Hace treinta años, mi hermano mayor, que a la sazón tenía diez años, estaba intentando escribir una redacción para la que nos habían dado tres meses de plazo y que había que entregar al día siguiente. Habíamos salido a nuestra cabaña de campo en Bolinas y él estaba sentado a la mesa de la cocina, al borde de las lágrimas, rodeado por papeles, cuadernos, lápices y libros sobre pájaros sin abrir, inmovilizado por la inmensidad de la empresa a acometer. Entonces mi padre se sentó a su lado, pasó el brazo por encima de su hombro y le dijo: «Pájaro a pájaro, colega. Hazlo pájaro a pájaro».

El consejo 64 sugería que escribieras una lista de tareas pendientes al comienzo de cada sesión de estudio. **Cada elemento de tu lista de tareas pendientes debe ser pequeño: de entre 20 a 60 minutos.** Obviamente, muchas tareas de aprendizaje requieren mucho más tiempo, por lo que debes descomponerlas en partes, aunque es posible que no sepas cómo hacerlo. **Si no sabes cuáles deberían ser las partes, anótalo como un punto en tu lista de tareas pendientes.** Es trabajo y puede llevar un tiempo, así que escribe: «Desarrolla un plan para el proyecto de clase de economía».

Permíteme ofrecerte un poco de ayuda para dividir tareas grandes en partes más pequeñas. Puedo sugerir tres principios posibles.

Es mejor pensar algunas tareas en **fases** o pasos, y cada fase depende del resultado de la anterior. Por ejemplo, un informe de proyecto tiene cuatro fases distintas: investigación, esquematización, redacción y edición. En el capítulo 6 he sugerido estos pasos para prepararte para un examen: crear una guía de estudio, comprometerte a memorizarla, reunirte con tu grupo de estudio y sobreaprender, es decir, seguir estudiando incluso después de conocer el contenido. (En realidad, cada una de estas fases es una tarea considerable que te gustaría desglosar aún más).

Otras tareas no se ordenan en pasos secuenciados, sino en **categorías.** Es el desglose que sugirió el padre de Anne Lamott con su consejo pájaro a pájaro. El mismo principio se aplica dentro de la fase de estudio «crear una guía de estudio»: escribirías la parte de la guía de estudio que trata la lección 1, luego la lección 2, luego la lección 3, y así sucesivamente, pero también podrías escribirlas desordenadas si los prefieres.

Otras tareas se dividen de manera natural en **partes;** la tarea es realmente algo gigantesco, pero creas trozos artificiales para que resulte más manejable. Cuando te encuentras en la fase de redacción de un informe de proyecto, puedes dividir esa fase en partes. Puedes considerar una tarea con quince problemas como compuesta de tres partes de cinco problemas.

Independientemente de que dividas tu tarea en fases, categorías o partes, asegúrate de que tu descripción sea lo más concreta posible. El objetivo es que, cuando emprendas una tarea, no necesites pensar en lo que se supone que debes hacer. No escribas la tarea «Revisión para examen de Gob». ¿Revisar cómo? ¿Releer capítulos, leer apuntes, hacer un esquema, qué?

Por supuesto, quieres que la tarea no sólo sea concreta, sino también relativamente corta. He dicho de 20 a 60 minutos, pero no hay nada sagrado en esta cifra ni está basada en investigaciones. Sólo ten en mente el objetivo: estás tratando de engañarte a ti mismo para trabajar haciendo que la tarea parezca fácil e inofensiva. Un trocito.

En una frase: Haz que cada elemento de la lista de tareas pendientes sea factible –de entre 20 y 60 minutos de duración–, porque la procrastinación será menos tentadora si las tareas parecen realizables.

Reformula tu elección

Reformular tu elección también puede hacer que el trabajo parezca más atractivo. Para ver cómo funciona esta estrategia, utilizaremos una idea que los economistas llaman «coste de oportunidad». Básicamente, significa renunciar a la posibilidad de una ganancia potencial.

Por ejemplo, supón que tu tía fabulosamente rica te da 100 000 dólares cuando tienes diecisiete años, sin condiciones. Podrías quedarte con los 100 000 dólares y conseguir un trabajo inmediatamente después de terminar la secundaria. O podrías gastártelos en la universidad, pensando que el gasto es una buena inversión porque, probablemente, conseguirás un trabajo mejor pagado si obtienes un título universitario.

Evidentemente, la matrícula universitaria es un coste directo, pero ir a la universidad también incluye costes de oportunidad. Pierdes la oportunidad de aumentar tus 100 000 dólares invirtiéndolos. Además, asistir a la universidad significa que pierdes la posibilidad de trabajar durante cuatro años, y en ese tiempo habrías obtenido ingresos, posiblemente algunos beneficios de jubilación y una reputación como buen trabajador, alguien que se merece una promoción.

Ahora bien, ¿qué tiene que ver todo esto con la procrastinación?

Supón que eres un estudiante universitario, es jueves por la noche y tu compañero de habitación te pregunta si quieres ir al cine a ver una película. Estabas pensando que trabajarías unos problemas de química que tienes que tener para el lunes. La forma natural de pensar en esta situación es similar al problema de ejemplo de videojuegos o matemáticas que te he ofrecido antes: diversión inmediata y aburrimiento posterior frente a aburrimiento inmediato y diversión posterior. Pero elegir la película conlleva un coste de oportunidad que quizás no hayas considerado: si vas al cine, no tendrás la satisfacción de terminar el problema planteado.

La próxima vez que tengas la tentación de procrastinar, **trata de describir la elección de una manera que resalte el coste de oportu-**

nidad. En vez de preguntarte: «¿Voy a ver una película o me quedo para trabajar los problemas?», pregúntate: «¿Debo enfrentarme a ese problema que me saca de quicio y resolverlo de una vez, o debo posponerlo y renunciar a mi oportunidad de sentirme bien por haberlo resuelto?».

A continuación, te muestro otra forma de replantear el dilema que te puede gustar. La psicóloga Alexandra Freund ha indicado que tendemos a obcecarnos en una de las dos cosas cuando procrastinamos: o no nos gusta el proceso que implica la tarea o no nos gusta el objetivo. Por ejemplo, un estudiante puede procrastinar la redacción de una guía de estudio: no es la creación de la guía de estudio lo que le molesta (el proceso), sino que lo que odia es hacer el examen (el objetivo), porque los exámenes le producen ansiedad. Así que pospone todo lo relacionado con el examen. Otro estudiante puede odiar hacer análisis de datos, pero pasárselo bien diseñando y creando una presentación de PowerPoint para la clase después de haber analizado los datos.

Si te das cuenta de que el proceso o el objetivo es la parte de la tarea que te hace procrastinar, mira si puedes **centrarte en la parte de la tarea que no te molesta tanto hacer.** El primer estudiante podría tratar de decirse a sí mismo: «No haré el examen. Mi trabajo ahora consiste en resumir lo que he aprendido». El segundo estudiante podría decirse a sí mismo: «Esto no es sólo hacer números; lo que estoy haciendo es prepararme para mi presentación». Observa si redefinir la tarea para resaltar la parte que te gusta (o al menos no te disgusta tanto) hace que sea menos probable que procrastines.

En una frase: Reformular el trabajo de antemano (el resultado del trabajo, el proceso o el objetivo) puede hacer que la elección correcta resulte más atractiva.

Simplemente comienza, y verás que no es tan malo

Las personas son sorprendentemente malas en la predicción de sus reacciones emocionales. Claro, sabes que si oyes a alguien decir que eres adorable, te sentirás bien, mientras que si dicen que tienes un sentido del humor terrible, te sentirás herido. Las personas suelen acertar en la dirección de sus reacciones (positivas o negativas), pero sobrestiman su fuerza y su duración.

Los psicólogos han examinado esta sobrestimación de las emociones en relación con el ejercicio, una actividad que a menudo hace que las personas procrastinen. Descubrieron que una de las razones por las que las personas posponen el ejercicio es que creen que se sentirán más desdichadas cuando hagan ejercicio de lo que realmente se sienten.

Es posible que descubras que lo mismo ocurre con las tareas mentales. Si puedes comenzar, verás que en realidad trabajar no es tan desagradable como pensabas que sería. Una forma de convencerte de que «simplemente comiences» es decirte a ti mismo: «Trabajaré sólo cinco minutos. Si realmente lo odio, puedo parar».

Cuando mi hermana quiso desarrollar el hábito de salir a correr todos los días, se le ocurrió una estrategia similar. Si se ponía la ropa deportiva y corría hasta la puerta del jardín de su casa, eso «contaba». Podía renunciar, pero aun así se decía a sí misma: «Hoy he salido a correr». Por supuesto, el 95 % de las veces –incluso aquellos días en los que pensaba: «Hoy no tengo ganas de correr. Daré la vuelta al llegar a la puerta del jardín»–, seguía corriendo cuando llegaba a la puerta. Simplemente no se sentía tan mal.

Si estás pasando por un mal momento para sentarte y ponerte a trabajar, intenta decirte a ti mismo: «Haré mi lista de tareas pendientes. **Si después de hacer mi lista, quiero tomarme un descanso, me tomaré un descanso**». Una vez que hayas escrito tu lista de tareas pendientes, probablemente haya una o dos cosas que no parezcan demasiado difíciles de abordar. Y te has ido.

Pero: Para que esta táctica funcione, es crucial que realmente te permitas tomarte un descanso si quieres, eso sí, una vez que esté terminada la lista de tareas pendientes. El objetivo es hacer que el comienzo no parezca intimidante al darte permiso para relajarte rápidamente. Si sabes que el permiso es una mentira —por ejemplo, que te sentirás culpable si se te tomas el descanso—, no estás haciendo que no resulte intimidante.

En una frase: Comenzar una sesión de trabajo te parecerá menos odioso si te das permiso para hacer una pausa después de un rato de trabajar.

Consejo 72

Dile a los demás lo que estás haciendo

Los seres humanos somos animales intensamente sociales. Mucho de lo que hacemos, lo hacemos con otros, e incluso cuando hacemos algo por nuestra cuenta, consideramos cómo nos verán los demás: ¿haremos que las personas que nos importan se sientan orgullosas, enfadadas o felices?

Si te sientes frustrado por la frecuencia con la que procrastinas, puedes aprovechar tus relaciones sociales para que te ayuden a resolver el problema. Un buen comienzo es simplemente decirles a tus amigos: «Oye, estoy intentando procrastinar menos y trabajar más para seguir el ritmo de clase». La esperanza es que tus amigos, al conocer tu plan, te ayuden de dos maneras: te harán responsable y te apoyarán.

La vergüenza es un motivo clave por la que la responsabilidad funcione. Te sientes avergonzado si le has dicho a la gente: «¡Voy a dejar de procrastinar!», y más tarde, al cabo de una semana, resulta evidente que no estás siendo fiel a tu decisión. No hay vergüenza en utilizar la vergüenza como un estímulo, y si te gusta la idea, puedes arriesgar aún más utilizando un sitio web de compromiso como stickK,

21habit o Beeminder. Los sitios web aparecen y desaparecen, por supuesto; puedes buscar «sitios web de contratos de compromiso» para encontrar lo más reciente.

La mayoría de estos sitios web tienen formatos similares: te comprometes a hacer algo, por ejemplo, «Trabajar de siete a diez cada noche entre semana». Cada día entras en el sitio web y comunicas si has cumplido o no tu compromiso. (Algunos sitios web requieren que haya un juez que controle tu sinceridad). Si no cumples con tu compromiso, se destina una determinada cantidad de dinero de tu tarjeta de crédito a una organización sin fines de lucro. Se te anima a elegir una causa que haga que la pérdida sea más desagradable, por ejemplo, una con una tendencia política que no te guste. Para mayor motivación, muchos sitios web informan de tu fracaso a través de tus redes sociales.

Participar en un grupo de estudio (*véase* el consejo 23) también implica responsabilidad. Cuando el grupo se reúne para comparar los apuntes de clase o hablar sobre un examen cercano, los otros miembros del grupo cuentan con que hayas hecho el trabajo preparatorio. La responsabilidad con tus compañeros puede ayudarte a cumplir con estas fechas límite.

Además de hacerte responsable, **los amigos pueden ofrecerte un apoyo positivo.** Dependiendo de las circunstancias, es posible que necesitemos más una forma de apoyo que otra. Los psicólogos hablan de cuatro tipos:

Apoyo emocional. Personas que expresan compasión y cariño. Por ejemplo, cuando te sientes frustrado porque sigues procrastinando a pesar de que intentas no hacerlo, tus amigos pueden escucharte compasivamente y animarte a seguir intentándolo.

Apoyo informativo. Personas que ofrecen consejos, sugerencias o información. Por ejemplo, pueden ofrecerte sus propias estrategias para vencer la procrastinación o ayudarte a encontrar un sitio web de compromiso de tu agrado.

Apoyo práctico. Personas que hacen cosas que te ayudan directamente en tu esfuerzo. Por ejemplo, un amigo te defiende cuando alguien te hace pasar un mal rato por decir que te vas a quedar trabajando en lugar de ir a una fiesta. O un amigo se ofrece para llamarte para asegurarse de que estás estudiando la noche antes de un examen.

Apoyo de valoración. Personas que brindan información para ayudarte a autoevaluarte. Por ejemplo, un amigo ofrece una visión objetiva de si tus esfuerzos por procrastinar menos están funcionando. Un amigo también podría recordarte otras ocasiones en las que tu determinación por cambiar algo de ti mismo valió la pena, dándote más confianza en que puedes vencer la procrastinación.

Cuando has leído estos tipos de apoyo, anticipo que un par de ellos te han hecho pensar: «No, eso no es lo que necesito que hagan mis amigos», y uno o dos te han hecho pensar «¡Sí!». Darse cuenta de esto podría hacerte selectivo sobre a quién buscar para conseguir apoyo. Obviamente, no es una buena idea hablar sobre tu campaña antiprocrastinación con los peores procrastinadores que conoces. Pero, una vez descartadas esas personas, revisa estos diferentes tipos de apoyo y **piensa un poco acerca de cuáles de tus amigos están más capacitados y están más dispuestos a brindarte el tipo de apoyo que necesitas.**

Pero no esperes que tus amigos sepan automáticamente cómo ayudarte; es muy probable que tengas que explicárselo, y la lista anterior puede ayudarte a ser más claro al describir qué tipo de apoyo esperas obtener y qué tipo de acciones concretas pueden tomar tus amigos.

A algunas personas les resulta difícil pedir ayuda. Ten en cuenta que probablemente no pienses mal de las personas cuando te piden ayuda. La mayoría de las personas son felices de poder ayudar a sus amigos; les hace sentir bien, así que no les niegues a otros esa oportunidad.

En una frase: Tu red social puede ofrecerte apoyo emocional y ayuda práctica en tu esfuerzo por procrastinar menos, pero para hacerlo, las personas deben saber que estás intentándolo y qué tipo de ayuda necesitas.

Considera si tu procrastinación es una forma de autodiscapacidad

En mi clase de taller de sexto construimos casas para pájaros. Después de la primera sesión de trabajo, llegué a la conclusión de que era malo en esto. Seguía confundiéndome acerca de cómo encajar la plantilla en la madera contrachapada y mis cortes con la sierra no eran rectos. Pronto hice un espectáculo de no intentarlo. Trabajaba rápido, no sacaba ni enderezaba clavos que se doblaban, etc. Estaba poniendo una excusa preventiva para un mal trabajo.

Los psicólogos llaman a esto «autodiscapacidad»: nos imponemos una discapacidad a nosotros mismos para tener una excusa para nuestro fracaso.

La procrastinación hace que sea fácil la autodiscapacidad, pero rechaza lo que eres capaz de hacer. No dices: «No voy a estudiar para este examen, porque si estudio y apruebo me sentiré estúpido». En lugar de esto, ocupas tu tiempo con otras cosas (lavar la ropa, socializar, hacer otro trabajo) y, de algún modo, no te pones a estudiar hasta el último momento. Y ahí está tu excusa: «¡Oh, no! ¡He estado tan ocupado que apenas he tenido tiempo de estudiar para este examen!».

¿Por qué actuarías así? ¿No tiene más sentido esforzarse al máximo? Incluso aunque consideres que las posibilidades de sacar una buena nota son bajas, al menos puedes mejorar las probabilidades estudiando. La autodiscapacidad debe significar que sacar una nota baja después de estudiar revela algo profundamente preocupante. ¿Qué podría ser?

La respuesta, por supuesto, es «estupidez». En el consejo 60 he mencionado que muchas personas creen que la inteligencia es en gran medida genética y en gran medida inmutable. Creen además que, al ser genética, la inteligencia es una cuestión de lo que eres, no de lo que haces; es decir, las personas inteligentes no han llegado a ser así por trabajar duro, sino por tener buenos genes. Así pues, si necesitas esforzarte para aprobar un examen, eso demuestra que no eres muy inteligente. ¡Imagínate entonces qué demuestra de una persona si ésta trabaja duro y no aprueba un examen!

Estas creencias sobre la inteligencia son falsas. Sí, la inteligencia está determinada en parte por lo genes, pero también depende de lo que hagas; la inteligencia se puede mejorar, y el aprendizaje es la forma de mejorarla. Por lo tanto, «Si eres inteligente, no necesitas estudiar» es erróneo. También lo es «Si suspendes un examen, eso demuestra que eres tonto».

Así pues, ¿cuál es una mejor manera de reflexionar sobre suspender un examen? No hay motivo para pensar en ello de manera diferente a cualquier otra tarea desafiante. Si te presentaras a una noche de micrófono abierto en un club de comedia sin habértelo preparado, no arrancarías muchas carcajadas. Ahora bien, supongamos que te has preparado un monólogo y, aun así los asistentes no se ríen mucho. ¿Significa eso que simplemente no eres gracioso? ¿O significa que la comedia es todo un reto y que necesitas prepararte minuciosamente y esperar que conseguir el éxito será un largo proceso?

Enseñar a uno mismo a aprender no es fácil. A lo largo de la lectura de este libro, has visto que hay muchos componentes que debes entender. Sé paciente. Si los sigues al pie de la letra, verás los resultados.

En una frase: Algunas personas procrastinan como una forma de autodiscapacidad, para tener una excusa si un examen o un proyecto sale mal.

Consejo 74

Haz de la tentación una recompensa

Esta estrategia debe ser tu último recurso: compromiso entre el trabajo y una actividad alternativa que te tiente. Haz un poco de ambas cosas para que la actividad tentadora sea una recompensa por trabajar.

Esta estrategia puede ser especialmente efectiva cuando juzgas que lo que te tienta a procrastinar es imperioso. Para decirlo de una manera más coloquial, interviene el «miedo a perderse algo» (FOMO, del inglés *fear of missing out*), pero a continuación ampliaré el término para que signifique un *sentimiento* más general de perderse algo.

Tal vez hace unas horas que se ha lanzado una nueva «actualización de Halloween» para tu videojuego favorito o está jugando tu equipo favorito y el partido es televisado. Cualquiera que sea la alternativa tentadora, el problema no es que te sientas amedrentado por el trabajo que se supone que debes hacer o incluso que la tentadora alternativa sea *tan* alucinante; el problema es que si trabajas, sentirás que te estás perdiendo algo que posiblemente no puedas conseguir más tarde. ¿Qué debes hacer?

En primer lugar, veamos qué deberías haber hecho. Una actividad atractiva e imperiosa suele ser algo planificado, algo que se conoce de antemano. Como he indicado en el consejo 63, debes incluir los acontecimientos sociales en tu calendario, no únicamente cosas del trabajo. Cuando oigas el 16 de octubre que la actualización de Halloween se lanzará el 30 de octubre, reserva un par de horas en el momento oportuno. **Reservar tiempo para acontecimientos sociales importantes reducirá tu procrastinación.**

De acuerdo, esta vez no has sido previsor y ahora tienes un par de horas de trabajo que realmente debes hacer. Si la alternativa tentadora se puede dividir en porciones de tiempo limitado, puedes **hacer un poco de la actividad divertida a modo de recompensa periódica por trabajar;** por ejemplo, trabaja treinta minutos y luego disfruta de cinco minutos de juego. Ten en cuenta que estoy haciendo una distinción entre querer hacer algo porque es especial *ahora* y tener problemas a menudo para centrar tu atención una vez que has comenzado a trabajar porque prefieres estar jugando o revisando las redes sociales. Abordaremos este problema en el próximo capítulo.

Esta estrategia es un último recurso, porque corres el riesgo de que una «pausa» se prolongue mucho más de lo que pretendías. Si estás a punto de ignorar el trabajo para continuar con la alternativa tentadora, implementa esta herramienta de último recurso.

En una frase: Si una actividad resulta tan tentadora que hará que te saltes por completo la sesión de trabajo, convierte esta actividad en una recompensa por el trabajo realizado.

Consejo 75

Sigue tu progreso, pero ignora tus rachas

La clave para desarrollar un hábito es trabajar constantemente todos los días a la hora planificada. Si haces un seguimiento de la frecuencia con la que te apegas a este plan, puedes enorgullecerte merecidamente de tu dedicación. Es fácil hacer un seguimiento si **haces una marca en tu calendario por cada día trabajado**.

Habrá días en los que te sientes en tu espacio de trabajo y te sientas desmotivado y pesimista acerca de hacer algo. A veces estarás equivocado, pero otras el sentimiento será acertado. No puedes concentrarte y tienes el mal día que habías previsto.

Hay dos razones por las que es importante intentarlo todos los días. En primer lugar, aun en el caso de que pronostiques un día improductivo y aciertes, **algo es mucho más que nada**. Aún estás progresando. En segundo lugar, y más importante, te estás demostrando a ti mismo que el trabajo te importa. Trato más a fondo la autoimagen en el capítulo 13, pero por ahora considera esto: cuando veas a alguien que se apega a su horario de trabajo todos los días, aunque esté cansado o se esté resfriando o simplemente no tenga ganas de trabajar, ¿qué piensas? Evidentemente, concluyes: «Ese trabajo es muy importante para él».

Sacas la misma conclusión cuando te ves trabajando constantemente. **Darte cuenta de que has cumplido con tu compromiso de trabajo construye tu autoimagen como estudiante.**

Pero hay una importante diferencia entre estar orgulloso de trabajar de manera constante y obsesionarse con una racha de trabajo. No pienses: «Vaya, he trabajado 50 días seguidos. Me pregunto si puedo llegar a 100. ¡O a 365!». Hacer un seguimiento de las rachas tiene un inconveniente importante: un único fracaso adquiere una importancia exagerada. Por ejemplo, una persona que hace dieta sucumbe a un postre elaborado en una boda y concluye: «Lo he echado todo por la borda. Después de todo ese trabajo, me acabo de comer este delicioso postre». Así que esa noche, cuando está en casa, piensa: «Dado que me he saltado la dieta, también me puedo comer este helado».

De hecho, no sólo debes evitar pensar en términos de rachas, sino que *debes* tomarte días libres para cosas que son realmente importantes. Si te encuentras en un restaurante celebrando el cumpleaños de tu pareja, no deberías mirar el reloj e insistirle para que termine y no llegar tarde a tu sesión de estudio. Eso no es mostrarte a ti mismo que estás dedicado a aprender; eso es demostrarte que tu racha te importa más que tu pareja. **Sé constante, pero no valores las rachas.**

En una frase: Tomar nota de la constancia de tus hábitos de trabajo te motivará y te ayudará a mantenerlos, pero no te obsesiones con las rachas, porque inevitablemente se rompen (¡y deberían romperse!); una racha rota te desanimará innecesariamente.

Para los profesores

La procrastinación es un problema casi universal, y si tú también luchas contra ella, puede ser útil decírselo a tus alumnos. Algunos estudiantes se ven a sí mismos como débiles, cargados con una deficiencia de autocontrol que pocos pueden entender. Puedes ayudarlos a ver que la procrastinación es un fastidio al que todo el mundo se enfrenta y que las personas exitosas aprenden a gestionar. Los estudiantes también pueden aprender a gestionarlo.

Algunos de los consejos mencionados en este capítulo son buenos candidatos para ejemplificarlos y apoyarlos en clase. Por ejemplo, es probable que los estudiantes estén familiarizados con la idea de redactar una lista de tareas pendientes, pero es posible que no tengan experiencia en crear una, y es posible que necesiten ayuda sobre todo a la hora de pensar en cómo dividir las tareas complejas en tareas más manejables.

Además, los estudiantes necesitarán ayuda para reflexionar sobre cómo planificar estas subtareas. Los profesores pueden ayudar proporcionando recordatorios concretos. En otras palabras, no te limites a recordarles a tus alumnos: «Estáis todos trabajando con vuestros artículos, ¿verdad? Son para dentro de dos semanas». En vez de ello, hazles saber lo que ya deberían tener hecho: «No olvidéis que debéis entregar los artículos dentro de dos semanas. Ya deberíais haber elegido el tema y tener identificadas cinco de vuestras diez fuentes. Si no es el caso, no entréis en pánico, pero quiero hablar con vosotros al terminar la clase». De hecho, podrías considerar no sólo proporcionar dichas directrices sobre el progreso deseable, sino también establecer fechas límite intermedias.

Incluso en el caso de tareas más cortas, los estudiantes pueden quedarse bloqueados por la indecisión porque no están seguros de cómo proceder exactamente. Puedes ayudarlos haciendo las tareas lo más claras posible. Y piensa en esto: si un estudiante no entiende lo que se necesita o sí lo entiende, pero no tiene idea de por dónde empezar, ¿cuáles son sus opciones? ¿Tiene claro dónde puede pedir ayuda? Asegúrate de que todos los estudiantes lo sepan.

Resumen para los profesores

- Si estás preocupado por la procrastinación, humaniza el problema a tus estudiantes explicándoselo y comparte con ellos cómo le haces frente.
- Ayuda a los estudiantes a pensar cómo priorizar las tareas y a dividir las tareas grandes en partes más pequeñas.
- Establece fechas límite intermedias en el caso de proyectos grandes.
- Asegúrate de que las tareas sean claras y de que los estudiantes sepan qué hacer si no saben cómo empezar.

CAPÍTULO 12

CÓMO MANTENER
LA CONCENTRACIÓN

E n el capítulo 11 he descrito la procrastinación y he explicado cómo superarla, pero empezar la tarea no es el único problema; también necesitas ser constante con ella.

Consideremos un caso típico de distracción. Un estudiante está estudiando y suena su teléfono móvil. Es un mensaje de texto sin importancia, pero es de alguien con quien tiene un Snapstreak[1] que no ha mantenido hoy. A partir de ese momento, lo único que sabe es que ha entrado en Snapchat, ha prolongado esa racha –y otras–, ha actualizado su historia y de repente han transcurrido treinta minutos.

Los psicólogos Angela Duckworth y James Gross han descrito **cuatro pasos mentales que se aplican a la distracción**: en el primero, el estudiante *organiza su situación* para estudiar e incluye su teléfono móvil; en el segundo, el estudiante *cambia su atención* de estudiar a su teléfono cuando suena; en el tercero, *evalúa* la notificación como importante, y en el cuarto, *responde* entrando en Snapchat.

El resultado –que ya no está estudiando– podría haberse interrumpido en cualquiera de las cuatro etapas. El teléfono móvil podría haber estado en otro lugar y no lo habría oído. O si el teléfono estaba presente, podría haber ignorado la notificación. O si hubiera prestado aten-

---

1. El Snapstreak cuenta cuántos días consecutivos dos personas se han estado enviando mensajes entre sí. *(N. del T.)*

ción a la notificación, podría haber decidido que no era importante. O si hubiera decidido que era importante, podría haberse dicho a sí misma: «Aunque es importante, ahora debería seguir trabajando».

Observa que **cada cambio suena más difícil que el anterior.** Es relativamente fácil silenciar el teléfono durante una hora, pero es mucho más difícil no conectarse a Snapchat una vez que has decidido que tu Snapstreak sin terminar es importante. Más adelante en este capítulo consideraremos varios métodos para interrumpir las distracciones, centrándonos especialmente en aquellas que son más fáciles.

He descrito la pérdida de concentración provocada por la distracción del entorno. **También puedes perder la concentración por culpa de que la mente divague,** un término que los científicos utilizan del mismo modo que tú; es cuando tu atención, aparentemente por sí sola, pasa de tu enfoque deseado a otra cosa. Como podrías predecir, la divagación mental aumenta: (1) cuanto más tiempo llevas haciendo la tarea, (2) cuanto más aburrida encuentras la tarea y (3) si consideras que la tarea es verdaderamente sencilla o verdaderamente difícil.

No se comprende muy bien por qué la mente divaga. Algunos investigadores creen que pasa cuando las personas juzgan que los pensamientos actuales no son importantes. Otros creen que la mente errante es en realidad el estado natural del cerebro, por lo que concentrarse en una cosa requiere esfuerzo. Aunque no entendemos qué lo provoca, los investigadores han identificado algunas técnicas efectivas para reducirlo.

• CUANDO INTENTAS CENTRAR TU ATENCIÓN •

Qué hará tu cerebro: Apartará su atención del trabajo cuando aparezca nueva información en el entorno (distracción) o redirigirá espontáneamente su atención a pensamientos que no sean trabajo (mente errante).
Cómo ser más listo que tu cerebro: Para limitar la distracción, la solución más fácil es cambiar tu entorno. Vencer a la mente errante es más complicado y la mejor estrategia puede ser aceptar su inevitabilidad y volver rápidamente al trabajo en cuestión.

Diferentes circunstancias requieren diferentes técnicas para mantener la concentración, así que revisaremos varias estrategias y describiré cuándo utilizar cada técnica.

CONSEJO 76

Elige con cuidado tu lugar de trabajo

«Encuentra un lugar tranquilo para trabajar». Es uno de los consejos más frecuentemente ofrecidos a estudiantes, y por buenos motivos. Una ubicación puede facilitar la concentración o estar repleto de distracciones, pero, una vez que elijas un lugar para trabajar, probablemente permanecerás en él aunque te resulte difícil concentrarte; cambiar de sitio resulta doloroso. No todo el mundo tiene la posibilidad de elegir dónde trabajar, pero si tú puedes, consideremos las características que debes buscar.

Por un lado, la característica que buscas en un espacio de estudio es bastante evidente: **el lugar más cercano que te permita estar libre de distracciones.** Por otro, diferentes entornos ofrecen diferentes tipos de distractores, y éstos molestan a las personas en diferente grado. A muchos de mis colegas les encanta trabajar en casa porque es un lugar tranquilo y no pasa gente por allí, pero en mi caso me distraigo en la cocina –deambulo, abro la nevera y me la quedo mirando– y también me distraigo con pequeños trabajos de mantenimiento y reparación del hogar que sé que debería hacer. Un amigo mío me confesó que no puede trabajar en una habitación en la que haya una cama o una silla cómoda porque se convencería de hacer una «siesta de cinco minutos» que acaba convirtiéndose en una hora.

Tienes que averiguar qué es lo mejor para ti. Cuando estaba en la universidad, a veces estudiaba en las aulas vacías, y elegía una diferente cada noche (*véase* el consejo 49). Era genial, porque una sala en la que sólo hay una pizarra y escritorios está *verdaderamente* libre de distracciones. Pero luego me di cuenta de que no me gustaba estudiar solo. **Puedes beneficiarte de estar junto a otras personas que también están trabajando.** Somos una especie social, y tendemos a sentir y hacer lo que otros que nos rodean están sintiendo y haciendo. Esto se conoce como «contagio social»: si todos los que me rodean se ríen, tienen miedo, hacen ejercicio o estudian, probablemente compartiré esos sentimientos o haré esas actividades. Estudiar en la biblioteca significaba estar rodeado de otras personas que trabajaban duro, y eso me inspiraba.

Además de *dónde* trabajas, **piensa en *cuándo* trabajas.** Algunas personas trabajan mejor mientras otras duermen, porque muchas distracciones desaparecen cuando desaparece la gente. Yo mismo lo hago, por lo general levantándome hacia las cuatro de la madrugada. Soy consciente de que este horario no es práctico para la mayoría de las personas: debes tener sentido común con respecto a las preferencias de sueño de tu cuerpo y, sean cuales sean tus preferencias, tu horario puede tener unos límites que eres incapaz de ajustar. Pero, sobre todo si eres un estudiante universitario con un horario flexible, piensa en ir a dormir más temprano y levantarte más temprano entre semana. Es probable que sea mucho más fácil encontrar tiempo libre de distracciones para estudiar.

Finalmente, **no seas demasiado optimista con respecto a situaciones en las que crees que puedes trabajar de manera efectiva.** Puedes pensar que harás tu trabajo mientras cuidas a un bebé («Probablemente duerma mucho») o en el partido de baloncesto interuniversitario de tu amigo («De todos modos, la mayoría de los minutos está sentado en el banquillo») o en un aeropuerto o sentado en el asiento del acompañante en el coche de tu amigo mientras os dirigís juntos a casa para pasar el puente de Acción de Gracias. Existe la tentación de pensar, «¡Oh! Voy a estar aburrido, debería hacer algo útil». Pero a veces te aburres en lugares que no son adecuados para trabajar. Entonces, por supuesto, lleva un libro contigo si es el caso; tal vez puedas leer un poco. Simplemente no cuentes con que pueda pasar.

En una frase: El mandato «Elige un lugar tranquilo para trabajar» es a grandes rasgos correcto, pero es demasiado simple; también debes pensar en el mejor momento y en la posibilidad de que otras personas puedan aportarte energía, no distraerte.

Mejora tu lugar de trabajo

A veces no puedes elegir tu ubicación, o tal vez has elegido la mejor disponible, pero aún no es la ideal. ¿Entonces qué? Puedes hacer pequeños cambios que reducirán las posibilidades de que te distraigas.

Comencemos con las distracciones en un aula o en una sala de conferencias. Debes intentar **sentarte en la primera fila o lo más cerca posible.** Así hay menos posibilidades de que alguien que se encuentre delante de ti haga algo que te distraiga, tanto porque hay menos filas de personas como porque las personas que se sientan delante tienden a ser más serias en cuanto a prestar atención. Además, sentarse cerca de la persona que habla te permite ver mejor sus expresiones faciales y eso te ayudará un poco a mantener tu atención.

¿Qué pasa si llegas demasiado tarde para poder sentarte en las primeras filas y alguien que está sentado delante de ti con un ordenador portátil comienza a ver *New Girl* o a comprar relojes antiguos? Va a ser difícil ignorar qué está pasando en la pantalla, por lo que, **si puedes, debes cambiar de asiento.** Si eso no es posible, al menos intenta desplazarte de modo que la pantalla sea más difícil de ver.

Supón que un amigo te sigue hablando durante la clase. Te resulta incómodo cambiar de sitio o decirle que se calle. **Dile que te está costando entenderlo todo** y observa si esto surge efecto. Si no funciona, dile que te irás más adelante para asegurarte de que puedas escuchar bien. De esta manera no lo estás excluyendo, pero lo estás incomodando para seguir hablando contigo.

Cuando estás trabajando en un lugar público, como una biblioteca o una cafetería, te enfrentas a múltiples distracciones. Si el problema es únicamente el ruido, intenta utilizar **tapones de espuma para los oídos.** Otro problema es que, como estás estudiando en un lugar público, la gente puede suponer que estás dispuesto a conversar. Trata de sentarte de modo que quedes de espalda a la mayoría de la gente. También ayudará no levantar la mirada a menudo y llevar una gorra calada hace que los demás te vean como si estuvieras en tu propio mundo y serán reacios a invadirlo. Además, puedes **añadir auriculares con cancelación de ruido.**

De todos modos, la mayor fuente de distracción puede ser electrónica, no humana. Cuando trabajo con mi ordenador, si puedo ver pestañas, carpetas o documentos abiertos, pensaré en otro trabajo por hacer o en sitios web divertidos para visitar. Si **utilizas el modo de pantalla completa,** sólo puedes ver aquello en lo que estás intentando concentrarte.

Es más fácil gestionar el teléfono móvil, porque puedes configurarlo en modo silencio. Es tentador pensar: «Me limitaré a ignorar las notificaciones», pero el simple hecho de ignorar una es una interrupción. Por lo tanto, es mejor que apagues tu teléfono móvil que configurarlo en modo silencio; estarás menos tentado a echar un vistazo rápido para ver si has recibido algún mensaje.

Si crees que puedes ser (o necesitas ser) algo más radical limitando tu acceso a contenido digital que distrae, puedes instalar **una aplicación de limitación de tiempo de pantalla** que lo haga por ti. Herramientas como Freedom, AntiSocial, Cold Turkey o SelfControl te permiten tomar una decisión *ahora* sobre cuánto tiempo utilizarás aplicaciones específicas *más tarde*.

Si este enfoque te parece demasiado extremo, a continuación te muestro otras dos formas de limitar tu tiempo de distracción. En primer lugar, puedes **instalar una aplicación de monitoreo de pantalla** que mide cuánto tiempo pasas utilizando diferentes aplicaciones en el transcurso de una semana. En segundo lugar, puedes **desactivar el inicio de sesión automático** para las aplicaciones de redes sociales. El acto de escribir tu nombre de usuario y tu contraseña es un engorro y el requisito probablemente hará que entres con menos frecuencia. También puedes **desactivar las alertas** para algunas aplicaciones.

Puedes ver dos principios generales que se ocultan detrás de estas ideas. En primer lugar, si algo te distrae, apártalo de tu entorno o al menos haz un cambio para que te moleste menos. En segundo lugar, si el objeto que te distrae es algo que tiendes a buscar, dificulta el acceso.

El siguiente consejo explora más esta segunda idea: el problema de las distracciones que tú mismo buscas.

En una frase: Si una situación tiene algo que distrae, puedes quitar el distractor o hacerlo menos evidente; si lo que buscas es un distractor, puedes dificultar el acceso.

Consejo 78

No escojas distracción

Un amigo mío que creció en Bélgica y Francia describió una diferencia en los hábitos de trabajo de los estadounidenses y los europeos: «Aquí, vosotros os decís a vosotros mismos que estáis siempre trabajando, pero siempre hacéis otra cosa mientras trabajáis. En Francia, si quieres tomar un café, tomas un café. Aquí, haces el café y trabajas mientras te lo tomas. O pretendes escuchar música mientras trabajas. O pones los pies encima del escritorio y exclamas "Mírame. Estoy relajándome, pero también estoy trabajando"».

La gente es terrible haciendo dos cosas a la vez. La mayoría –quizás la inmensa mayoría– de la distracción que sufre la gente es autoimpuesta. Sencillamente no se dan cuenta de lo que se están haciendo a ellos mismos. **Cada vez que haces varias tareas a la vez, te estás distrayendo.**

Es evidente que no puedes hacer una tarea –por ejemplo, escribir un artículo– si simultáneamente estás haciendo otra cosa, como resolver problemas matemáticos. Es menos intuitivo (pero cierto) que también hay un coste cuando cambias de tarea, como cuando un estudiante trabaja en un ensayo a la vez que participa en una o más conversaciones de mensajes de texto. El coste es atribuible a la diferencia en las «reglas mentales del juego» de las dos tareas. Por ejemplo, si le envías un mensaje de texto a un amigo mientras escribes un ensayo sobre el *El lazarillo de Tormes* para la clase de literatura española, utilizas una forma de escribir para el ensayo y una forma diferente de escribir cuando envías un mensaje de texto. Cuando cambias, debes hacer un reinicio mental y pensar: «De acuerdo, ahora estoy escribiendo de *esta* manera». Una gran cantidad de investigaciones que se remontan a la década de 1990 muestran que este reinicio ocurre incluso si las tareas son muy familiares y simples, como conducir y mantener una conversación a la vez. Pensarías que podrías tener en mente dos tareas muy simples a la vez, pero no puedes. Siempre hay un coste mental para cambiar.

Ahora bien, está bien decirse a uno mismo: «No me importa si escribo el ensayo un poco más lento; quiero enviarle un mensaje de texto a mi amigo mientras lo escribo». Me parece bien. Sólo quiero que sepas que el coste es probablemente más alto de lo que piensas. Los estudios de laboratorio muestran que, incluso cuando las personas son conscientes de que la multitarea tiene un coste, lo subestiman constantemente.

Esto es especialmente cierto para la multitarea multimedia, es decir, escuchar música o reproducir un vídeo en segundo plano mientras trabajas. Las encuestas a los estudiantes muestran que creen que este tipo de multitarea no interfiere con el estudio, y algunos afirman que incluso les ayuda. Pero la investigación cuenta una historia diferente. La mayoría de los estudios consisten en que los estudiantes acudan a un laboratorio con el tipo de música o con los vídeos que reproducen mientras estudian. A continuación, se les da un capítulo de un libro de texto para leer o algunos problemas de matemáticas para resolver; algunas personas reproducen la música o el vídeo mientras trabajan, mientras que otras no. Los resultados en el caso del vídeo son realmente claros: **si se reproduce un vídeo, el trabajo sufre** en el tiempo, en la precisión o en ambos. Eso es cierto incluso cuando las personas consideran que no le hacen caso y es sólo ruido de fondo.

En el caso de la música, sin embargo, es más complicado. Los investigadores han estudiado todas las variaciones en las que probablemente pensarías: música con letra frente a instrumental, clásica frente a rock, etc. No parece hacer mucha diferencia en ningún caso. La música a veces ayuda en las tareas académicas y a veces perjudica, porque tiene dos efectos contradictorios: distrae, pero también tiene el potencial de energizar a los oyentes; por eso la gente escucha música mientras hace ejercicio. Que el efecto combinado sea positivo o negativo depende de cuán enérgico te sientas y de la dificultad de la tarea, entre otros factores.

Cuando añadimos otra tarea mientras estamos trabajando, tiende a ser una que aporta un subidón. Escuchamos música, enviamos mensajes de texto a un amigo o revisamos las redes sociales. Dado que tienden a afectar negativamente a tu desempeño, en lugar de buscar un impulso mediante la multitarea, **obtén tu impulso emocional durante los descansos**.

La conclusión sobre la multitarea multimedia es la siguiente: reproducir un vídeo, aunque sea en segundo plano, interferirá en tu trabajo. La música puede estar bien a veces, pero ten cuidado con esta conclusión. Como he enfatizado a lo largo de este libro, las personas no son muy buenas evaluando sus propios procesos de pensamiento o la calidad de su trabajo.

En una frase: No hagas varias tareas a la vez; en realidad, no puedes compartir la atención entre las tareas, por lo que añadir una segunda tarea siempre compromete a la primera.

Consejo 79

Repiensa tu evaluación

Recuerda los pasos del control mental que se aplican a la distracción desde el comienzo del capítulo: organizar la situación, cambiar la atención, evaluar y responder. Hemos buscado formas de organizar una mejor situación y hemos pensado en formas de hacer que sea más probable que no prestes atención a un posible distractor. ¿Qué pasa con la evaluación?

Reevaluar un distractor podría ayudar con las redes sociales. Cuando suena tu teléfono móvil y lo miras, significa que has evaluado el sonido como más importante que cualquier cosa en la que estés trabajando. Pero la verdad es que probablemente no lo has valorado mucho; coger el teléfono es un gesto automático. Una estrategia que podrías intentar es **interrumpir ese acto automático y reconsiderarlo.** Piensa o, mejor aún, di en voz alta: «¿Cuáles son las probabilidades de que esta notificación sea realmente importante?». De hecho, ¿cuán probable es que si esperas hasta hacer un descanso para ver el mensaje, te arrepientas y pienses: «¿Por qué he seguido trabajando? Debería haber hecho caso a mis instintos y revisado de inmediato mi móvil»? Si buscar tu móvil es algo tan automático que sientes que no tienes la oportunidad de hacerte tales preguntas, puedes establecer una protección borrando tu inicio de sesión automático para que debas escribir cada vez tu ID de inicio de sesión y tu contraseña.

Puedes probar una técnica de reevaluación similar para la mente errante. Di en voz alta: «No necesito pensar ahora mismo en lo que me pondré para la boda el próximo mes. Pensaré en eso mientras conduzco a casa».

Esta técnica es más difícil de que tenga éxito cuando el contenido de la mente errante es emocional. Por ejemplo, tal vez estés molesto porque tu gerente ha reducido tus horas de trabajo. Se acerca un examen y necesitas estudiar ahora, pero estás obsesionado con el problema del dinero. Claro, si te preguntas: «¿Tiene sentido pensar en el dinero ahora?», responderás: «No», pero no mantendrás estos pensamientos que te distraen alejados de tu mente.

Puedes probar una técnica que he sugerido en un par de otras circunstancias en las que las emociones provocan un problema: el distanciamiento psicológico. Piensa para ti mismo —o de nuevo, mejor, dilo en voz alta— lo que crees que deberías hacer, **pero habla de ti mismo en tercera persona** (idealmente en un lugar donde otras personas no puedan escucharte). Por ejemplo, di: «Dan está verdaderamente molesto en este momento. Está muy preocupado por el dinero, porque trabajará algunas horas menos y no está seguro de cómo va a pagar el alquiler. Pero no tiene sentido que piense en esto ahora. Tendrá tiempo mañana por la tarde para ir a la oficina de empleo para estudiantes a buscar otro trabajo. Y entonces podrá echar otro vistazo a su economía. Pero no puede hacerlo ahora. Ahora, debe prepararse para este examen».

La idea es que hablar de ti mismo en tercera persona te dé cierta distancia emocional del problema y te cueste menos responder a una situación difícil de la manera que racionalmente sabes que es una respuesta útil.

Las técnicas descritas aquí se enfocan en reevaluar un posible curso de acción: ¿Realmente quiero mirar mi móvil ahora? ¿Realmente quiero obsesionarme con mi vestido ahora? Puede parecer poco probable que «reevaluar» funcione, y, permíteme poner énfasis de nuevo en ello, no debería ser tu primera opción; es mucho mejor no tener que verificar una notificación telefónica porque tu móvil se encontraba apagado. Pero a veces, como en el ejemplo de la reducción de la jornada laboral, no puedes cambiar la situación o tu atención, por lo que tu única opción es tratar de reevaluar tus pensamientos.

En una frase: Si te distraes por algo como por ejemplo tu teléfono móvil, puedes intentar reevaluar la importancia de la distracción; en el caso de la mente errante, la mejor estrategia es hablarte sobre tu situación y la evaluación deseable de la situación en tercera persona.

Consejo 80

Comprueba si quieres tener redes sociales o disfrutarlas

Supón que realmente te encanta tu móvil pero lo mantienes en silencio mientras trabajas. Cuando llega el momento del descanso, revisar las redes sociales es una recompensa, por supuesto. Pero, más todavía, encuentras que no poder controlarlas durante el período de trabajo es un castigo; es difícil pensar en otra cosa.

Pero no tires la toalla. Sólo acabo de decir que «revisar las redes sociales es una recompensa, por supuesto». ¿Lo has aceptado inmediatamente como verdad? Cuando llevas un rato sin poder revisar las redes sociales, revisarlas puede parecer realmente urgente: *deseas* revisarlas. Y cuando finalmente lo haces, ¿resulta placentero? Claro, es bueno no sentir ese *deseo* urgente por más tiempo. ¿Pero realmente es agradable leer el contenido?

Querer y disfrutar no es lo mismo. Durante años, los investigadores del cerebro creían que habían descubierto el placer; cada vez que una rata recibía una recompensa se activaba un circuito rico en dopamina, por lo que parecía evidente que el circuito debía relacionarse con sentimientos de placer. Sin embargo, investigaciones más recientes demuestran que, en realidad, apoya el sentimiento de querer y está separado del circuito de recompensa. Los científicos pensaban que veían el cerebro exclamando: «¡Esto es genial!», pero, en realidad, estaba exclamando: «¡Más!».

Si tu cerebro llega a asociar una situación o una acción concreta con una recompensa, la asociará simultáneamente con el deseo de más. El problema es que la recompensa puede disminuir –la situación o la acción no vale la pena como antes–, pero el cerebro no desaprende su respuesta «¡Más!».

Es posible que te hayas visto reflejado de inmediato con respecto a tus sentimientos sobre las redes sociales en la distinción entre disfrutar y querer. Si no es el caso, a continuación te describo un pequeño experimento que puedes probar. Durante una sesión de trabajo, date permiso para revisar tu teléfono móvil con la frecuencia que desees, pero comprométete a anotar tres cosas: cuando lo desbloquees, puntúa de 1 a 7 cuántas ganas tienes de revisarlo; cuando estés preparado para volver al trabajo, anota cuánto tiempo has estado mirando el móvil, y, finalmente, puntúa de 1 a 7 lo bien que te lo has pasado.

Al día siguiente, permítete sólo la mitad de descansos en las redes sociales, pero haz que en promedio tengan la misma duración. De nuevo, anota cuánto deseas revisar tus redes sociales cuando comienza tu descanso y cuánto has disfrutado revisándolas cuando ha terminado el descanso.

Estoy decidido a apostar que en el segundo día tus índices de «querer» serán más altos que los del primer día, porque has tenido que esperar más para revisar tu teléfono móvil. Pero también apuesto a que tus puntuaciones sobre «disfrutar» no serán más altas en el segundo día que en el primero. Lo que te empuja a revisar las redes sociales no es la recompensa excitante de ver lo que la gente ha publicado o ver cuántos «me gusta» has acumulado. Claro, hay algo de divertido en esto, pero el principal impulsor de tu obsesión es *querer*.

En los días posteriores al experimento, trata de cumplir con tus descansos programados regularmente, y **cuando sientas la compulsión de revisar tu teléfono móvil, intenta hablar contigo mismo.** Recuérdate que, cuando puntuaste objetivamente cuánto disfrutaste revisando tus redes sociales, reconociste que no habías disfrutado tanto. La urgencia que sientes ahora no es la anticipación de algo que encontrarás realmente divertido. Es sólo *querer*, un recuerdo de lo que solía ser un gran placer pero que ahora simplemente está bien. Y recuérdate que alcanzarás ese placer en muy poco tiempo.

En una frase: Si consideras que eres adicto a tu móvil, prueba un experimento para comprobar si realmente disfrutas de tu hábito o es algo que simplemente deseas.

Consejo 81

Masca chicle

La evidencia de este consejo no es tan fuerte como la de otros, pero hay alguna razón para pensar que mascar chicle sin azúcar podría ayudarte a concentrarte.

Sólo hay un puñado de estudios que han demostrado el efecto de mascar chicle mientras se llevan a cabo tareas de aprendizaje reales. Por ejemplo, en un estudio se pidió a los sujetos que estudiaran una descripción de doce páginas del corazón humano. En otro, se les mostró una estrategia para multiplicar mentalmente números de varios dígitos. Mascar chicle (en comparación con no mascarlo) hizo que el estudio fuera más efectivo y aportó algunas evidencias de que las personas se sentían más alerta mientras estudiaban.

De hecho, el efecto más consistente de mascar chicle es que las personas dicen que sienten que tienen un poco más de energía. No se observan de forma tan consistente los efectos positivos sobre el desempeño (en comparación con cómo te sientes); una revisión de la investigación llevada a cabo en 2011 se tituló «Cognitive Advantages of Chewing Gum. Now You See Them, Now You Don't» («Ventajas cognitivas de la goma de mascar. Ahora los ves, ahora no»).

La conclusión es que mascar chicle puede o no ayudarte a concentrarte; puede ayudar a algunas personas pero no a otras, o puede ayudar sólo con ciertas tareas. Los investigadores no lo saben. Si te ayuda, probablemente será sólo durante un corto período de tiempo, por lo que podrías intentarlo como un chute de emergencia, un poco de apoyo que te mantendrá activo hasta tu próxima pausa para descansar. Experimenta y observa lo que piensas.

En una frase: Mascar chicle puede ayudarte a centrar su atención y a llevar a cabo una tarea, pero los descubrimientos de las investigaciones sobre este efecto no son concluyentes.

Consejo 82

Lucha contra la mente errante crónica

La mente errante sólo lleva estudiándose unos quince años y los intentos de controlarla aún están en pañales. Aun así, puedo ofrecerte algunas ideas que pueden resultarte útiles.

En primer lugar, **¡no lo hagas de forma deliberada!** Los investigadores estudian la mente errante de los estudiantes enviándoles mensajes de texto durante una clase a intervalos aleatorios (con el permiso de los estudiantes y del profesor), y les piden que anoten lo que estaban pensando en ese momento. Por lo general, un tercio de los estudiantes no estaba pensando en la clase. Más sorprendente, alrededor del 40 % de ellos había *elegido* la mente errante; habían pensado: «Esto es aburrido; voy a permitirme pensar en otra cosa». Así pues, esta solución es relativamente fácil; si deseas no permitir que tu mente divague, no lo divagues.

Durante la lectura se aplica una segunda estrategia a la mente errante. Un par de grupos de investigación han probado si las personas se concentran mejor en un texto si lo **leen en voz alta.** Los resultados de la investigación han sido mixtos; a veces ayuda y a veces no, y los investigadores no han determinado si ayuda a algunas personas y no a otras, funciona sólo para determinados tipos de contenido o qué. Es algo que puedes probar y ver si crees que te ayuda.

Hay otras dos técnicas para reducir la mente errante que no han sido examinadas en experimentos, pero te las ofrezco para tu consideración.

Cuando estoy inmerso en una tarea y hago algún progreso, me doy cuenta de que puedo mantener la concentración. El momento arriesgado es cuando termino una parte; si no sé qué hacer a continuación, es posible que mi mente se distraiga. Mi mejor defensa es mi lista de cosas pendientes. Cuando termino una tarea, consulto mi lista: ¿qué se supone que debo hacer a continuación? He descrito por qué una lista de cosas pendientes es útil a la hora de la planificación y la motivación (*véase* el consejo 64). **Establecer lo que vas a hacer puede hacer que sea menos probable que tu mente se distancie del trabajo.**

Finalmente, puedes probar una idea prestada de los practicantes de la meditación. Algunos tipos de meditación requieren que te concentres en algo –por ejemplo, los latidos de tu corazón–, pero la mente errante puede plantear un problema. Algunos meditadores programan una alarma para que suene un repique suave cada cinco minutos, más o menos. Es un recordatorio para que sus pensamientos regresen a sus latidos del corazón si su mente se ha distraído. Puedes probar la misma técnica. **Programa tu teléfono móvil para que suene cada diez mi-**

nutos como un control mental para volver al trabajo si te has quedado dormido.

En una frase: Se ha estudiado muy poco sobre la reducción de la mente errante, pero puedes intentar leer en voz alta, utilizar una lista de tareas pendientes, programar un timbre a modo de recordatorio cada diez minutos, más o menos, y evitar la mente errante deliberada.

Consejo 83

Esfuérzate por ser menos vulnerable a la mente errante

He ofrecido ideas sobre cómo combatir la mente errante durante una sesión de trabajo. ¿Hay algo que puedas hacer *normalmente* para ser menos vulnerable a la mente errante? ¿Cambiar tu sistema cognitivo para concentrarte más a menudo en la tarea?

Hay regímenes de entrenamiento que, según los promotores, aumentarán tu capacidad de concentración. Por lo general, el entrenamiento requiere que juegues a «juegos» durante algunos minutos cada día. (Pongo juegos entre comillas porque no son muy divertidos). Los juegos ponen a prueba tu capacidad para concentrarte y manipular mentalmente la información. La esperanza es que, con práctica, mejoren esas habilidades.

Esto suena como si pudiera funcionar, pero los experimentos muestran que no es así. Las personas mejoran en los juegos, pero no en otras tareas que requieren concentración. Al menos por el momento, **no existe un programa de entrenamiento mental que reduzca la mente errante.**

Puedes hacer que tu mente sea menos susceptible a divagar, pero las acciones son algo predecibles. Es más probable que la mente divague si tienes hambre o sueño, por lo que **debes comer bien y dormir lo suficiente.** Probablemente esperas de mí que te diga que el ejercicio regular reduce la mente errante. En realidad, hay evidencias limitadas sobre este punto, y las evidencias que tenemos son mixtas. Por lo general, el ejercicio mejora el estado de ánimo, pero la relación entre el estado de ánimo y la mente errante es complicada y los investigadores no están seguros de qué conclusión sacar.

Las evidencias *no* son ambiguas en otra práctica: la meditación *mindfulness* o de atención plena. La meditación *mindfulness* puede adaptar diferentes formas, pero por lo general implica sentarse o acostarse en silencio y prestar atención a tus pensamientos a medida que surgen y sin juzgarlos. Las primeras investigaciones mostraron que **la mente de las personas que meditan con regularidad divagan menos que la de las personas que no meditan.** Pero, por supuesto, eso no significa necesariamente que la meditación haga que tu mente divague menos; puede ser que las personas que ya tienen buena concentración se sientan atraídas por la meditación. Investigaciones posteriores abordaron el problema seleccionando personas comunes que no meditaban, enseñándoles a hacerlo y observando si sus mentes divagaban menos cuando llevaban a cabo tareas estándar de laboratorio. El resultado es que divagaban menos, y experimentos más recientes han demostrado que el beneficio puede comenzar tan pronto como una semana después de que las personas comiencen a meditar.

Comenzar a meditar puede resultar atractivo o no para ti, pero seguramente comer bien y dormir lo suficiente, sí lo son. Así que al menos haz dos de estas tres cosas.

En una frase: Para ser menos susceptible a la divagación mental, come bien, duerme lo suficiente y participa en la meditación *mindfulness*.

Planifica descansos, haz descansos

No te sorprenderá saber que **las pausas para descansar te hacen menos susceptible a las distracciones y a la mente errante.** Te sientes más renovado y capaz de concentrarte después de un descanso.

Esto suena bien, pero quizás te preguntes si puedes maximizar la efectividad de los descansos. ¿Cuánto tiempo deberían durar? ¿Cuán a menudo deberías hacerlos? ¿Qué debes hacer durante los descansos?

En los últimos años ha ganado popularidad una respuesta a las dos primeras preguntas. Conocida como «técnica Pomodoro», implica veinticinco minutos de trabajo concentrado seguido de un descanso de tres a cinco minutos. Después de cuatro de estas sesiones, se hace un descanso más largo de unos veinte minutos. No hay nada de malo en la técnica Pomodoro, pero **no hay una base de investigación para el *timing* y la duración de los descansos.** Así pues, prueba la técnica Pomodoro para empezar, pero no consideres que no puedes cambiar su duración.

También puedes **considerar programar descansos por tarea, no por tiempo.** Observo que cuando escribo, a veces cojo la directa y no quiero interrumpir mi progreso con un descanso en un momento prescrito, sino que prefiero trabajar hasta terminar una sección. Éste es otro de los motivos por el que sugiero que las listas de tareas consten de tareas que se pueden terminar en treinta minutos, más o menos (*véase* el consejo 69).

Ya sea por tiempo o por tarea, te sugiero que **planifiques tus descansos.** En otras palabras, no te sientes pensando: «Trabajaré hasta que necesite un descanso». Las personas que encuentran útil la técnica Pomodoro a menudo comentan cosas como: «Los primeros veinte minutos suelen ser fáciles, y luego, cuando tengo ganas de parar, puedo decirme: "¡Sólo te quedan cinco minutos más hasta tu próximo descanso!"». Esta reflexión interna sólo es posible si has planeado de antemano tu descanso.

Por desgracia, la investigación tampoco es muy útil para prescribir qué debes hacer durante tu descanso. Los experimentos han comparado descansos en los que las personas hacían ejercicio, descansaban tranquilamente, salían al aire libre o trabajaban en una tarea diferente. **No hay ninguna evidencia de que sea mejor hacer cualquiera de estas cuatro actividades que otra durante el descanso.**

Sospecho que muchas personas miran su móvil durante un descanso, por lo que sería bueno evaluar esta actividad. Hay un par de experimentos que demuestran que la relajación tranquila es mejor que consultar las redes sociales, pero creo que es demasiado pronto para sacar conclusiones sólidas. Además, me imagino que a algunas personas les molestará bastante no poder consultar las redes sociales mientras trabajan; saber que pueden consultarlas durante un descanso ayuda en su concentración. (Pero *véase* el consejo 80 sobre la diferencia entre querer tener redes sociales y disfrutarlas).

Considero que un descanso debería sentirse como un descanso. Haz algo que te haga sentir reanimado.

En una frase: Las pausas para descansar te ayudan a concentrarte y no hay reglas firmes sobre su *timing* preciso, ni sobre qué debes hacer durante ellas.

Consejo 85

Reorganízate o avanza

No hace mucho estaba tratando de pensar en una introducción para una conferencia que estaba escribiendo sobre tecnología y lectura. No podía pensar en nada, así que comencé a navegar sin rumbo en Google, con la esperanza de inspirarme. Como era de esperar, no encontré nada útil y comencé a leer cosas no relacionadas con el trabajo. Entonces me enfadé conmigo mismo y me dije: «Necesito *pensar*», y dos minutos después mi mente estaba divagando.

¿Qué debería haber hecho? Una respuesta evidente es: «Tomarme un descanso», pero ¿y si suponemos que acabo de hacer un descanso?

Otra opción es **reorganizarte:** evaluar la tarea que he emprendido y los métodos que estoy utilizando. ¿Por qué no estoy avanzando? ¿Qué estoy intentando hacer? ¿Qué he intentado hasta ahora? ¿Qué ha ido mal? Tal vez no necesite una introducción inteligente para una charla sobre tecnología y lectura; después de todo, los educadores ya están interesados en el tema. O tal vez debería pensar en una introducción, pero no debería hacer caso a Google y reflexionar sobre mis propios hábitos digitales de lectura o los de mis hijos.

Si reorganizarte no funciona, considera **avanzar.** Yo podría trabajar el resto de la conferencia y volver más tarde a este hueso duro de roer que es la introducción. Tal vez la nueva perspectiva aportara ideas frescas.

El punto clave aquí es que debes controlar tu propia distracción y darte cuenta de cuándo pareces estar dando vueltas a un problema concreto. Entonces debes evitar la obcecación que a menudo viene asociada con la falta de progreso. Piensas: «No puedo dejarlo ahora, ¡no lo he resuelto aún!». Pero no deberías derrochar tu tiempo. Reconsidera tu enfoque.

En una frase: Somos especialmente susceptibles a las distracciones cuando trabajamos en un problema en el que no logramos ningún progreso. Así pues, cuando notes que pasa esto, puedes reorganizarte intentando un nuevo enfoque del problema o dejarlo temporalmente a un lado y trabajar en otra cosa.

Para los profesores

Es bastante sencillo explicar a los estudiantes las estrategias que he mencionado y no son especialmente difíciles de implementar. El mayor problema radica en persuadirlos de que son necesarias o útiles. He aportado datos que demuestran que los estudiantes no creen que la multitarea conlleve un coste, por lo que podrías considerar hacerles una demostración que les muestre que sí. A continuación, te doy una idea.

Busca dos vídeos cortos (que duren, aproximadamente, cinco minutos cada uno) que se relacionen con el contenido de la asignatura. Escribe para cada vídeo seis preguntas que prueben la comprensión de los estudiantes.

Muestra el primer vídeo a tus alumnos y hazles una pequeña prueba. Mientras miran el segundo vídeo, exclama de vez en cuando: «¡Ping!» mientras sostienes una cartulina con una pregunta escrita en ella. Es un mensaje de texto simulado. Los estudiantes deben leer el mensaje y escribir una respuesta en una hoja de papel. Los mensajes deben ser preguntas sencillas similares a las que les pueden llegar a través de un mensaje de texto, pero deben aparecer sólo durante un breve período de tiempo; si no responden rápidamente, su amigo se sentirá ignorado.

Basa tres preguntas en el contenido del vídeo que ha aparecido al mismo tiempo que un «mensaje de texto» y tres en el contenido que ha aparecido en momentos en los que los estudiantes no estaban distraídos. Pide a los estudiantes que comparen su comprensión cuando han hecho multitarea y cuando no. El objetivo es enseñarles que hacer dos cosas a la vez es más difícil de lo que creen.

El otro principio que los estudiantes probablemente no pillen es que la distracción ocurre en etapas y, a medida que avanzas por cada etapa, resulta más difícil volver a centrar tu atención en tu trabajo. Para entenderlo mejor, prueba esta demostración. Pide a la mitad de tus alumnos que desconecten su móvil durante una hora por la noche. Pasada la hora, pídeles que puntúen cuán difícil les ha resultado tener el teléfono apagado, de 1 (fácil) a 7 (terrible). La otra mitad de los estudiantes deben dejar su teléfono conectado y cerca, pero no lo pueden tocar durante 60 minutos. También deben puntuar su incomodidad transcurrida la hora. A la noche siguiente deben intercambiar las tareas.

La mayoría de los estudiantes consideran que ignorar las notificaciones resulta más duro que tener el teléfono apagado porque cada sonido es un recordatorio de que no pueden consultar su teléfono. El objetivo es que los alumnos se lleven a casa el mensaje de que cuidar por adelantado la configuración de su entorno les facilitará mantener la concentración.

Resumen para los profesores

- Explica a tus estudiantes las estrategias descritas en este capítulo.
- Utiliza demostraciones para convencerlos de que no pueden hacer varias tareas a la vez y que la distracción aparece
por etapas.

CAPÍTULO 13

CÓMO GANAR AUTOCONFIANZA COMO ESTUDIANTE

U n argumento de película común presenta a un profesor que ayuda a los «chicos malos» a mostrarle al mundo –y a ellos mismos– que en realidad son bastante inteligentes. Películas como *Lean on Me*, *Freedom Writers* y *Stand and Deliver*[1] dependen de que los espectadores acepten que las personas pueden estar muy mal informadas sobre sus capacidades académicas y que pueden ser inteligentes y no saberlo. Y la mayoría de los espectadores aceptan esa premisa; tiene sentido que factores distintos a la inteligencia real de los personajes contribuyan a su autoconfianza, factores como si sus padres los incentivan, por ejemplo.

Sin embargo, la mayoría de la gente no cree que pueda ocurrir lo mismo con ellos: «Puede que otro no se entienda muy bien a sí mismo, pero mi caso es sencillo: me sentía tonto en el instituto porque *era* tonto. Es cierto que, como a los chicos de las películas, mis padres

---

1. *Lean on Me* (1989; *Escuela de rebeldes* en España y *Apóyate en mí* en Hispanoamérica) cuenta la historia del director de un instituto que tiene la misión casi imposible de imponer disciplina antes de que el Estado asuma las competencias. *Freedom Writers* (2007; *Diarios de la calle* en España y *Diario de los escritores en libertad*) y *Stand and Deliver* (1988; *Con ganas de triunfar*) narran la historia de cómo un profesor –de idiomas en el primer caso y de matemáticas en el segundo– deben ganarse el respeto y la confianza de unos alumnos que viven en barrios conflictivos. *(N. del T.)*

nunca me animaron, pero yo no me merecía que me animaran, porque sacaba malas notas».

La falta de autoconfianza es importante porque afecta a tu éxito académico. Por un lado, da forma a **cómo interpretas los contratiempos.** Cuando un estudiante universitario que se considera un buen estudiante suspende un examen, asume que no ha estudiado lo suficiente y que la próxima vez puede hacerlo mejor. Un estudiante que nunca han estado seguro de ir a la universidad podría tomar la mala nota como una evidencia de que no debe continuar.

Tu autoconfianza también **afecta a tus aspiraciones.** Por ejemplo, alguien que siempre ha soñado con ser enfermera titulada, pero se ve a sí misma como una mala estudiante, puede llegar a la conclusión de que nunca podrá terminar la carrera de enfermería y, por lo tanto, elegirá otra.

Tu autoconfianza como estudiante proviene de **tu autoimagen académica:** ¿Te ves a ti mismo como alguien que aprende con facilidad o como alguien que tiene dificultades? Como era de esperar, tu autoimagen se forma, en parte, por las notas y por otros comentarios que has ido recibiendo a lo largo de los años, pero también son importantes otros tres factores: quiénes son tus amigos, con quién te comparas y los valores familiares con los que has crecido.

No existen reglas sencillas sobre cómo se combinan estos cuatro factores y, por lo tanto, sobre cómo cambiar tu autoimagen si crees que debería cambiar. Aun así, si te falta autoconfianza, te beneficiará darte cuenta de que al menos parte de ese sentimiento proviene de factores distintos a tu competencia y deberías tener más autoconfianza de la que tienes.

· CUANDO PIENSAS EN TU AUTOCONFIANZA · COMO ESTUDIANTE

Qué hará tu cerebro: Construirá una autoimagen académica basada en parte en tu éxito de aprendizaje anterior, pero también en las relaciones, en con quién te comparas y en tus valores; esta autoimagen determina tu autoconfianza.

Cómo ser más listo que tu cerebro: Toma medidas para cambiar tu autoimagen académica una vez que conozcas los factores que contribuyen a ello.

Para comenzar, te pediré que reflexiones un poco sobre los cuatro factores que contribuyen a la autoimagen académica:

Feedback: ¿Qué tipo de mensajes has recibido sobre tu competencia del mundo que te rodea? Por lo general, ¿tienes éxito cuando tratas de aprender? ¿Tus profesores pensaban que pertenecías a los avanzados de clase o, por el contrario, que necesitabas clases de refuerzo? Cuando tuviste un revés académico, ¿tus padres te dijeron que podrías hacerlo mejor la próxima vez si estudiabas más, o parecían tener asumido que no estabas hecho para estudiar?

Relaciones sociales: Tus puntos de vista sobre otras personas se desarrollan a medida que observas su comportamiento; también, tu visión de ti mismo se ve influida cuando observas tu propio comportamiento, incluidas las personas con las que te relacionas. ¿Tus amigos ven el aprendizaje como una parte importante de sus vidas? ¿Hacen un hueco para aprender cosas nuevas?

Comparaciones: Un estudiante que saca una mayoría de notables puede pensar que es competente si se compara con su mejor amigo, que saca una mayoría de aprobados. O puede pensar de sí mismo que es «el tonto» si se compara con su hermana, que saca sobre todo sobresalientes. ¿Tus padres o tus profesores te comparan con otros niños y estás de acuerdo con estas comparaciones?

Valores: En una familia que valora la educación, es menos probable que un niño cuestione si realmente encaja en el instituto porque sus padres asumen firmemente que sí. Otros padres creen que hay muchos caminos para tener una buena vida y que el aprendizaje puede desempeñar un papel más grande o más pequeño en función de la persona. ¿Describirías el aprendizaje como un valor familiar cuando estabas creciendo, y abrazaste este valor o te rebelaste contra él?

En este capítulo, te ofreceré ideas para examinar y, tal vez, repensar los cuatro factores que contribuyen a tu autoimagen académica. El propósito es que consigas tener un sentido más claro de ti mismo como estudiante y que te asegures de que tu autoimagen y la autoconfianza que se deriva sean realistas.

CONSEJO 86

Repiensa qué significa ser un estudiante

La mayoría de las personas desarrollan su idea de qué es un «buen estudiante» en la escuela. Los buenos estudiantes son los que no son corregidos cuando leen en voz alta. Levantan la mano para responder a las preguntas de los profesores y nunca parecen equivocarse con las matemáticas. Es posible que los profesores no los etiqueten abiertamente como «los niños inteligentes», pero no tienen por qué hacerlo. Es evidente para todo el mundo.

Los primeros años de la escuela de primaria son formativos, por lo que una vez que desarrollas este concepto de buen alumno, es difícil deshacerte de él. Pero está limitado de dos maneras.

En primer lugar, premia la velocidad. Los planes de estudios escolares están sobrecargados, por lo que los profesores se sienten presionados para mantener un ritmo rápido. Los estudiantes que captan las ideas rápidamente tienen una ventaja. Los estudiantes trabajadores pueden llegar a la misma comprensión, o incluso más profunda, pero es posible que nunca tengan la posibilidad de mostrar su inteligencia.

En segundo lugar, esta descripción de un buen estudiante se convierte en una característica intrínseca de la persona, algo que simplemente *es*, como ojos marrones o 50 kg de peso. Pero como has visto en este libro, **el aprendizaje es efectivo por lo que *haces*, no por lo que eres.** Si en el pasado has tenido problemas para aprender, no es porque no seas buen estudiante. Tal vez seas más lento que los demás, pero cualquiera que haga lo correcto para aprender es un buen estudiante. Es realmente parte de tu derecho natural como ser humano.

¿Esto te parece un poco exagerado? **Piensa en lo que has aprendido fuera de la escuela.** Tal vez hayas aprendido a practicar un deporte, a destacar en un videojuego, a negociar relaciones sociales complicadas entre tus amigos, a tocar un instrumento, a convivir con un padre difícil o a manejarte en un barrio complicado. Probablemente haya algo en lo que eres bastante bueno, pero aun en el caso de que no seas bueno en nada, has aprendido mucho. Tal vez hayas hecho la mayor parte de tu aprendizaje en entornos informales. Si estás leyendo este libro, estás pensando en cambiar esto, pero ése no es un cambio tan grande como crees, especialmente porque ahora estás armado con las estrategias que has aprendido aquí.

Y cuando dejes de ser estudiante, **la medida del «éxito» será diferente,** por lo que no debes asumir que tu experiencia será la misma que en la escuela. Fuera de la escuela, el aprendizaje exitoso a menudo se suma a otras habilidades o destrezas. Por ejemplo, supón que eres un representante de ventas y durante los últimos seis meses has estado utilizando un nuevo *software* de gestión de proyectos. Está siendo muy útil, por lo que tu jefe quiere que los ingenieros lo utilicen y te pide que los convenzas. Esta tarea ciertamente requiere aprendizaje –debes ponerte al día sobre cómo los ingenieros piensan en los proyectos–, pero es tanto una tarea interpersonal como una tarea de aprendizaje.

La escuela valora el aprendizaje en bruto, pero la fuerza laboral valora muchas otras habilidades: generar confianza entre los compañeros de trabajo, por ejemplo, o tener el coraje de probar algo nuevo. Tener esto en mente puede ser la manera más importante de modificar tu forma de pensar acerca de lo que hace a un «buen estudiante». Una vez que estés acabando la escuela, **no necesitas ser *excelente* en el aprendizaje; necesitas ser bueno en eso, pero también lograr la competencia en otras habilidades.**

Es un punto destacado por Scott Adams, el dibujante de *Dilbert*.[2] Escribió que un camino para lograr el éxito es volverse extremadamen-

---

2. Tira cómica publicada por primera vez en 1989. Los personajes principales son Dilbert, un ingeniero con problemas para relacionarse con la sociedad, y su perro Dogbert. *(N. del T.)*

te bueno en una cosa, pero, por supuesto, es difícil volverse *muy bueno* en algo. Es mucho más fácil llegar a ser bastante bueno en dos o más cosas. Dijo que él puede dibujar, pero no es un artista. Es más divertido que la mayoría de la gente, pero no tanto como los monologuistas profesionales. También tiene experiencia en el mundo de los negocios, por lo que son tres áreas de competencia, que muy pocas personas tienen simultáneamente, y el resultado es una tira cómica extremadamente exitosa ambientada en una oficina.

Si estás pensando: «Nunca he sido un buen estudiante», pregúntate si realmente necesitas ser muy bueno en el aprendizaje o si ser «bastante bueno» en el aprendizaje, combinado con algunas otras habilidades, dará lugar a una combinación excelente. Si utilizas las estrategias de este libro, muy probablemente estará a tu alcance ser «bastante bueno» en el aprendizaje.

En una frase: Recuerda que aprender es algo que haces, no algo que eres, y que la definición de aprendizaje exitoso cambia una vez que has dejado la escuela; necesitas ser bueno en varias cosas, no excelente en una.

Consejo 87

Rodéate de otros estudiantes

En mayor medida de lo que a muchos de nosotros nos gusta admitir, nuestro comportamiento está influenciado por las personas que nos rodean. La evolución nos ha dejado una mente sensible a lo que hacen los demás y preparada para imitarlos, porque si todos los demás hacen algo, probablemente sea lo más seguro e inteligente. Es por eso por lo que la gente se ríe más cuando un programa de televisión tiene risas enlatadas o las personas van a los restaurantes que ven que normalmente están llenos y evitan los que suelen estar vacíos.

Cuando la decisión es más importante que «¿Debería reírme?» o «¿Dónde comeremos?», nos importa menos lo que hacen unos extraños y estamos más influenciados por amigos cercanos y familiares. Por ejemplo, la mayoría de la gente no pagaría por un juego nuevo sólo porque oigan que es popular, pero si algunos amigos afirman que les gusta, eso puede bastar.

Si imitas lo que hacen tus amigos y familiares, tienes garantizado el apoyo social cuando *tú* lo haces. Por ejemplo, si la mayoría de tus amigos se toman en serio el aprendizaje, te facilitarán ir a la biblioteca las noches que no tengas ganas de ir. Te escucharán y se compadecerán cuando tu aprendizaje no vaya bien, y se alegrarán cuando vaya bien. Se encuentran en una buena posición para brindarte ayuda práctica con tu trabajo, como ofrecer consejos de estudio que a ellos les han resultado útiles.

No es que los amigos que no están interesados en aprender sean malos amigos, es sólo que el apoyo social para el aprendizaje no les resulta tan natural. No te engatusarán para que estudies cuando no tengas ganas, porque ellos mismos no están estudiando. Se compadecerán cuando tu trabajo no vaya bien, pero no tendrá el mismo sentimiento porque sabes que es muy probable que no lo experimenten de la misma manera que tú. **Si te preocupas por aprender y las personas de tu grupo social no, hay una parte de tu vida en la que te sientes un poco solo.** Nos gusta asociarnos a gente como nosotros.

De hecho, he conocido a personas que *ocultaban* su interés por aprender porque temían que sus amigos los rechazaran. Hace unos años recibí un correo electrónico conmovedor de una profesora de inglés de secundaria sobre uno de sus alumnos. Estaba muy comprometido con el equipo de fútbol y también le encantaba la literatura, pero tenía tan claro que sufriría socialmente si esa noticia salía a la luz, que ni siquiera tocaba el tema con sus amigos. Ansiaba hablar de libros con alguien, así que le pidió a la profesora si podía hablar con ella de vez en cuando después de la escuela.

Obviamente, **no debes dejar a un lado a los amigos que no están interesados en aprender, pero puedes hacer algunos que sí lo estén.** Ya sea que estés leyendo artículos de ciencia por placer, buscando sacar buenas notas con la esperanza de poder entrar en la facultad de medicina o tratando de leer fuentes de noticias más serias para comprender la política contemporánea, estar rodeado de personas que comparten tu interés te ofrecerá el apoyo social que los humanos anhelamos.

En una frase: Somos seres sociales y estamos influenciados por lo que hacen nuestros amigos y familiares; estar cerca de al menos unas pocas personas que se preocupan por aprender te facilitará expresar ese lado tuyo.

Consejo 88

Compárate contigo mismo

¿Qué actividades o qué actitudes tienen la mayor influencia sobre tu autoimagen? Parece que deberían ser las que crees que son más importantes para ti, o quizás aquellas en las que pasas mucho tiempo. Pero si reflexionas, te darás cuenta de que no es así. Un adolescente al que le encantan los videojuegos y pasa un par de horas cada día jugando puede que no se vea a sí mismo como un jugador. ¿Por qué? Porque todos los que conoce juegan el mismo rato. Pero si ninguno de sus amigos lee, lo considerarán «el lector» de su grupo, aunque sólo lea dos o tres libros al año. Es el contraste lo que importa.

Las comparaciones que afectan a tu autoimagen no son sólo las que hacen tus amigos; **tú eliges personas con las que compararte.** Tu autoimagen puede variar muchísimo en función de tus selecciones, y no hay una buena manera de saber qué comparaciones tienen sentido. A veces hacemos comparaciones para halagarnos o tranquilizarnos. Es una trágica perogrullada que las personas con un problema de abuso de sustancias busquen a alguien más arriesgado: «Puedo beber mucho, pero no bebo tanto como *él*».

Pero no siempre hacemos comparaciones que nos gratifiquen. Un amigo me habló de una estudiante de posgrado de su laboratorio que tenía miedo de catear porque no dominaba lo suficiente la estadística. En realidad, era de las mejores de su clase, pero se comparaba con su esposo, que estaba estudiando un doctorado en ciencia de datos.

Cualquiera puede observar estas situaciones desde fuera y decir: «Tu comparación no tiene ningún sentido y está distorsionando tu autoimagen». Pero ¿cómo se supone que debes saber quién es un buen comparador?

La pregunta me hace pensar en una enseñanza jasídica[3] del siglo xix, que adaptaré libremente. Todo el mundo debería tener dos bolsillos. En uno, guarda una hoja de papel en la que esté escrito: «Eres la corona de la creación de Dios, la más cercana a los ángeles». Mete la mano en ese bolsillo cuando te sientas triste e inútil. Pero, si te sientes demasiado creído, mete la mano en el otro bolsillo. Allí guardas una hoja de papel en la que está escrito: «Dios creó la lombriz antes que a ti».

Siempre crees que hay alguien que va por delante de ti y alguien que va por detrás de ti, y puedo ver la ventaja de utilizar este hecho para controlar mis emociones. Pero no confío en mí mismo para utilizarlo de forma sabia. Soy exactamente el tipo de persona que, cuando me siento mal, buscaría el papel de la lombriz.

En lugar de buscar comparaciones ingeniosas, **compárate contigo mismo.** Esto significa hacer un seguimiento de tus objetivos y de tu progreso para alcanzarlos. Ya te he sugerido que hagas esto (*véase* el consejo 65), así que no te propongo ningún trabajo adicional; más bien, es un uso adicional que puedes dar a tus objetivos anotados. En momentos de reflexión, la mayoría de la gente está de acuerdo en que compararnos con los demás es, en el mejor de los casos, improductivo y, en el peor, perjudicial. Lo que importa es esforzarse por ser lo mejor que podemos ser, y lo que otras personas estén haciendo o dejando de hacer es irrelevante. Recuérdate esto cuando comiences a preguntarte si estás a la altura de tus compañeros. Busca el archivo del ordenador o el diario donde anotas tus objetivos y revisa tu progreso.

---

3. El jasidismo es un movimiento del judaísmo ortodoxo fundado en el siglo xviii por el rabino Israel ben Eliezer. (*N. del T.*)

En una frase: Es natural compararse con los demás, y las comparaciones contribuyen a tu autoimagen, pero rara vez son útiles; compara tu yo presente con tu yo pasado cuando evalúes tu progreso.

CONSEJO **89**

Si no has recibido consejos prácticos de aprendizaje de tu familia, búscalos de otros

Aunque los padres rara vez hablen de los valores familiares con palabras, los niños saben lo que les importa a sus padres a través de mensajes silenciosos transmitidos por acciones. Los niños observan en qué gastan el dinero sus padres, a qué dedican su tiempo libre, quién creen que merece respeto y qué es lo suficientemente importante como para merecerse una norma del hogar. Estas pistas dejan claro el valor que los padres le dan a la observancia religiosa, al avance social, a una determinada perspectiva política, al éxito financiero, al aprendizaje y a otras muchas cosas.

Los niños criados en familias que valoran el aprendizaje tienden a desempeñarse bien en la escuela. Escogen asignaturas más desafiantes, sacan notas más altas y tienen más probabilidades de terminar secundaria y continuar sus estudios universitarios. Esto se debe, en parte, a que los padres que piensan en el aprendizaje como un valor familiar tienden a tener más dinero y más educación, por lo que pueden ofrecer ventajas más fácilmente a sus hijos; pueden contratar a un tutor si es necesario, por ejemplo. Pero, además, sus hijos disfrutan de una profunda confianza de pertenencia a la escuela y pueden tener éxito.

Por el contrario, hay niños que crecen con padres que no están interesados en el aprendizaje. En otros casos, los padres sí que están interesados, pero carecen del tiempo y del dinero necesarios. Cualquiera de estas situaciones puede causarte a una sensación molesta y persistente de que sencillamente no encajas en la escuela.

En mis años en la educación superior he conocido a decenas de estudiantes que se sentían así, pero el ejemplo más memorable fue uno de mis primeros estudiantes de posgrado. Recibía comentarios muy positivos sobre su trabajo, pero estaba atormentado por la incertidumbre, una sensación de que se estaba perdiendo algo. Pensaba que había una serie de reglas no escritas sobre cómo actuar en los estudios de posgrado y él era el único que no las conocía por culpa de su pasado: era el primero en su familia en acudir a la universidad.

Este sentimiento podría haber sido un vestigio de la escuela de secundaria y la universidad, y allí su sospecha habría tenido sentido. **Los padres que se sintieron cómodos en la escuela de secundaria a menudo tienen algún conocimiento sobre cómo conseguir tener éxito allí.** Ofrecen consejos a sus hijos y los defienden. Por ejemplo, si no apruebas tu primer examen universitario, tu padre podría decirte que a él le pasó lo mismo, pero que fue capaz de recuperarse. O tal vez tu madre te aconseje que vayas a hablar con el profesor y le preguntes cómo aprobar el próximo examen. Lo que es más importante, si tus padres siempre han considerado que conseguirías licenciarte, sentirás que puedes lograrlo y un contratiempo no te hará cuestionarlo.

¿Qué debes hacer si tus padres no tienen ese conocimiento? En la escuela de secundaria, **tus profesores pueden ayudarte.** Elige a tu profesor favorito, incluso aunque haya pasado algún año desde que estuviste en su clase, y pídele la orientación que necesitas, aunque no estés seguro de exactamente en qué necesitas ayuda. Háblalo. La mayoría de los profesores no verán esta petición como una molestia. Al contrario: se alegrarán de que los hayas buscado.

La universidad tiene una serie de reglas diferentes para el éxito que la escuela de secundaria. Tu cerebro no cambia, por lo que el estudio y el aprendizaje son iguales, pero la organización es diferente, por lo que te enfrentas a problemas desconocidos. ¿Cómo elegir una especialidad? Acabas de ver un anuncio de una asignatura genial, pero ya han pasado tres semanas desde que empezaron las clases; si te apuntas, ¿podrás ponerte al día?

Por desgracia, muchas universidades piden a los profesores que asesoren a los estudiantes sobre estos asuntos, pero los profesores a menudo no tienen el conocimiento o la motivación suficientes para hacer bien el trabajo. Si tu asesor no te ayuda, intenta hablar con el director del programa universitario de tu especialización. (Es posible que esa persona también pueda asignarte un asesor diferente. Pregunta). O prueba con la Oficina de Asuntos Estudiantiles o la Oficina del Decano de Estudiantes o como se llame en tu facultad. **Cada facultad tiene un departamento administrativo diseñado para ayudar a los estudiantes a comprender el sistema.** No molestarás a nadie: ayudarte con este tipo de cosas es su trabajo, y este trabajo existe precisamente porque el sistema es confuso.

En una frase: Algunos alumnos consiguen de sus padres autoconfianza como estudiantes y consejos prácticos sobre la escuela, pero los que no lo consiguen pueden recurrir a otras fuentes.

Para los profesores

¿Cómo pueden contribuir los profesores a que todo el mundo se sienta capacitado y con ganas de enfrentarse a retos?

Lo que te gustaría es que los estudiantes que dudan de sí mismos tengan éxito de alguna manera para que, después de celebrar su logro, puedas presionarlos gradualmente para que reconozcan su éxito. En esencia, quieres decirles: «¿Lo ves? Creías que no podías hacerlo, pero puedes».

Sin embargo puedes necesitar mucho tiempo para que un estudiante sienta que ha tenido éxito. Y preferirías que, de todos modos, los estudiantes se centraran en los procesos. Es decir, te gustaría que se sintieran orgullosos de su esfuerzo para preparar un examen –por ejemplo, elaborando una guía de estudio realmente completa– incluso aunque su desempeño en el examen haya sido justito. Eso es mucho pedir, pero creo que vale la pena expresarlo con claridad; aunque los estudiantes no reciban con los brazos abiertos el mensaje, les puede llegar y comprender su importancia.

Se trata de una transición natural a otra forma de respaldar la autoimagen de los estudiantes gracias a tus comentarios: ayudarlos a identificar qué tareas les causan problemas. Pueden pensar: «Soy un mal estudiante», pero, como hemos visto, tareas académicas como la preparación de exámenes constan de muchos pasos. Si son conscientes de qué están haciendo bien y qué no, puedes cambiar su autoimagen: «No soy un mal estudiante, pero necesito tomar mejor los apuntes».

La conexión personal puede ser más que un facilitador de estos métodos; puede ser una fuente potente, aunque indirecta, de *feedback* positivo para los estudiantes. Algunos estudios con estudiantes de instituto demuestran que la conexión personal con alguien del instituto puede ser un poderoso motivador para un estudiante que se siente indeciso sobre su lugar en la escuela. Estos estudios muestran que la conexión no tiene que ser necesariamente con un miembro del profesorado, sino que a veces es con un empleado de la cafetería o con un miembro del personal de secretaría. Además, esta persona a menudo no lleva a cabo ninguna función tradicional de tutoría. Para el estudiante, esta relación puede tener importancia de dos maneras. En primer lugar, en un campus grande y anónimo, es alguien que se daría cuenta si falta a clase y podría llegar a sentirse decepcionado. En segundo lugar, es alguien que, como empleado, ha visto a muchos estudiantes en la universidad y da por sentado que el estudiante acabará yendo allí, lo que le serviría como una afirmación silenciosa de su estatus.

Ayudar a los estudiantes a sentirse en la escuela como en casa y seguros de su aprendizaje es una de las tareas más desafiantes a las que se enfrentan los profesores, en parte porque la autoconfianza de los estudiantes está determinada en cierta medida por factores ajenos a la escuela y también porque los mensajes que los profesores envían a los estudiantes y que afectan a su autoconfianza pueden ser extremadamente sutiles. Por eso, vale la pena controlar y prestar atención a los mensajes que enviamos, ya que pueden tener un profundo impacto sobre su éxito a largo plazo.

Resumen para los profesores

- Pide a los estudiantes que reconozcan sus éxitos.
- Ayúdalos a sentirse bien con respecto a involucrarse en los procesos adecuados para el trabajo académico y verlo como un progreso, aunque sus notas no sean excelentes.
- Ayúdalos a identificar qué partes de las tareas académicas hacen bien y con cuáles tienen dificultades; entonces puedes ayudarlos a solucionar los problemas con los que se encuentran.
- Forja conexiones personales, pues contribuyen en gran medida a que los estudiantes se sientan cómodos y seguros en la escuela.

CAPÍTULO 14

CÓMO HACER FRENTE A LA ANSIEDAD

Un poco de ansiedad no sólo es normal, sino que es útil. La ansiedad te prepara para la acción al movilizar tu cuerpo para huir o luchar. Es más, a veces te informa. Puedes observar la reacción de tu cuerpo –por ejemplo, cómo late tu corazón– antes de ser completamente consciente de cuál es la amenaza. La ansiedad te informa de que hay un problema, por lo que puedes examinar el entorno para obtener más información al respecto.

Cuando piensas en ansiedad y aprendizaje, probablemente pienses primero en la ansiedad ante los exámenes, en alguien que se sabe bien el contenido pero que no lo demuestra en un examen por culpa del nerviosismo. Como ya he dicho en el capítulo 8, es bastante típico sentir algo de ansiedad al hacer un examen. Lo que es menos común es que la ansiedad sea incontrolable y te afecte no sólo en el momento del examen, sino también cuando llevas a cabo otras tareas de aprendizaje, como leer o tomar apuntes.

La ansiedad pasa de ser «útil» a «perjudicial» cuando sueles dedicar tiempo y energía mental a revisar el entorno en busca de amenazas que no existen. Una persona que sufre aracnofobia examina a fondo una habitación antes de entrar en ella para asegurarse de que no hay ninguna araña y, una vez dentro, sigue mirando por todos lados. Esto consume atención y hace que sea difícil mantener una conversación o incluso pensar. Y la ansiedad puede afectar tanto el comportamiento como el pensamiento. Un aracnofóbico puede negarse a entrar en su propia sala de estar porque ha visto arañas allí antes.

¿De dónde viene esta ansiedad desadaptativa?

No hay duda de que **un porcentaje moderado, tal vez un tercio, se puede atribuir a nuestros genes.** Esto no significa que tu ADN determine «Estarás ansioso» tan inevitablemente como tus ojos están destinados a tener un color particular. Significa que tienes una predisposición al tipo de vigilancia que fácilmente se convierte en ansiedad. Pero ¿qué lo impulsa a crecer?

Hay dos teorías. La primera sugiere que **la ansiedad es producto del mismo tipo de aprendizaje observado con el perro de Pavlov.** Tocas una campana y luego das de comer al perro. Repítelo suficientes veces y el perro esperará que le den de comer cuando oye la campana y, por lo tanto, saliva.

El mismo proceso puede hacer que te sientas ansioso por aprender. Recurriré a las matemáticas como ejemplo. Supón que durante una clase se te pide que resuelvas un problema de matemáticas en la pizarra. No puedes resolverlo y te sientes humillado. Repítelo unas cuantas veces y esperarás sentirte humillado cada vez que te pidan que salgas a la pizarra para resolver un problema de matemáticas, del mismo modo que un perro espera que le den de comer cuando oye la campana. La anticipación de la humillación te pone ansioso.

Pero esto no termina aquí.

Sabes que en la clase de matemáticas es la asignatura en la que se te puede pedir que salgas a la pizarra para resolver un problema, por lo que ahora notas mariposas en el estómago cuando entras en la clase de matemáticas. Y resolver problemas de matemáticas en casa te recuerda a resolverlos en la pizarra, por lo que te sientes incómodo cuando lo haces. Todo lo relacionado con las matemáticas puede convertirse en una fuente de ansiedad. Esta teoría de la ansiedad enfatiza la forma en que algo que comenzó como neutral (matemáticas) se asocia con algo negativo (frustración y vergüenza).

Otra teoría nos ayuda a comprender cómo **la ansiedad puede descontrolarse.** La sensación de ansiedad es tan desagradable que siempre tienes los sensores, por así decirlo, monitoreando el entorno en busca de algo que te parezca amenazador. Este proceso de monitorización es inconsciente, pero lo que *no* es inconsciente es la sensación de nerviosismo, de anticipar que podrías encontrarte con aquello a lo que temes. Entonces piensas: «Las cosas deben ir verdaderamente mal, porque estoy muy nervioso *y no puedo encontrar lo que me pone nervioso*». Estos pensamientos hacen que te preocupes todavía más por las amenazas, por lo que las buscas incluso con más ahínco y, como no las encuentras a pesar de que crees que están ahí, el círculo vicioso continúa.

Ahora bien, es posible que hayas observado que en realidad hay algo racional en lo que decimos sobre la ansiedad irracional. En mi ejemplo, la ansiedad por las matemáticas comenzó con la dificultad para resolver problemas en la pizarra. ¿No deberíamos decir simplemente: «Ser malo en matemáticas te pone ansioso cada vez que haces matemáticas»? La investigación indica que es un factor, pero no puede ser la explicación completa. Una parte de las personas que tienen ansiedad por las matemáticas son bastante buenas en matemáticas. Y hay otras que son malísimas con las matemáticas, pero no se sienten ansiosas por ello. ¿Cómo puede ser?

Parece que **es crucial la interpretación de los hechos por parte de una persona.** Es mucho más probable que te sientas ansioso por las matemáticas si crees que un examen suspendido dice algo importante e inmodificable de ti. Si las matemáticas no son importantes para ti, una mala nota en un examen no te provocará ansiedad. Tampoco te la provocará si te importan las matemáticas (motivo por el cual estás enfadado por tu mala nota en el examen), pero crees que puedes mejorar si te esfuerzas más. Te pondrás ansioso sólo si te importan las matemáticas y te sientes impotente.

Cuando dirigimos nuestra atención a reducir la ansiedad, dos cosas resultan claras. En primer lugar, dado que tu interpretación de los acontecimientos importa más que lo que realmente pasa, parecería que **lo principal que debemos hacer es ofrecerte una mejor manera de pensar sobre lo que sucede.** En segundo lugar, **no debemos esperar que la ansiedad desaparezca rápidamente.** Incluso con una mejor manera de pensar con respecto a los acontecimientos, las personas necesitan desaprender sus viejas asociaciones y formas de pensar. Es como cualquier otra tarea difícil; no esperarías correr un maratón tu primer día de entrenamiento, sino que necesitas entrenar mucho y esperar un progreso modesto.

De hecho, eliminar la ansiedad lleva tanto tiempo que la mayoría de los psicólogos dirían que no debería ser tu objetivo. Si te pones ansioso cuando haces un examen, opinas en clase o trabajas en un proyecto con personas que no conoces, lo importante es poder hacer el examen, opinar o trabajar en el proyecto. Tu objetivo debe ser la gestión de tu ansiedad. No pienses: «No puedo hacer esa tarea hasta que deje de sentir ansiedad». Tu objetivo es poder hacerla a pesar de tu ansiedad.

· CUANDO SIENTES ANSIEDAD ·

Qué hará tu cerebro: Examinará tu entorno en busca de amenazas y continuará haciéndolo aunque no detecte ninguna amenaza. Este escaneo incrementará tu ansiedad en una espiral ascendente y ocupará tu mente, lo que dificultará que te concentres en el aprendizaje.

Cómo ser más listo que tu cerebro: Céntrate en reinterpretar tus pensamientos para gestionar tu ansiedad.

Este capítulo incluye una serie de estrategias. En experimentos científicos llevados a cabo se ha demostrado que todos son efectivos, pero eso no significa que todos funcionen igual de bien para cada individuo. Te animo a que pruebes diferentes estrategias y veas cuál funciona mejor en tu caso. Es probable que no baste con una única acción y necesitarás poner en juego múltiples estrategias. Sé paciente. Esto llevará tiempo y práctica.

Consejo 90

Evalúa el progreso como cualquier mejora que hagas al hacer lo que quieres hacer

El *feedback* es importante para el trabajo de gestionar tu ansiedad. Dado que las diferentes estrategias son más o menos efectivas dependiendo de la persona, debes poder tener una idea de si un consejo específico funciona en tu caso. ¿Cómo saber si las cosas están mejorando? Probablemente has pensado que la definición de *éxito* sería «sentir menos ansiedad», pero ya he «negado» esa idea.

De acuerdo con tu objetivo de gestionar la ansiedad, no de eliminarla, **define *éxito* como hacer lo que quieres hacer, aunque te ponga ansioso.**

Llegados a este punto, es posible que estés suplicando: «¡Algún consejo! "Ignora tus miedos y simplemente hazlo"». Bueno, sí. **Sentirse ansioso es incómodo, pero no es peligroso.** Esto es difícil de tenerlo presente cuando tu corazón late con fuerza y tus manos están sudorosas; tu cuerpo te está diciendo claramente: «¡Aquí hay un problema!». Pero en momentos más tranquilos, sabes que en realidad todo va bien y que nadie puede hacerte daño. Puedes superarlo. Puede que te sientas muy incómodo, pero no corres ningún peligro.

Hace algunos años tuve una alumna que ejemplificaba esta idea de una manera que me inspiró. Mostraba poquísimas evidencias de ansiedad social en otras interacciones, pero cada vez que hablaba en clase un rubor comenzaba en su pecho y le subía hasta el cuello. Eso y su discurso un tanto titubeante mostraban que hablar en grupo la ponía extremadamente ansiosa. Pero hablaba.

Estoy seguro de que estaba viendo el resultado de mucho trabajo. Expresaba con fluidez ideas complicadas que requerirían que se expresara durante sesenta segundos o más, y apuesto a que comenzó con breves comentarios. Tal vez incluso planeó acciones por etapas, como, por ejemplo:

- Decir algo corto en clase una vez a la semana.
- Decir algo corto en cada clase.
- Describir una idea más complicada (pongamos durante un minuto) una vez a la semana.
- Hacer una presentación corta en clase.

Te insto a que hagas lo mismo. **Cuenta como éxito hacer un poco de lo que quieres hacer.** Tal vez todo lo que dices es: «Sólo quiero aportar que de verdad estoy de acuerdo con ese punto» para apoyar un comentario de otra persona. Si evitas salir de casa porque temes la interacción social, quizás el primer paso sea dar una vuelta a la manzana y prometerte decir «Hola» a un transeúnte. El siguiente consejo explica por qué los objetivos que establezcas deben ser pequeños.

Esto es lo que *no* deberías tener en mente: cómo te comparas con los demás o cómo te comparas ahora con dónde te gustaría estar. Tales comparaciones son una invitación a la autocrítica injusta y a decidir que eres raro o un perdedor. La comparación correcta es dónde estás ahora y dónde solías estar. Éste es tu enfoque. Éste y el siguiente pasito que puedes dar.

En una frase: Debes evaluar si las estrategias que utilizas están funcionando, y la definición correcta de trabajo no es que te sientas menos ansioso, sino que estés progresando en lo que quieres hacer.

Consejo 91

Evita estas cuatro respuestas frecuentes ante la ansiedad

La ansiedad va de la mano de un conjunto de patrones de pensamiento frecuentes. Por desgracia, no mejoran las cosas y, de hecho, la empeoran. A continuación, enumeraré mejores alternativas a cuatro respuestas frecuentes.

No te rindas. No dejes de hacer las cosas porque estés ansioso. Por ejemplo, no te digas a ti mismo: «Estoy demasiado ansioso para hablar con mi asesor» o «No debería inscribirme en curso avanzado a pesar de que haya aprobado, porque la idea me incomoda». No estás obligado a buscar situaciones que te pongan ansioso, pero debes hacer las cosas que necesitas hacer. Y tú puedes. La ansiedad te hace sentir incómodo, no incompetente.

En vez de ello, revisa tus éxitos pasados. Recuérdate a ti mismo: «Ya he hecho este tipo de cosas antes. Algunas partes me resultaron difíciles y me sentí incómodo, pero lo conseguí. Puedo volver a hacerlo».

No seas catastrofista. Cuando estamos ansiosos, nuestros pensamientos se nos descontrolan fácilmente: predecimos que las cosas terminarán mal y tendrán consecuencias duraderas. Así pues, no te limitas a pensar: «Existe la posibilidad de que esta presentación no salga muy bien»; piensas: «Mi presentación será horrible, suspenderé la asignatura y nunca podré ser radioterapeuta».

En vez de ello, piensa desde la distancia. Trata de hacer una valoración más racional despersonalizándola, pensando en la situación como si le estuviera pasando a otra persona. En otras palabras, piensa: «Piensa en alguien como yo, que sea un estudiante de notables. Ahora supongamos que esa persona hace una presentación realmente terrible sobre su proyecto. La presentación vale el 10 % de la nota. ¿Es probable que esa persona suspenda la asignatura? ¿Qué es más probable que pase?».

No niegues que estás ansioso. No sigas repitiéndote: «No estés ansioso, no estés ansioso, no estés ansioso». No pienses: «No puedo estar ansioso por *esto*. Esto no es nada. Sólo un perdedor estaría ansioso por esto. Está bien, sencillamente *no* voy a estar ansioso por esto». La represión no es una estrategia ganadora a largo plazo. No puedes mantener la ansiedad alejada para siempre.

En vez de ello, recurre a la represión a corto plazo. La negación y la represión no deben ser tu plan a largo plazo, pero la represión sí puede ser útil a corto plazo, especialmente si tienes un plan para hacer frente más adelante al problema subyacente. Por ejemplo, podrías decirte a ti mismo: «Estoy nervioso por el examen que tengo el viernes, pero ahora estoy con amigos y está bien que me divierta. He planeado estudiar cada noche y ya pensaré entonces en el examen. He programado mucho tiempo para estudiar, así que está bien que no piense en eso ahora».

No te automediques. El alcohol y las otras drogas pueden proporcionar un alivio temporal de la ansiedad y, siempre bajo la supervisión de un médico, en tu caso puede tener sentido el consumo limitado de medicamentos. Yo mismo sufrí de ansiedad y, cuando empeoró mucho, me sentía demasiado agotado para poner en práctica cualquiera de los consejos que se describen aquí. Los fármacos me hicieron un lugar en la cabeza para abordar mi ansiedad. Pero recurrir a las drogas o el alcohol únicamente para un alivio temporal de la ansiedad y hacerlo sin consultar a un profesional médico no es un camino hacia la mejora.

En una frase: La ansiedad suele ir acompañada de ciertos patrones de pensamiento que la empeoran, por lo que es útil saber reconocerlos y alejar tus pensamientos de ellos en caso de que aparezcan.

Consejo 92

Reinterpreta lo que te está diciendo la mente

He descrito (y es posible que hayas experimentado) cómo pueden descontrolarse los pensamientos ansiosos: tu ansiedad te empuja a buscar una amenaza en el entorno, no encuentras ninguna y eso te vuelve aún más ansioso. ¿Cómo puedes interrumpir este ciclo?

A continuación, te muestro un proceso de tres pasos para frenar mente desbocada. Te insto a que escribas tus pensamientos a medida que avanzas a través de los dos primeros pasos. Escribir ayuda porque elegir qué ideas vale la pena anotar te obliga a sopesarlas y evaluarlas.

Para empezar, **normaliza tus pensamientos** en lugar de combatirlos o abordarlos directamente. «Es normal esto que me está pasando. Es muy malo, pero es normal. No estoy loco ni soy débil, como tampoco alguien que tiene migrañas. Y no es inaceptable que me sienta ansioso. Es algo que les sucede a algunas personas».

Cuando hayas repasado mentalmente este punto, es hora de **evaluar.** ¿Cuál es la posibilidad de que una de las cosas que estás contemplando suceda realmente? ¿Y cuáles serían las consecuencias si sucediera? ¿Es realmente probable que el profesor te pregunte cuando no sabes una respuesta? ¿Pasa esto de manera habitual? ¿O te preocupas por ello habitualmente, aunque casi nunca pasa? Los pensamientos negativos pueden parecer poderosos, pero no pueden hacer que pase nada. Los pensamientos son insustanciales, temporales y, podríamos añadir, privados.

Supón que pasa aquella cosa tan terrible que contemplas: el profesor te pregunta y no sabes la respuesta, suspendes un examen o los otros miembros de tu grupo de estudio piensan que estás mal preparado. Bueno, ¿entonces qué? Si suspendes un examen o incluso si suspendes un curso, tu futuro no se va por el desagüe. Si decepcionas a tu grupo de estudio, te disculpas y tratas de compensarlos la próxima vez.

El último paso es **reanudar.** Has normalizado tus pensamientos ansiosos, los has evaluado y ahora es el momento de sacártelos de la cabeza, de ir más allá de tus pensamientos. Necesitas volver a conectarte con el mundo. Debes demostrarte a ti mismo que lo que ha provocado tu ansiedad no te ha vencido. Puede ser un pasito muy pequeño. Tal vez simplemente escribas un párrafo del documento en el que estás trabajando. Tal vez decidas que no te presionarás para intervenir en la próxima reunión de tu seminario, pero no te esconderás; establecerás contacto visual con las personas que están hablando y asentirás con la cabeza si estás de acuerdo con lo que dicen.

Si tienes que hacer algo que sabes que te pondrá ansioso, es una buena idea **utilizar este proceso de tres pasos uno o dos días antes.** Si esperas a sentir pánico por culpa de una presentación en clase, estarás demasiado nervioso para poner en práctica cualquiera de estos pensamientos. En vez de ello, intenta normalizar, evaluar y reanudar uno o dos días antes de la presentación. A medida que te vayas poniendo tenso por el evento que se aproxima y tus pensamientos comiencen a dar vueltas en tu cabeza, podrás decirte a ti mismo: «Ya pasé por todo esto el otro día y me di cuenta de que esta presentación no es tan importante como me imaginaba».

Es un trabajo duro. Es fácil decir: «Normaliza tus pensamientos», pero es mucho más difícil hacerlo. De hecho, cuando comienzas, puede parecer casi imposible, pero con el tiempo es más fácil. Y recuerda, todo movimiento hacia adelante es progreso.

En una frase: Utiliza un proceso de tres pasos (normalizar, evaluar y reanudar) para reinterpretar lo que tu mente te dice cuando estás ansioso.

CONSEJO 93

Reinterpreta lo que tu cuerpo te está diciendo

La ansiedad involucra tanto a tu mente como a tu cuerpo, y tu cuerpo ansioso complica tus esfuerzos por calmar tu mente desbocada. Es posible que experimentes **palpitaciones, tensión muscular, sudoración, mareos** o alguna combinación de todos ellos. Es difícil *no* interpretar estos sentimientos como un indicio de que hay un peligro en el entorno. Sabes muy bien que estás sintiendo una respuesta de lucha o huida.

Pero en realidad hay otra forma de pensar en la reacción de tu cuerpo: **tienes la misma sensación cuando estás emocionado.** Tu corazón latiría con fuerza si vieras a tu mejor amigo sorprender a su novia con una propuesta de matrimonio, si tu prima fuera nominada a un Oscar o si tu equipo favorito tuviera la posibilidad de derrotar a su rival con un *field goal* en el último segundo.

Hablo mucho en público y mi corazón late con fuerza antes de cada conferencia, pero no por culpa de la ansiedad. Es emoción. Y un poco de entusiasmo (o, como suele llamarse, excitación) te ayuda a hacer un mejor trabajo. Si tu excitación no es lo suficientemente alta, estás adormilado. La próxima vez que tu corazón se dispare y comiences a sudar, no comiences a decirte lo ansioso que estás. **Piensa en ti mismo como emocionado.** ¡Tu cuerpo te dice que está preparado para la aventura!

En una frase: No asumas que ciertos síntomas físicos necesariamente significan que estás ansioso, porque sientes los mismos síntomas cuando estás emocionado.

CONSEJO 94

Controla tus pensamientos desbocados con la meditación *mindfulness*

He dicho que los pensamientos ansiosos que rebotan en tu mente son incómodos, incluso aterradores, pero es importante recordar que no *hacen* que pasen cosas malas. Por sí solos, no tienen ningún poder. De todos modos, es fácil de decir, pero mucho más difícil de creer.

La meditación *mindfulness* puede ayudarte a cambiar tu relación con tus pensamientos. **Consiste simplemente en observar tus pensamientos, tus sentimientos y tus sensaciones, y hacerlo sin juzgarlos y sin criticarte.** No es «no pensar en nada»; es estar en el momento.

Personas que están más cualificadas que yo han colgado en Internet materiales de enseñanza gratuitos, que están a tu disposición de manera gratuita. De todos modos, a continuación te ofrezco unas directrices rápidas para que te hagas una idea. Programa una alarma para que suene al cabo de tan sólo dos minutos (para empezar), siéntate (o túmbate) cómodamente y respira lentamente. En muchas variedades de meditación, te concentras en tu respiración o en los latidos de tu corazón. Tus pensamientos se precipitan, algunos se quedan dando vueltas, otros pasan como un rayo. Simplemente míralos cómo se van, conteniéndote de juzgarlos o de juzgarte a ti mismo por tener estos pensamientos, y devuelve tu atención a tu respiración. Los practicantes a menudo utilizan imágenes para ayudar a dejar de lado los pensamientos. Los imaginas como hojas arrastradas por un arroyo, como nubes movidas por el viento o como olas rompiendo en una playa. Cada pensamiento viene, retrocede y se va. Eso es todo.

«Eso es todo», pero las personas que llevan años meditando cada día te dirán que: (1) es un trabajo duro y (2) todavía están aprendiendo cosas nuevas gracias a su práctica. Sin embargo, incluso un principiante puede ver los beneficios. Es por eso por lo que los médicos han sugerido la meditación mindfulness a pacientes con un amplio abanico de enfermedades tanto mentales como físicas. Una de los más frecuentes es el estrés y la ansiedad, y los investigadores han observado efectos positivos después de incluso una breve práctica de meditación *mindfulness*. De hecho, centenares de centros médicos de Estados Unidos (incluida la Universidad de Virginia, donde trabajo) tienen programas de reducción del estrés basados en el *mindfulness*, conocidos como MBSR por sus siglas en inglés.

¿Por qué observar tus pensamientos reduce la ansiedad? Pueden intervenir dos mecanismos. El primero es que **llegas a conocer una sensación de tranquilidad en tu mente:** cómo es *no* tener un torrente de pensamientos perturbadores. Haber sentido a menudo esa tranquilidad mental te aporta más confianza de que puedes volver a encontrarla cuando estás esperando que comience un examen final o te encuentras en alguna otra situación que te pone ansioso.

La meditación *mindfulness* también podría **ayudarte a mejorar tu capacidad para reconocer tus pensamientos más plenamente** en lugar de reaccionar de manera emocional basándote en un simple atisbo. Así pues, cuando permaneces sentado solo en la mesa de un restaurante, esperando a tu amigo que llega quince minutos tarde y no ha respondido a tu mensaje de texto, tu primera reacción puede ser una creciente ansiedad de que algo terrible haya sucedido. Pero un poco de introspección te lleva a darte cuenta de que, en realidad, tu ansiedad está alimentada por la preocupación de que tu amigo sencillamente haya decidido no venir. Y ese pensamiento es de alguna manera más fácil de rechazar por irracional. Tu viejo amigo no pasaría de repente de ti.

La meditación *mindfulness* suena desalentadora, pero se ajusta bastante bien al enfoque de «pequeños pasitos». Nadie necesita saber que lo estás haciendo; como ya he indicado, hay muchos **tutoriales en Internet** y muchas **aplicaciones** (como Headspace, The Mindfulness App, Calm) para guiarte. Puedes comenzar meditando sólo dos minutos cada día: la constancia es más importante que la duración de cada sesión diaria. Si decides probar la meditación, ten en cuenta que inicialmente «fallará» mucho, es decir, te resultará difícil concentrarte como se supone que debes hacerlo. La meditación es una habilidad como cualquier otra, y se vuelve más fácil con la práctica.

No hay ninguna garantía de que la meditación *mindfulness* sea una buena opción para ti, pero el precio de intentarlo es muy bajo y en algunos casos supone una gran diferencia.

En una frase: La meditación *mindfulness* es fácil de probar y supone una gran ayuda para algunas personas a la hora de enfrentarse a la ansiedad.

Para los profesores

En promedio, el 20 % de los estudiantes a los que enseñas sienten ansiedad. Las escuelas suelen tener políticas que dictan adaptaciones para los estudiantes que han tenido un diagnóstico formal de ansiedad. Pero ¿qué pasa con los que no han sido diagnosticados?

Hago un llamamiento general a los estudiantes para que se diagnostiquen a sí mismos, diciéndoles algo del estilo: «Si tienes algún problema de salud –por ejemplo, si estás luchando contra la ansiedad o la depresión–, envíame un correo electrónico o pasa por mi despacho para que podamos trabajar juntos para asegurarnos de que sacas el máximo provecho de esta clase».

Siempre empiezo preguntando al alumno qué le gustaría que yo hiciera. Parte del motivo es que los estudiantes saben mejor que yo lo que encuentran problemático, y parte es que quiero que asuman la responsabilidad de abordar el problema por sí mismos, en lugar de que yo aparezca con los remedios sugeridos.

Mi regla general es que no ofreceré una acomodación a un estudiante con ansiedad que no la proporcionaría a un estudiante sin ansiedad.

Por ejemplo, no permitiré que un estudiante ansioso falte a clase, entregue el trabajo tarde o no participe en el trabajo de grupo. Puede parecer duro, pero está en consonancia con el enfoque que he destacado a lo largo de este capítulo: no simplemente no haces las cosas porque te ponen ansioso. La ansiedad no es una discapacidad y los estudiantes pueden hacer todo lo que se espera de ellos a lo largo del curso.

> Ejemplos de acomodaciones que haría:
> **Para la ansiedad ante un examen:** Sentarse en un lugar concreto. Utilizar una capucha durante un examen. Dar un paseo de sesenta segundos durante un examen.
> **Para la ansiedad por la participación en clase:** Plantear una pregunta y dar a los estudiantes dos o tres minutos para escribir sus respuestas, y pedirle al estudiante ansioso que lea su respuesta para que no tenga que improvisar una respuesta oral. Adoptar una política en toda la clase de utilizar tarjetas con nombres que un estudiante coloca en un extremo para indicar que pide el turno para intervenir, lo que facilita la entrada en el debate. Fomentar comentarios muy breves en la conversación.
> **Para la ansiedad generalizada:** Ofrecer ayuda para pensar cómo dividir las tareas grandes en tareas más pequeñas. Proporcionar explicaciones escritas y claras sobre lo que se espera de las tareas.

No pienses que necesitas «tratar» o resolver la ansiedad de cualquier estudiante. No estás capacitado para ello y además el estudiante no está buscando que le ofrezcas esta ayuda. Sólo quiere que le vaya bien tu clase.

Resumen para los profesores

- Sigue las directrices de tu institución para acomodar a los estudiantes con un diagnóstico de ansiedad.

- Pide a los estudiantes que están ansiosos o se enfrentan a dificultades que se diagnostiquen ante ti para que sepas las razones por las que tienen problemas.
- Responsabiliza a los estudiantes ansiosos de todo el trabajo de clase (nuevamente, siguiendo las pautas establecidas por tu institución).
- Ofréceles las mismas acomodaciones que ofrecerías a cualquier estudiante. No hagas distinciones.
- Recuerda que no eres el responsable de tratar o resolver la ansiedad de tus estudiantes.

CONCLUSIÓN

En el otoño de mi tercer año como profesor en la Universidad de Virginia, me pidieron que proporcionara un informe escrito de lo que había conseguido en investigación y enseñanza hasta ese momento. Dos profesores senior debían leer esta revisión y reunirse conmigo para ofrecerme orientación sobre cómo podría mejorar. Estaba ansioso por sus comentarios, ya que me encontraba a tres años de una revisión mucho más seria, una que daría lugar a uno de estos dos resultados: me ascenderían o me despedirían.

Pero no hubo comentarios durante esa reunión porque mis supuestos guías hicieron algo muy propio de un profesor; se enzarzaron en un debate entre ellos y me ignoraron. La profesora X dijo que mi trabajo parecía prometedor, pero se había dado cuenta de que no había ningún sentido de *diversión* en los documentos que yo había preparado. Consideraba que todos los grandes científicos viven su trabajo con cierta alegría y, en cambio, yo parecía terriblemente solemne. El profesor Y discrepó de inmediato e intervino: «¿Divertido? Ir a fiestas es divertido. La investigación parece seria porque es seria». Durante quince minutos discutieron sobre si el pensamiento crítico es divertido o no. Entonces recordaron por qué estábamos todos allí reunidos. Ambos se dirigieron a mí: «Parece que lo estás haciendo bien». Y la reunión terminó.

Me he acordado de esta reunión cuando estaba terminando este libro, porque en ningún momento he insinuado que aprender podría ser divertido. De hecho, he hablado sobre todo sobre cómo hacerlo menos desagradable y, por lo tanto, he dado a entender que la tristeza es el estado natural del estudiante. Esto me ha molestado, porque en realidad estoy mucho más en el bando de «aprender es divertido».

Pero quizás un análisis más detallado muestre que no hay una incoherencia. Tal vez aprender sea placentero cuando eliges el tema, pero es una ardua tarea cuando otro lo elige por ti. Tenía sentido para mí escribir como si aprender no fuera agradable porque me he centrado en las tareas relacionadas con la escuela, que son asignadas y no se eligen libremente. Las estrategias que he descrito funcionarían igual de bien para un contenido que elijas aprender, pero es muy probable que no hayas leído este libro con este propósito, sino que lo has leído para que te ayude a aprender las cosas que *tienes que* aprender.

Pero ¿cuán fuerte es el vínculo entre «tener que aprender» y «no es divertido»? La mayoría de los estudiantes parecen pensar que es bastante consistente. Claro, a veces tienes suerte y un profesor te asigna un libro que te gusta de verdad y otras veces un buen profesor encuentra la manera de intrigarte sobre un tema que inicialmente no te interesaba. Pero incluso en esos casos inusuales, el aburrimiento o el interés siguen estando fuera de tu alcance.

Los descubrimientos que he revisado en este libro indican que esta conclusión es errónea. Puedes hacer que te intereses más por el contenido que en un principio te aburre. En este libro has visto que:

- Si la información es interesante, le prestarás más atención.
- Si le prestas más atención, la recordarás mejor.
- Si la recuerdas mejor, es más probable que te vayan bien los exámenes.
- Si te van bien los exámenes, tendrás más confianza en ti mismo como estudiante.
- Si tienes más confianza, las tareas académicas te parecerán más realizables.
- Si las tareas te parecen más realizables, procrastinarás menos.
- Si procrastinas menos, estarás al día con tu trabajo.
- Si estás al día con tu trabajo, sabrás más sobre más temas.

- Si sabes algo sobre un tema, la nueva información sobre ese tema será más fácil de entender.
- Si entiendes la nueva información, será más interesante.

Mis alumnos conocen los tres primeros efectos; les resulta fácil estudiar y recordar cosas que les interesan. Sin embargo, rara vez consideran los otros efectos y, a menudo, no conocen algunos de ellos. Por esta razón, ven el interés como único motor; piensan que el interés hace que funcionen otros procesos, como la atención y la memoria. No ven que el interés puede ser producto de otros procesos cognitivos.

A continuación te muestro la información del listado anterior como un esquema.

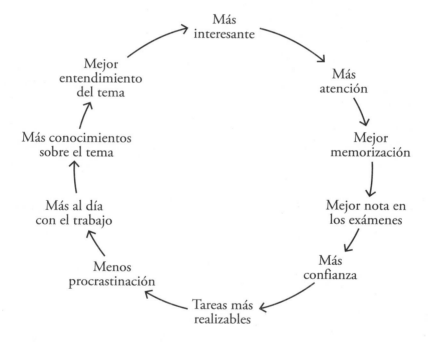

El esquema hace que resulte más evidente que no necesitas comenzar con interés. Los componentes del aprendizaje forman un círculo virtuoso, en el que puedes entrar en cualquier lugar o en múltiples puntos. En el capítulo 12 has visto formas de mantener la atención incluso cuando no estás muy interesado. En el capítulo 6 has aprendido cómo mejorar tu memoria, en el capítulo 11 has aprendido a superar la procrastinación y en el capítulo 13 he comentado diferentes formas de pensar en la autoconfianza. A medida que cambia tu autoconfianza, tu memoria, tu atención, etc., los efectos se propagan por todo el círculo y aumentará tu interés por lo que estás aprendiendo.

Probablemente ya hayas experimentado este efecto de primera mano. Había un tema que te parecía aburrido y complicado, pero insististe hasta que lo acabaste entendiendo y descubriste que lo hacía un poco menos aburrido. Tal vez incluso intrigante.

Creo que la definición de «estudiante independiente» va más allá de la capacidad de adquirir información y habilidades por cuenta propia cuando otros lo exigen. También es escoger qué quieres aprender. Pero ¿cómo puedes saber lo que quieres aprender si no sabes lo que está a tu disposición para aprender?

Los estudiantes verdaderamente independientes mantienen un estado de apertura intelectual y curiosidad. Siempre están listos para descubrir algo nuevo sobre lo que quieren saber más. Es una forma optimista de vivir, porque su curiosidad se ve reforzada por el conocimiento de que, en última instancia, el nuevo aprendizaje genera interés, disfrute y satisfacción. Cualquier cosa que no sea familiar puede ser una fuente de diversión y, dado que cada uno de nosotros sabe muy poco, el potencial de diversión es ilimitado.

Las personas a veces describen el aprendizaje como «explorar nuevos terrenos» o como un «viaje». Creo que la metáfora del viaje es adecuada; aprender cosas nuevas aporta la misma sensación de aventura y satisfacción que viajar a un lugar exótico, ver la flora y fauna locales, conocer a la gente y observar cómo viven.

Me propuse facilitar el proceso de aprender nueva información y habilidades, incluso en ausencia de curiosidad. Para continuar con la metáfora del viaje, esperaba crear un mapa que asegurara que llegarás al destino que un profesor te marca. Pero mi mayor deseo es que pienses en este libro como un kit de viaje y lo explores. Espero que seas una de las personas cuya curiosidad las impulsa a ver el mundo repleto de tesoros escondidos.

AGRADECIMIENTOS

M e han resultado muy útiles las siguientes conversaciones sobre la enseñanza con los miembros del equipo del Michigan Skills Project: Colleen Counihan, Keith Desrosiers, Angela Duckworth, John Jonides, Ben Katz, Rhiannon Killian, Ethan Kross y Ariana Orvell. También doy las gracias a Miranda Beltzer, Katie Daniel, Jeremy Eberle, Nauder Namaky, Allie Silverman, Bethany Teachman y especialmente a Alex Werntz Czywczynski, quienes me han brindado valiosos consejos y comentarios sobre el tema de la ansiedad.

Estoy profundamente agradecido a mi editora, Karyn Marcus, y a mi agente, Esmond Harmsworth, por sus contribuciones sustanciales para ayudarme a dar forma a la presentación y también por su entusiasmo por este proyecto. Estoy en deuda con dos personas con las que he debatido la mayoría de las ideas presentadas en este libro: David Daniel, para verificar mi pensamiento sobre psicología, y Trisha Thompson-Willingham, para verificar mi pensamiento sobre las realidades en el aula y las probables reacciones de los estudiantes.

BIBLIOGRAFÍA

CAPÍTULO 1

BLIGH, D.: *What's the Use of Lectures?* Jossey-Bass, San Francisco, 2000.

CERBIN, W.: «Improving Student Learning from Lectures», *Scholarship of Teaching and Learning in Psychology*, vol. 4, n.º 3, pp. 151-163 (2021). http://dx.doi.org/10.1037/stl0000113

DEWINSTANLEY, P. *et al.*: «Successful Lecturing: Presenting Information in Ways That Engage Effective Processing», *New Directions for Teaching & Learning*, n.º 89, pp. 19-31 (2002). https://doi.org/10.1002/tl.44

LANDRUM, R. E. *et al.*: «Teacher-Ready Research Review: Clickers», *Scholarship of Teaching and Learning in Psychology*, vol. 1, n.º 3, pp. 250-254, 2015. https://doi.org/10.1037/stl0000031

Plutarco: *Obras morales y de costumbres*. Editorial Gredos, Madrid, 1992.

RAVER, S. A. *et al.*: «Impact of the Provision and Timing of Instructor-Provided Notes on University Students' Learning», *Active Learning in Higher Education*, vol. 11, n.º 3, pp. 189-200 (2010). https://doi.org/10.1177/1469787410379682

SHERNOFF, D. J. *et al.*: «Separate Worlds: The Influence of Seating Location on Student Engagement, Classroom Experience, and Performance in the Large University Lecture Hall», *Journal of Environmental Psychology*, n.º 49, pp. 55-64 (2017): 55-64. https://doi.org/10.1016/J.JENVP.2016.12.002

WORTHINGTON, D. L. *et al.*: «To Provide or Not to Provide Course Power-Point Slides? The Impact of Instructor-Provided Slides upon Student Attendance and Performance», *Computers & Education*, n.º 85, pp. 14-22 (2015). https://doi.org/10.1016/j.compedu.2015.02.002

CAPÍTULO 2

CARTER, S. P. *et al.*: «The Impact of Computer Usage on Academic Performance: Evidence from a Randomized Trial at the United States Military Academy», *Economics of Education Review*, n.º 56, pp. 118-32 (2017). https://doi.org/10.1016/j.econedurev.2016.12.005

FLANIGAN, A. E. *et al.*: «The Impact of Digital Distraction on Lecture Note Taking and Student Learning», *Instructional Science*, vol. 48, n.º 5, pp. 495-524 (2020). https://doi.org/10.1007/s11251-020-09517-2

GAUDREAU, P. *et al.*: «Canadian University Students in Wireless Classrooms: What Do They Do on Their Laptops and Does It Really Matter?», *Computers & Education*, n.º 70, pp. 245-255 (2014). https://doi.org/10.1016/j.compedu.2013.08.019

LUO, L. *et al.*: «Laptop Versus Longhand Note Taking: Effects on Lecture Notes and Achievement», *Instructional Science*, vol. 46, n.º 6, pp. 947-971 (2018). https://doi.org/10.1007/s11251-018-9458-0

MUELLER, P. A. *et al.*: «The Pen Is Mightier than the Keyboard: Advantages of Longhand over Laptop Note Taking», *Psychological Science*, vol. 25, n.º 6, pp. 1159-1168 (2014). https://doi.org/10.1177/0956797614524581

PEVERLY, S. T. *et al.*: «The Relationship of Handwriting Speed, Working Memory, Language Comprehension and Outlines to Lecture Note-Taking and Test-Taking Among College Students», *Applied Cognitive Psychology*, vol. 27, n.º 1, pp. 115-126 (2013). https://doi.org/10.1002/acp.2881

PEVERLY, S. T. *et al.*: «Both Handwriting Speed and Selective Attention Are Important to Lecture Note-Taking», *Reading and Writing*, vol. 27, n.º 1, pp. 1-30 (2014). https://doi.org/10.1007/s11145-013-9431-x

PHILLIPS, N. E. *et al.*: «Examining the Influence of Saliency of Peer-Induced Distractions on Direction of Gaze and Lecture Recall», *Computers &*

Education, n.º 99, pp. 81-93 (2016). https://doi.org/10.1016/j.compe-du.2016.04.006

PIOLAT, A. *et al.*: «Cognitive Effort During Note Taking», *Applied Cognitive Psychology*, vol. 19, n.º 3, pp. 291-312 (2005). https://doi.org/10.1002/acp.1086

REED, D. K. *et al.*: «Note-Taking Interventions for College Students: A Synthesis and Meta-Analysis of the Literature», *Journal of Research on Educational Effectiveness*, vol. 9, n.º 3, pp. 307-333 (2016). https://doi.org/10.1080/19345747.2015.1105894

SANA, F. *et al.*: «Laptop Multitasking Hinders Classroom Learning for Both Users and Nearby Peers», *Computers & Education*, n.º 62, pp. 24-31 (2013). https://doi.org/10.1016/j.compedu.2012.10.003

URRY, H. L. *et al.*: «Don't Ditch the Laptop Just Yet: A Direct Replication of Mueller and Oppenheimer's (2014) Study 1 Plus Mini Meta-Analyses Across Similar Studies», *Psychological Science*, vol. 32, n.º 3, pp. 326-339 (2021). https://doi.org/10.1177/0956797620965541

WILL, P. *et al.*: «The Impact of Classroom Seating Location and Computer Use on Student Academic Performance», *PLOS ONE*, vol. 15, n.º 8, p. e0236131 (2020). https://doi.org/10.1371/journal.pone.0236131

WILLIAMS, A. *et al.*: «The Impact of Online Lecture Recordings on Student Performance», *Australasian Journal of Educational Technology*, vol. 28, n.º 2, pp. 199-213 (2012). https://doi.org/10.14742/ajet.869

CAPÍTULO 3

BROOKS, C. M. *et al.*: «Free Riding in Group Projects and the Effects of Timing, Frequency, and Specificity of Criteria in Peer Assessments», *Journal of Education for Business*, vol. 78, n.º 5, pp. 268-272 (2003). https://doi.org/10.1080/08832320309598613

ERICSSON, A. *et al.*: *Peak: Secrets from the New Science of Expertise*. Houghton Mifflin Harcourt, Boston, 2016

HO, V.: «Learning by Doing», en Culyer, A. J. (ed)., *Encyclopedia of Health Economics*, Elsevier, Amsterdam, 2014, pp. 141-145

HOLYOAK, K. J. *et al.*: «Metaphor Comprehension: A Critical Review of Theories and Evidence», *Psychological Bulletin*, vol. 144, n.º 6, pp. 641-671 (2018). https://doi.org/10.1037/bul0000145

LONG, N. *et al.*: «Memory and Attention», en Phelps, E. *et al.*, *Stevens' Handbook of Experimental Psychology and Cognitive Neuroscience*, 4.ª ed., vol. 1, «Language and Memory», Wiley, Nueva York, 2018, pp. 285-321

MORRIS, C. D. *et al.*: «Levels of Processing Versus Transfer Appropriate Processing», *Journal of Verbal Learning and Verbal Behavior*, vol. 16, n.º 5, pp. 519-533 (1977). https://doi.org/10.1016/S0022-5371(77)80016-9

TULVING, E. *et al.*: «Encoding Specificity and Retrieval Processes in Episodic Memory», *Psychological Review*, vol. 80, n.º 5, pp. 352-373 (1973). https://doi.org/10.1037/h0020071

CAPÍTULO 4

BOWER, G. H. *et al.*: «Hiearchical Retrieval Schemes in Recall of Categorized Word Lists», *Journal of Verbal Learning and Verbal Behavior*, vol. 8, n.º 3, pp. 323-343 (1969). https://doi.org/10.1016/S0022-5371(69)80124-6

CHULARUT, P. *et al.*: «The Influence of Concept Mapping on Achievement, Self-Regulation, and Self-Efficacy in Students of English as a Second Language», *Contemporary Educational Psychology*, vol. 29, n.º 3, pp. 248-263 (2004). https://doi.org/10.1016/j.cedpsych.2003.09.001

COHEN, D. *et al.*: «A Note-Restructuring Intervention Increases Students' Exam Scores», College Teaching, vol. 61, n.º 3, pp. 95-99 (2013). https://doi.org/10.1080/87567555.2013.793168

CRAWFORD, C. C.: «The Correlation Between College Lecture Notes and Quiz Papers», *Journal of Educational Research*, vol. 12, n.º 4, pp. 282-291 (2014). https://doi.org/10.1080/00220671.1925.10879600

KIEWRA, K. A.: «Note Taking on Trial: A Legal Application of Note-Taking Research», *Educational Psychology Review*, vol. 28, n.º 2, pp. 377-384 (2016). https://doi.org/10.1007/s10648-015-9353-z

KIEWRA, K. A. *et al.*: «The Relationship Between Information-Processing Ability and Notetaking», *Contemporary Educational Psychology*, vol. 13, n.º 1, pp. 33-44 (1988). https://doi.org/10.1016/0361-476X(88)90004-5

Luo, L. *et al.*: «Revising Lecture Notes: How Revision, Pauses, and Partners Affect Note Taking and Achievement», *Instructional Science*, n.º 44, pp. 45-67 (2016). https://doi.org/10.1007/s11251-016-9370-4

Makany, T. *et al.*: «Optimising the Use of Note-Taking as an External Cognitive Aid for Increasing Learning», *British Journal of Educational Technology*, vol. 40, n.º 4, pp. 619-35 (2009). https://doi.org/10.1111/j.1467-8535.2008.00906.x

Rachal, K. C. *et al.*: «Learning Problems Reported by College Students: Are They Using Learning Strategies?», *Journal of Instructional Psychology*, vol. 34, n.º 4, pp. 191-199 (2007). https://eric.ed.gov/?id=EJ790467

CAPÍTULO 5

Bartoszewski, B. L. *et al.*: «Comparing the Relationship of Learning Techniques and Exam Score», *Scholarship of Teaching and Learning in Psychology*, vol. 1, n.º 3, pp. 219-228 (2015). https://doi.org/10.1037/stl0000036

Bohay, M. *et al.*: «Note Taking, Review, Memory, and Comprehension», *American Journal of Psychology*, vol. 124, n.º 1, pp. 63-73 (2011). https://doi.org/10.5406/amerjpsyc.124.1.0063

Denton, C. A. *et al.*: «Adolescents' Use of Reading Comprehension Strategies: Differences Related to Reading Proficiency, Grade Level, and Gender», *Learning and Individual Differences*, n.º 37, pp. 81-95 (2015). https://doi.org/10.1016/j.lindif.2014.11.016

Glenberg, A. M. *et al.*: «The Illusion of Knowing: Failure in the Self-Assessment of Comprehension», *Memory & Cognition*, vol. 10, n.º 6, pp. 597-602 (1982). https://doi.org/10.3758/BF03202442

Gurung, R. A. R.: «How Do Students Really Study (and Does It Matter)?», *Teaching of Psychology*, vol. 32, n.º 4, pp. 239-241 (2005).

Gurung, R. A. R. *et al.*: «Evidence-Based Pedagogy: Do Pedagogical Features Enhance Student Learning?», en Dunn, D. S. *et al.* (eds)., *Best Practices for Teaching Introduction to Psychology*, Erlbaum, Mahwah, Nueva Jersey, 2005, pp. 41-55.

Gurung, R. A. R. *et al.*: «Focusing on How Students Study», *Journal of the Scholarship of Teaching and Learning*, vol. 10, n.º 1, pp. 28-35 (2010). https://files.eric.ed.gov/fulltext/EJ882123.pdf

Jairam, D. *et al.*: «SOAR Versus SQ3R: A Test of Two Study Systems», *Instructional Science*, vol. 42, n.º 3, pp. 409-420 (2014). https://doi.org/10.1007/s11251-013-9295-0

McDaniel, M. A. *et al.*: «The Read-Recite-Review Study Strategy: Effective and Portable», *Psychological Science*, vol. 20, n.º 4, pp. 516-522 (2009). https://doi.org/10.1111/j.1467-9280.2009.02325.x

Nist, S. L. *et al.*: «The Text Marking Patterns of College Students», *Reading Psychology*, vol. 10, n.º 4, pp. 321-338 (1989). https://doi.org/10.1080/0270271890100403.

Otero, J. *et al.*: «Failures to Detect Contradictions in a Text: What Readers Believe Versus What They Read», *Psychological Science*, vol. 3, n.º 4, pp. 229-235 (1992). https://doi.org/10.1111/j.1467-9280.1992.tb00034.x

Rayner, K. *et al.*: «So Much to Read, So Little Time: How Do We Read, y Can Speed Reading Help?», *Psychological Science in the Public Interest*, vol. 17, n.º 1, pp. 4-34 (2016). https://doi.org/10.1177/1529100615623267

CAPÍTULO 6

Alfieri, L. *et al.*: «Learning Through Case Comparisons: A Meta-analytic Review», *Educational Psychologist*, vol. 48, n.º 2, pp. 87-113 (2013). https://doi.org/10.1080/00461520.2013.775712

Baddeley, A. D.: *Your Memory: A User's Guide*. Firefly, Buffalo, Nueva York, 2004.

Blasiman, R. N. *et al.*: «The What, How Much, and When of Study Strategies: Comparing Intended Versus Actual Study Behaviour», *Memory*, vol. 25, n.º 6, pp. 784-792 (2017). https://doi.org/10.1080/09658211.2016.1221974

Callender, A. A. *et al.*: «The Limited Benefits of Rereading Educational Texts», *Contemporary Educational Psychology*, vol. 34, n.º 1, pp. 30-41 (2009). https://doi.org/10.1016/j.cedpsych.2008.07.001

CATRAMBONE, R.: «The Subgoal Learning Model: Creating Better Examples to Improve Transfer to Novel Problems», *Journal of Experimental Psychology: General*, vol. 127, n.º 4, pp. 355-376 (1998). https://doi.org/10.1037/0096-3445.127.4.355

DUNLOSKY, J. *et al.*: «Improving Students' Learning with Effective Learning Techniques: Promising Directions from Cognitive and Educational Psychology», *Psychological Science in the Public Interest*, vol. 14, n.º 1, pp. 4-58 (2013). https://doi.org/10.1177/1529100612453266

FERNANDES, M. A. *et al.*: «The Surprisingly Powerful Influence of Drawing on Memory», *Current Directions in Psychological Science*, vol. 27, n.º 5, pp. 302-308 (2018). https://doi.org/10.1177/0963721418755385

MARGULIEUX, L. E. *et al.*: «Improving Problem Solving with Subgoal Labels in Expository Text and Worked Examples», *Learning and Instruction*, n.º 42, pp. 58-71 (2016). https://doi.org/10.1016/j.learninstruc.2015.12.002

RAWSON, K. A. *et al.*: «The Power of Successive Relearning: Improving Performance on Course Exams and Long-Term Retention», *Educational Psychology Review*, vol. 25, n.º 4, pp. 523-548 (2013). https://doi.org/10.1007/s10648-013-9240-4

TAUBER, S. K. *et al.*: «Does Covert Retrieval Benefit Learning of Key-Term Definitions?», *Journal of Applied Research in Memory and Cognition*, vol. 7, n.º 1, pp. 106-15 (2018). https://doi.org/10.1016/j.jarmac.2016.10.004

WILLINGHAM, D. T.: «Does Tailoring Instruction to 'Learning Styles' Help Students Learn?», *American Educator*, vol. 42, n.º 2, pp. 28-36 (2018). https://files.eric.ed.gov/fulltext/EJ1182080.pdf

YANG, C. *et al.*: «Testing (Quizzing) Boosts Classroom Learning: A Systematic and Meta-analytic Review», *Psychological Bulletin*, vol. 147, n.º 4, pp. 399-435 (2021). https://doi.org/10.1037/bul0000309

CAPÍTULO 7

BJORK, E. L. *et al.*: «Making Things Hard on Yourself, but in a Good Way: Creating Desirable Difficulties to Enhance Learning», en Gernsbacher,

M. A. *et al.* (eds)., *Psychology and the Real World: Essays Illustrating Fundamental Contributions to Society*, FABBS Foundation, Nueva Work, 2009, pp. 56-64

DOUGHERTY, K. M. *et al.*: «Overlearning, Fluency, and Automaticity», *Behavior Analyst*, vol. 19, n.º 2, pp. 289-292 (1996). https://doi.org/10.1007/BF03393171

HERTZOG, C. *et al.*: «Judgments of Learning Are Influenced by Multiple Cues in Addition to Memory for Past Test Accuracy», *Archives of Scientific Psychology*, vol. 1, n.º 1, pp. 23-32 (2013). https://doi.org/10.1037/arc0000003

KORNELL, N. *et al.*: «Performance Bias: Why Judgments of Learning Are Not Affected by Learning», *Memory & Cognition*, vol. 45, n.º 8, pp. 1270-1280 (2017). https://doi.org/10.3758/s13421-017-0740-1

ROELLE, J. *et al.*: «Effects of Informing Learners About the Dangers of Making Overconfident Judgments of Learning», *Journal of Educational Psychology*, vol. 109, n.º 1, pp. 99-117 (2017). https://doi.org/10.1037/edu0000132

SCHWARTZ, B. L. *et al.*: «Metamemory: An Update of Critical Findings», en Byrne, J. H. (ed)., *Cognitive Psychology of Memory, Vol. 2, A Comprehensive Reference*, Academic Press, Oxford, 2017, pp. 423-432

SHANKS, L. L. *et al.*: «Domain Familiarity as a Cue for Judgments of Learning», *Psychonomic Bulletin & Review*, vol. 21, n.º 2, pp. 445-53 (2014). https://doi.org/10.3758/s13423-013-0513-1

SODERSTROM, N. C. *et al.*: «Learning Versus Performance: An Integrative Review», *Perspectives on Psychological Science*, vol. 10, n.º 2, pp. 176-199 (2015). https://doi.org/10.1177/1745691615569000

WITHERBY, A. E. *et al.*: «The Influence of Judgments of Learning on Long-Term Learning and Short-Term Performance», *Journal of Applied Research in Memory and Cognition*, vol. 6, n.º 4, pp. 496-503 (2017). https://doi.org/10.1016/j.jarmac.2017.08.004

CAPÍTULO 8

ARCHER, N. S. *et al.*: «Don't Change the Answer!: An Exposé of the Perennial Myth That the First Choices Are Always the Correct Ones», *The Clearing House: A Journal of Educational Strategies, Issues and Ideas*, vol. 37, n.º 1, pp. 39-41 (1962). https://doi.org/10.1080/00098655.1962.11476207

BOURASSA, K. J. *et al.*: «The Impact of Physical Proximity and Attachment Working Models on Cardiovascular Reactivity: Comparing Mental Activation and Romantic Partner Presence», *Psychophysiology*, vol. 56, n.º 5, pp. 1-12 (2019). https://doi.org/10.1111/psyp.13324

BRAMÃO, I. *et al.*: «Mental Reinstatement of Encoding Context Improves Episodic Remembering», *Cortex*, n.º 94, pp. 15-26 (2017). https://doi.org/10.1016/j.cortex.2017.06.007

CALMA-BIRLING, D. *et al.*: «Does a Brief Mindfulness Intervention Impact Quiz Performance?», *Psychology Learning & Teaching*, vol. 16, n.º 3, pp. 323-335 (2017). https://doi.org/10.1177/1475725717712785

COPELAND, D. A.: «Should Chemistry Students Change Answers on Multiple-Choice Tests?», *Journal of Chemical Education*, vol. 49, n.º 4, p. 258 (1972). https://doi.org/10.1021/ed049p258

DIBATTISTA, D. *et al.*: «The 'None of the Above' Option in Multiple-Choice Testing: An Experimental Study», *Journal of Experimental Education*, vol. 82, n.º 2, pp. 168-183 (2014). https://doi.org/10.1080/00220973.2013.795127

EMBSE, N. VON DER. *et al.*: «Test Anxiety Interventions for Children and Adolescents: A Systematic Review of Treatment Studies from 2000-2010», *Psychology in the Schools*, vol. 50, n.º 1, pp. 57-71 (2013). https://doi.org/10.1002/PITS.21660

ERDELYI, M. H.: *The Recovery of Unconscious Memories: Hypermnesia and Reminiscence*. University of Chicago Press, Chicago, 1996

KRUGER, J. *et al.*: «Counterfactual Thinking and the First Instinct Fallacy», *Journal of Personality and Social Psychology*, vol. 88, n.º 5, pp. 725-735 (2005). https://doi.org/10.1037/0022-3514.88.5.725

PICHERT, J. W. *et al.*: «Taking Different Perspectives on a Story», *Journal of Educational Psychology*, vol. 69, n.º 4, pp. 309-315 (1977). https://doi.org/10.1037/00220663.69.4.309

SCHWARZ, S. P. *et al.*: «Reasons for Changing Answers: An Evaluation Using Personal Interviews», *Journal of Educational Measurement*, vol. 28, n.º 2, pp. 163-171 (1991). https://doi.org/10.1111/j.1745-3984.1991.tb00351.x

SMITH, S. M. *et al.*: «Effects of Varied and Constant Environmental Contexts on Acquisition and Retention», *Journal of Experimental Psychology: Learning, Memory, and Cognition*, vol. 40, n.º 6, pp. 1582-1593 (2014). https://doi.org/10.1037/xlm0000019

VISPOEL, W P.: «Reviewing and Changing Answers on Computerized Fixed-Item Vocabulary Tests», *Educational and Psychological Measurement*, vol. 60, n.º 3, pp. 371-384 (2000). https://doi.org/10.1177/001316400 21970600

CAPÍTULO 9

BLACK, P. *et al.*: «Developing the Theory of Formative Assessment», *Educational Assessment, Evaluation and Accountability*, vol. 21, n.º 5, pp. 5-31 (2009). https://doi.org/10.1007/s11092-008-9068-5

DWECK, C. S.: *Mindset: Changing the Way You Think to Fulfil Your Potential*, 6.ª ed. Random House, Nueva York, 2017

KORNELL, N. *et al.*: «The Effects of Memory Retrieval, Errors and Feedback on Learning», en Benassi, V. A. *et al.* (eds)., *Applying Science of Learning in Education: Infusing Psychological Science into the Curriculum*, Division 2, American Psychological Association, Washington DC, 2014, pp. 225-251. www.columbia.edu/cu/psychology/metcalfe/PDFs/Kornell2013.pdf

MAYER, R. E.: «Rote Versus Meaningful Learning», *Theory into Practice*, vol. 41, n.º 4, pp. 226-132 (2002). https://doi.org/10.1207/s15430421 tip4104_4

MORRISON, F. J. *et al.*: «The Causal Impact of Schooling on Children's Development: Lessons for Developmental Science», *Current Directions in Psychological Science*, vol. 28, n.º 5, pp. 441-449 (2019). https://doi.org/10.1177/0963721419855661

ROBERTS, D. M.: «An Empirical Study on the Nature of Trick Test Questions», *Journal of Educational Measurement*, vol. 30, n.º 4, pp. 331-344 (1993). https://doi.org/10.1111/J.1745-3984.1993.TB00430.X

SHUTE, V. J.: «Focus on Formative Feedback», *Review of Educational Research*, vol. 78, n.º 1, pp. 153-189 (2008). https://doi.org/10.3102/0034654307313795

SIMONS, D. J. *et al.*: «Do 'Brain Training' Programs Work?», *Psychological Science in the Public Interest*, vol. 17, n.º 3, pp. 103-186 (2016). https://journals.sagepub.com/doi/10.1177/1529100616661983

CAPÍTULO 10

ASTILL, R. G. *et al.*: «Sleep, Cognition, and Behavioral Problems in School-Age Children: A Century of Research Meta-Analyzed», *Psychological Bulletin*, vol. 138, n.º 6, pp. 1109-1138 (2012). https://doi.org/10.1037/a0028204

BUEHLER, R. *et al.*: «Exploring the 'Planning Fallacy': Why People Underestimate Their Task Completion Times», *Journal of Personality and Social Psychology*, vol. 67, n.º 3, pp. 366-381 (1994). https://doi.org/10.1037/0022-3514.67.3.366

CAIN, N. *et al.*: «Electronic Media Use and Sleep in School-Aged Children and Adolescents: A Review», *Sleep Medicine*, vol. 11, n.º 8, pp. 735-742 (2010). https://doi.org/10.1016/j.sleep.2010.02.006

CROVITZ, H. F. *et al.*: «Measurements of Everyday Memory: Toward the Prevention of Forgetting», *Bulletin of the Psychonomic Society*, vol. 22, n.º 5, pp. 413-414 (1984). https://doi.org/10.3758/BF03333861

GOLLWITZER, P. M. *et al.*: Planning and the Implementation of Goals», en Baumeister, R. F. *et al.* (eds)., *Handbook of Self-Regulation: Research, Theory, and Applications*, Guilford, Nueva York, 2004, pp. 211-228.

GÓMEZ FONSECA, A. *et al.*: «Sleep and Academic Performance: Considering Amount, Quality and Timing», *Current Opinion in Behavioral Sciences*, n.º 33, pp. 65-71 (2020). https://doi.org/10.1016/j.cobeha.2019.12.008

HARTWIG, M. K. *et al.*: «Study Strategies of College Students: Are Self-Testing and Scheduling Related to Achievement?», *Psychonomic Bulletin & Review*, vol. 19, n.º 1, pp. 126-134 (2012). https://doi.org/10.3758/s13423-011-0181-y

Kornell, N. *et al.*: «The Promise and Perils of Self-Regulated Study», *Psychonomic Bulletin & Review*, vol. 14, n.º 2, pp. 219-224 (2007). https://doi.org/10.3758/bf03194055

Krause, A. J. *et al.*: «The Sleep-Deprived Human Brain», *Nature Reviews Neuroscience*, vol. 18, n.º 7, pp. 404-418 (2017). https://doi.org/10.1038/nrn.2017.55

Kross, E. *et al.*: «Self-Talk as a Regulatory Mechanism: How You Do It Matters», *Journal of Personality and Social Psychology*, vol. 106, n.º 2, pp. 304-324 (2014). https://doi.org/10.1037/a0035173

Shirtcliff, E. A. *et al.*: «Longitudinal Stability and Developmental Properties of Salivary Cortisol Levels and Circadian Rhythms from Childhood to Adolescence», *Developmental Psychobiology*, vol. 54, n.º 5, pp. 493-502 (2012). https://doi.org/10.1002/dev.2060

CAPÍTULO 11

Ariely, D. *et al.*: «Procrastination, Deadlines, and Performance: Self-Control by Precommitment», *Psychological Science*, vol. 13, n.º 3, pp. 219-224 (2002). https://doi.org/10.1111/1467-9280.00441

Barrera, M., Jr., *et al.*: «The Structure of Social Support: A Conceptual and Empirical Analysis», *Journal of Community Psychology*, vol. 11, n.º 2, pp. 133-143 (1983). https://doi.org/10.1002/1520-6629(198304)11:2<133::AID-JCOP2290110207>3.0.CO;2-L

Frederick, S. *et al.*: «Opportunity Cost Neglect», *Journal of Consumer Research*, vol. 36, n.º 4, pp. 553-561 (2009). https://doi.org/10.1086/599764

Krause, K. *et al.*: «It's in the Means: Process Focus Helps Against Procrastination in the Academic Context», *Motivation and Emotion*, vol. 40, n.º 3, pp. 422-437 (2016). https://doi.org/10.1007/s11031-016-9541-2

Lally, P. *et al.*: «How Are Habits Formed: Modelling Habit Formation in the Real World», *European Journal of Social Psychology*, vol. 40, n.º 6, pp. 998-1009 (2010). https://doi.org/10.1002/EJSP.674

Lickel, B. *et al.*: «Shame and the Motivation to Change the Self», *Emotion*, vol. 14, n.º 6, pp. 1049-1061 (2014). https://doi.org/10.1037/A0038235

NEAL, D. T. *et al.*: «How Do Habits Guide Behavior? Perceived and Actual Triggers of Habits in Daily Life», *Journal of Experimental Social Psychology*, vol. 48, n.º2, pp. 492-498 (2012). https://doi.org/10.1016/j.jesp.2011.10.011

RUBY, M. B. *et al.*: «The Invisible Benefits of Exercise», *Health Psychology*, vol. 30, n.º 1, pp. 67-74 (2011). https://doi.org/10.1037/a0021859

STEEL, P.: «The Nature of Procrastination: A Meta-Analytic and Theoretical Review of Quintessential Self-Regulatory Failure», *Psychological Bulletin*, vol. 133, n.º 1, pp. 65-94 (2007). https://doi.org/10.1037/0033-2909.133.1.65

STRUNK, K. K. *et al.*: «Relative Contributions of Self-Efficacy, Self-Regulation, and Self-Handicapping in Predicting Student Procrastination», *Psychological Reports*, vol. 109, n.º 3, pp. 983-989 (2011). https://doi.org/10.2466/07.09.20.PR0.109.6.983-989

WOOD, W. *et al.*: «Psychology of Habit», *Annual Review of Psychology*, n.º 67, pp. 289-314 (2016). https://doi.org/10.1146/annurev-psych-122414-033417

ZHANG, S. *et al.*: «To Do It Now or Later: The Cognitive Mechanisms and Neural Substrates Underlying Procrastination», *WIREs Cognitive Science*, vol. 10, n.º 4 (2019). https://doi.org/10.1002/WCS.1492

CAPÍTULO 12

ALLEN, A. P. *et al.*: «A Review of the Evidence That Chewing Gum Affects Stress, Alertness and Cognition», *Journal of Behavioral and Neuroscience Research*, vol. 9, n.º 1, pp. 7-23 (2011). www.researchgate.net/publication/313065290_A_review_of_the_evidence_that_chewing_gum_affects_stress_alertness_and_cognition

ALTMANN, E. M. *et al.*: «Momentary Interruptions Can Derail the Train of Thought», *Journal of Experimental Psychology: General*, vol. 143, n.º 1, pp. 215-226 (2014). https://doi.org/10.1037/a0030986

ARIGA, A. *et al.*: «Brief and Rare Mental 'Breaks' Keep You Focused: Deactivation and Reactivation of Task Goals Preempt Vigilance Decrements»,

Cognition, vol. 118, n.º 3, pp. 439-443 (2011). https://doi.org/10.1016/j.
cognition.2010.12.007

BERRIDGE, K. C.: «Wanting and Liking: Observations from the Neuroscience and Psychology Laboratory», *Inquiry*, vol. 52, n.º 4, pp. 378-398 (2009). https://doi.org/10.1080/00201740903087359

BRATMAN, G. N. *et al.*: «The Impacts of Nature Experience on Human Cognitive Function and Mental Health», *Annals of the New York Academy of Sciences*, vol. 1249, n.º 1, pp. 118-136 (2012). https://doi.org/10.1111/j.1749-6632.2011.06400.x

DUCKWORTH, A. L. *et al.*: «Behavior Change», *Organizational Behavior and Human Decision Processes*, vol. 161 (suppl)., pp. 39-49 (2020). https://doi.org/10.1016/j.obhdp.2020.09.002 «Situational Strategies for Self-Control», *Perspectives on Psychological Science*, vol. 11, n.º 1, pp. 35-55 (2016). https://doi.org/10.1177/1745691615623247

JUNCO, R. *et al.*: «The Relationship Between Multitasking and Academic Performance», *Computers & Education*, vol. 59, n.º 2, pp. 505-514 (2012). https://doi.org/10.1016/j.compedu.2011.12.023

ONYPER, S. V. *et al.*: «Cognitive Advantages of Chewing Gum. Now You See Them, Now You Don't», *Appetite*, vol. 57, n.º 2, pp. 321-328 (2011). https://doi.org/10.1016/j.appet.2011.05.313

ORVELL, A. *et al.*: «Does Distanced Self-Talk Facilitate Emotion Regulation Across a Range of Emotionally Intense Experiences?», *Clinical Psychological Science*, vol. 9, n.º 1, pp. 68-78 (2021). https://doi.org/10.1177/2167702620951539

RIDEOUT, V. *et al.*: *«The Common Sense Census: Media Use by Tweens and Teens»*. Common Sense Media, San Francisco, 2019. www.commonsensemedia.org/sites/default/files/uploads/research/2019-census-8-to-18-full-report-updated.pdf

RISKO, A. *et al.*: «Everyday Attention: Mind Wandering and Computer Use during Lectures», *Computers & Education*, n.º 68, pp. 275-283 (2013). https://doi.org/10.1016/j.compedu.2013.05.001

SELI, P. *et al.*: «Mind-Wandering with and Without Intention», *Trends in Cognitive Sciences*, vol. 20, n.º 3, pp. 605-617 (2016). https://doi.org/10.1016/j.tics.2016.05.010

SMALLWOOD, J. *et al.*: «The Science of Mind Wandering: Empirically Navigating the Stream of Consciousness», *Annual Review of Psychology*, n.º 66, pp. 487-518 (2015). https://doi.org/10.1146/annurev-psych-010814-015331

STOTHART, C. *et al.*: «The Attentional Cost of Receiving a Cell Phone Notification», *Journal of Experimental Psychology: Human Perception and Performance*, vol. 41, n.º 4, pp. 893-897 (2015). https://doi.org/10.1037/xhp0000100

UNCAPHER, M. R. *et al.*: «Minds and Brains of Media Multitaskers: Current Findings and Future Directions», *Proceedings of the National Academy of Sciences of the United States of America*, vol. 115, n.º 40, pp. 9889-9896 (2018). https://doi.org/10.1073/pnas.1611612115

WILLINGHAM, D. T.: «The High Price of Multitasking», *New York Times*, 14 de julio de 2019. www.nytimes.com/2019/07/14/opinion/multitasking-brain.html

ZANESCO, A. P. *et al.*: «Meditation Training Influences Mind Wandering and Mindless Reading», *Psychology of Consciousness: Theory, Research and Practice*, vol. 3, n.º 1, pp. 12-33 (2016). https://doi.org/10.1037/cns0000082

CAPÍTULO 13

ARENS, K. A. *et al.*: «Math Self-Concept, Grades, and Achievement Test Scores: Long-Term Reciprocal Effects Across Five Waves and Three Achievement Tracks», *Journal of Educational Psychology*, vol. 109, n.º 5, pp. 621-634 (2017). https://doi.org/10.1037/edu0000163

BRUMMELMAN, E. *et al.*: «How Children Construct Views of Themselves: A Social-Developmental Perspective», *Child Development*, vol. 88, n.º 6, pp. 1763-1773 (2017). https://doi.org/10.1111/cdev.12961

DEDONNO, M. A.: «The Influence of Family Attributes on College Students' Academic Self-Concept», *North American Journal of Psychology*, vol. 15, n.º 1, pp. 49-62 (2013). www.researchgate.net/publication/235986598

KOIVUHOVI, S. *et al.*: «Academic Self-Concept Formation and Peer-Group Contagion: Development of the Big-Fish-Little-Pond Effect in Primary-School Classrooms and Peer Groups», *Journal of Educational Psychology*, vol. 114, n.º 1, pp. 198-213. https://doi.org/10.1037/edu0000554

MARSH, H. W.: «Academic Self-Concept: Theory, Measurement, and Research», en Suls, J. (ed)., *Psychological Perspectives on the Self, Vol. 4, The Self in Social Perspective*, Psychology Press, East Sussex, 2016.

MARSH, H. W. *et al.*: «An Integrated Model of Academic Self-Concept Development: Academic Self-Concept, Grades, Test Scores, and Tracking over 6 Years», *Developmental Psychology*, vol. 54, n.º 2, pp. 263-280 (2018). https://doi.org/10.1037/dev0000393

TAN, C. Y. *et al.*: «Academic Benefits from Parental Involvement Are Stratified by Parental Socioeconomic Status: A Meta-analysis», *Parenting: Science and Practice*, vol. 20, n.º 4, pp. 241-287 (2020). https://doi.org/10.1080/15295192.2019.1694836

WOLFF, F. *et al.*: «On the Effects of Social, Temporal, and Dimensional Comparisons on Academic Self-Concept», *Journal of Educational Psychology*, vol. 110, n.º 7, 1005-1025 (2018). https://doi.org/10.1037/EDU0000248

CAPÍTULO 14

BERNSTEIN, D. A. *et al.*: «Cognitive, Behavioral, and Acceptance-Based Psychotherapies», en *Introduction to Clinical Psychology: Bridging Science and Practice*, Cambridge University Press, Cambridge, 2020, pp. 286-323

CREDÉ, M. *et al.*: «Study Habits, Skills, and Attitudes: The Third Pillar Supporting Collegiate Academic Performance», *Perspectives on Psychological Science*, vol. 3, n.º 6, pp. 425-453 (2008). https://doi.org/10.1111/j.1745-6924.2008.00089.x

DUITS, P. *et al.*: «Updated Meta-analysis of Classical Fear Conditioning in the Anxiety Disorders», *Depression & Anxiety*, vol. 32, n.º 4, pp.239-253 (2015). https://doi.org/10.1002/DA.22353

EYSENCK, M. W.: *Anxiety: The Cognitive Perspective.* Lawrence Erlbaum Associates, Hove, 1992.

HIRSCH, C. R. *et al.*: «A Cognitive Model of Pathological Worry», *Behaviour Research and Therapy*, vol. 50, n.º 10, pp. 636-646 (2012). https://doi.org/10.1016/j.brat.2012.06.007

HIRSCH, C. R. *et al.*: «Interpretation Training to Target Repetitive Negative Thinking in Generalized Anxiety Disorder and Depression», *Journal of Consulting and Clinical Psychology*, vol. 86, n.º 12, pp. 1017-1030 (2018). https://doi.org/10.1037/CCP0000310

HOGE, E. A. *et al.*: «Randomized Controlled Trial of Mindfulness Meditation for Generalized Anxiety Disorder: Effects on Anxiety and Stress Reactivity», *Journal of Clinical Psychiatry*, vol. 74, n.º 8, pp. 786-792 (2013). https://doi.org/10.4088/JCP.12M08083

STEIN, M. B. *et al.*: «Heritability of Anxiety Sensitivity: A Twin Study», *Journal of Psychiatry*, vol. 156, n.º 2, pp. 246-251 (1999). https://ajp.psychiatry online.org/doi/pdf/10.1176/ajp.156.2.246

ÍNDICE ANALÍTICO

80/20 175

A

a largo plazo 13, 72, 113, 114, 134,
    152, 196, 207, 214, 216, 219, 221,
    222, 224, 277, 285
a mano 38, 42, 44, 45, 55, 105
abreviaturas 46, 48, 52
Adams, Scott 269
Anderson, Richard 165
ansiedad 9, 136, 160, 161, 162,
    198, 232, 279, 280, 281, 282, 283,
    284, 285, 286, 287, 288, 290, 291,
    292, 293, 299
ansiedad por 281, 292
apoyo 84, 87, 110, 120, 144, 162,
    217, 222, 235, 236, 256, 271, 272
aprendizaje 9, 10, 11, 12, 13, 14,
    37, 55, 57, 59, 60, 64, 65, 66, 68,
    69, 73, 74, 75, 77, 78, 92, 95, 107,
    108, 113, 114, 115, 127, 128, 129,
    130, 136, 139, 140, 141, 143, 144,
    145, 146, 152, 154, 164, 175, 184,
    197, 199, 203, 206, 207, 208, 211,
    214, 216, 218, 227, 229, 238, 255,
    266, 267, 268, 269, 270, 271, 274,
    275, 277, 279, 280, 282, 297, 298
aprendizaje independiente 9
apuntes del profesor 26, 27
Aristóteles 58, 70
atención 12, 14, 21, 35, 36, 37, 38,
    39, 40, 41, 43, 47, 52, 53, 59, 60,
    61, 64, 65, 75, 76, 78, 79, 83, 90,
    101, 106, 109, 119, 147, 159, 160,
    163, 172, 183, 194, 203, 204, 217,
    239, 243, 244, 247, 251, 253, 256,
    259, 263, 277, 279, 281, 289, 296,
    297, 298
autoconfianza 265, 266, 268, 276,
    277, 298
autoevaluación 148, 149
autoimagen 240, 266, 267, 268,
    272, 273, 274, 277
avanzar 31, 83, 262

B

beneficios de la 26

C

cafeína 160
Callender, Aimee 116
cambiar una respuesta 168
catastrofista 285
Catrambone, Richard 137
Centros para el Control y la
    Prevención de Enfermedades
    de Estados 203
chas 170, 171, 192, 193
Churchill, Winston 214
clases 11, 13, 15, 17, 18, 23, 24, 25,
    28, 31, 35, 38, 44, 45, 50, 52, 53,
    54, 55, 57, 66, 85, 86, 88, 90, 94,
    95, 96, 98, 99, 104, 106, 110, 117,
    120, 122, 141, 150, 177, 179, 183,
    193, 197, 198, 210, 221, 267, 275
con un ordenador portátil 42,
    48, 247
concentración 116, 243, 244, 245,
    257, 258, 259, 261, 263
confiar en la fuerza de voluntad
    227
conocimiento 21, 60, 100, 109,
    136, 139, 144, 146, 148, 149, 152,
    154, 155, 170, 171, 178, 180, 191,
    192, 193, 195, 275, 276, 298, 321,
    322, 324
conocimiento chas 170, 171, 192,
    193
contagio social 246
cortisol 204

D

David, Daniel 108, 175, 299
descansos 161, 251, 254, 255, 260,
    261
deseo de aprender 12
distanciamiento psicológico 252
dormir 203, 204, 205, 206, 225,
    246, 258, 259
Duckworth, Angela 243, 299

E

ejercicio 13, 58, 109, 114, 161, 227,
    233, 246, 251, 259, 261
empollar 132, 133, 206
en páginas alternas 48
en un grupo de estudio 89
escuchar 13, 24, 32, 34, 37, 41, 53,
    54, 57, 63, 84, 99, 109, 128, 163,
    247, 249, 250
estilos de 129, 130, 189
estrategias de lectura 103, 104,
    110
estrategias dudosas 158

F

factores 21, 31, 56, 143, 153, 216,
    251, 265, 266, 267, 268, 277, 323,
    327
feedback 68, 69, 71, 76, 77, 78, 94,
    95, 110, 128, 149, 186, 189, 197,
    222, 277, 282
Freund, Alexandra 232

G

Gross, James 243

grupos de estudio 93, 93, 96, 96
Gurung, Regan 108

H
hábitos 11, 109, 159, 202, 203, 211, 226, 241, 249, 262
hablar contigo mismo 255
hacer preguntas 22, 29, 31, 32

I
importancia de la 253
independiente 9, 10, 14, 298
inteligencia 190, 194, 195, 237, 238, 265, 268, 321, 323
irracional 281, 290

L
la perspectiva del profesor 30, 75, 172
laboratorios de ciencias 66
Lamott, Anne 229, 230
lectura profunda 111
leer en voz alta 258
libros de texto 9, 11, 97, 99, 108, 116, 122
listas de tareas pendientes 213

M
maldición del conocimiento 60
mapeo 64
mascar chicle 255, 256
material encontrado 122
McDaniel, Mark 116
meditación 257, 257, 257, 259, 259, 259, 259, 259, 259, 289, 289,

289, 289, 290, 290, 290, 290, 290, 291, 291, 291, 291, 291
memoria 10, 12, 14, 15, 16, 25, 26, 27, 42, 46, 59, 60, 61, 62, 64, 66, 82, 84, 92, 93, 100, 105, 110, 113, 114, 115, 116, 117, 121, 123, 124, 125, 126, 127, 128, 129, 130, 131, 132, 133, 134, 135, 136, 143, 144, 147, 148, 149, 154, 155, 157, 158, 163, 164, 166, 167, 168, 171, 173, 175, 192, 201, 202, 203, 207, 220, 297, 298
mente errante 244, 252, 253, 256, 257, 258, 259, 260
mnemotécnica 125, 126
multitarea 250, 251, 262, 263

O
objetivos 37, 68, 72, 99, 103, 104, 190, 214, 215, 216, 217, 218, 219, 221, 222, 228, 273, 284

P
para comprender 18, 27, 56, 101, 272
para estudiar 10, 14, 117, 149, 207, 211, 226, 243, 246, 267, 285
para la experiencia 58
para los profesores 34, 54, 56, 79, 96, 110, 141, 155 180, 198, 222, 242, 264, 278, 292
parafrasear 36, 42, 149
participación 292
Peale, Norman Vincent 194
pensar demasiado 174

Pichert, James 165
planes específicos 214
planificar tu trabajo 208
Plutarco 24, 301
práctica de la evocación 114, 115,
    116, 118, 140, 141, 167
preguntas capciosas 185, 190
preguntas de desarrollo 120, 175,
    185, 186, 189
preguntas de opción múltiple
    159, 173, 174, 175, 178, 179, 182,
    185, 187, 192
preguntas de respuesta corta 106,
    121
preparación 77, 79, 89, 91, 92, 101,
    108, 113, 119, 148, 149, 150, 151,
    153, 178, 182, 210, 212, 277
proceso de familiaridad 147
procesos mentales necesarios
    para 35
procrastinación 9, 10, 223, 224,
    225, 227, 231, 235, 236, 237, 239,
    241, 242, 243, 297, 298
propósito de 72, 74, 75, 76, 148
propósitos de 26, 57, 58
prospectiva 201

R
recordatorios 103, 202, 210, 212,
    242
reglas mnemotécnicas 125, 127
releer 116, 116, 116, 116, 147, 147,
    147, 147, 148, 148

S
San Agustín 145
siesta 205, 206, 245

T
tomar apuntes 35, 36, 37, 38, 40,
    41, 42, 43, 44, 45, 46, 47, 48, 52,
    56, 74, 75, 81, 86, 88, 95, 105,
    106, 279

U
Unidos 23, 40, 63, 97, 104, 124,
    125, 153, 154, 174, 179, 186, 194,
    203, 290

V
velocidad de 54, 63
visión general 23, 86

ACERCA DEL AUTOR

D an Willingham se doctoró en psicología cognitiva por la Universidad de Harvard y pasó más de una década investigando cómo se modifica el cerebro como consecuencia del aprendizaje. Ahora que es profesor de psicología en la Universidad de Virginia, su primer libro superventas, *Why Don't Students Like School?*, fue recibido como «un triunfo» por el *The Washington Post* y «un análisis brillante» por el *The Wall Street Journal*, y ha sido traducido a muchas lenguas. Su libro *When Can You Trust the Experts?* fue considerado lectura recomendada por *Nature* y *Scientific American*, y entró en la lista de CHOICE de títulos académicos destacados para 2013. Willingham escribe una columna titulada «Ask the Cognitive Scientist» («Pregunta al científico cognitivo») para la revista de la Federación Estadounidense de Profesores, *American Educator*. Es miembro de la Asociación Americana de Psicología y de la Asociación para la Ciencia Psicológica.

ÍNDICE

Introducción 9

Capítulo 1 Cómo entender una clase 15
Capítulo 2 Cómo tomar apuntes en clase 35
Capítulo 3 Cómo aprender en las clases de laboratorio,
las actividades y las demostraciones 57
Capítulo 4 Cómo reorganizar tus apuntes 81
Capítulo 5 Cómo leer los libros difíciles 97
Capítulo 6 Cómo estudiar para los exámenes 113
Capítulo 7 Cómo valorar si estás preparado
para hacer un examen 143
Capítulo 8 Cómo hacer exámenes 157
Capítulo 9 Cómo aprender de exámenes anteriores 181
Capítulo 10 Cómo planificar tu trabajo 201
Capítulo 11 Cómo vencer la procrastinación 223
Capítulo 12 Cómo mantener la concentración 243
Capítulo 13 Cómo ganar autoconfianza como estudiante 265
Capítulo 14 Cómo hacer frente a la ansiedad 279

Conclusión 295
Agradecimientos 299
Bibliografía 301
Índice analítico 319
Acerca del autor 323